Vogelvlucht

Inez van Dullemen

Vogelvlucht

MEMOIRES

2010
DE BEZIGE BIJ
AMSTERDAM

De auteur ontving voor het schrijven van dit boek een
werkbeurs van het Fonds voor de Letteren

Copyright © 2010 Inez van Dullemen
Omslagontwerp Brigitte Slangen
Foto voorzijde omslag Dave Ward
Foto auteur Keke Keukelaar
Vormgeving binnenwerk Aard Bakker
Druk Clausen & Bosse, Leck
ISBN 978 90 234 5789 3
ISBN 301

www.debezigebij.nl

INHOUD

Voor Erik, Matthijs en Celia,
mijn dierbaren

LOU TEMS PASSO
PASSO LOU BEN

zonnewijzer Dieulefit

Londen, juni 2000
Onder de gotische gewelven van Westminster Abbey,
wandelend in een zijbeuk, zie ik plotseling in het
zwarte marmer onder mijn voeten een naam die mij
een schok geeft: D.H. Lawrence. Jij hier... zeg ik alsof
hij als een geest voor mij is opgedoemd. Ik buk me en
strijk met mijn wijsvinger over de ingekerfde letters
alsof ik daarmee zijn verschijning kan bevestigen:
D.H. Lawrence, de naam van mijn eerste leermeester
– Engeland heeft je dan toch de eer gegeven die je
toekwam, jou, de verguisde en bewonderde schrijver
die zijn gloeiende draden spon tussen de mens en
zijn visioenen, zijn driften en zijn dromen.

Onder de data van zijn geboorte en dood ontcijfer
ik: *De Phoenix die zichzelf verbrandt en uit de as her-
rijst.* Ik bevind mij in Poets' Corner, waar Engeland

zijn grootste schrijvers eert met een mozaïek van marmeren platen: Woolf, Orwell, Dickens, Huxley en vele anderen.

Mijn leven kantelt vijftig jaar terug en plaatst me in een cottage, klein als een kinderfantasie, met de naam Ingate prijkend op de gevel. De vrouw met het kort gesneden witte haar die daar woonde, stelde mij op een dag een boek ter hand: *Sons and Lovers*, geschreven door ene D.H. Lawrence.

Zij was mij in Harwich van de boot komen halen waarmee ik het Kanaal was overgestoken en nam mij mee in een aftands tweepersoons Fordje, dat grote moeite bleek te hebben om mijn persoon plus de massieve leren koffer van mijn vader over de heuvels van het groene Essex naar Kelvedon te vervoeren.

Ik was wat men een au pair noemt en mijn taken waren divers. Zo moest ik de grasmat in de voortuin – weinig groter dan een badhanddoek – regelmatig maaien en plat rollen, op vrijdag fietste ik naar Coggeshall om vis te kopen, op maandag dweilde ik keukenvloer en gang, en zo waren er nog enkele taken – niet veel, waardoor er voldoende tijd overbleef om de omgeving te verkennen en te lezen. Ik liep over de velden achter het dorp, ik liep en liep, mijn rok wapperde om mij heen, ik was een losgeslagen blad dansend door de leegte. Er waren geen stemmen om mij heen, geen antwoorden te geven. Weg. Ik was weg uit mijn geboortestad, het vergrauwde na-oorlogse Amsterdam waarvan het hart weer moeizaam aanving te pulseren, weg van mijn vermoeiende redekavelende familieleden: VRIJ.

In de avond, nadat mijn gastvrouw was thuisgekomen van haar werkzaamheden, zetten wij ons bij de open haard in wat zij 'the music room' placht te noemen. Overdag zocht ik dennenappels en takjes bijeen en maakte kunstig ineengevouwen papierproppen, zoals zij mij dat had onderwezen, om het vuur mee aan te maken. En 's avonds zaten wij bij een knisperend vuur en lazen Shakespeare. Zij verdeelde de rollen, zo vertolkte ik Macbeth en zij de Lady, of ik was Juliet en zij Romeo, terwijl zij ondertussen mijn uitspraak van het Engels corrigeerde. Tot op een dag dit ritueel werd onderbroken doordat ze mij *Sons and Lovers* te lezen gaf.

Naderhand bleek dat mijn gastvrouw in haar jeugdjaren een geliefde van Lawrence moest zijn geweest en dat ze in een van zijn eerste romans, *The Trespasser*, als hoofdpersoon figureerde, iets wat mij met nog meer gretigheid naar zijn boeken deed grijpen. Vooral de discrepantie tussen de witharige ongetrouwde juffrouw en Lawrence' geliefde intrigeerde mij. Maar van die hele geschiedenis was ik nog onwetend toen wij bij het haardvuur aan *Sons and Lovers* begonnen.

Wij vingen aan het boek samen te lezen, maar algauw begon haar stemgeluid en ook dat van mijzelf mij te hinderen; ik wenste de stem van Lawrence te horen, binnen in mijn hoofd, wenste zelf het coloriet van zijn woorden te ontraadselen en te proeven. Ik begon zijn roman te lezen, overdag in de keuken, in de stoïcijnse kou van een ongestookt Engels country-

house. De stilte en de kou kapselden mij in, mijn ge-
handschoende handen sloegen de bladzijden om, en
terwijl ik daar in die ijzige cocon zat begon er iets te
gloeien, de woorden begonnen te gloeien en verwarm-
den mij vanbinnen. Het leek of een nevelig gordijn
dat voor mijn wereld had gehangen, opeens werd
weggetrokken om me in flonkerende bewoordingen
een andersoortig bestaan te openbaren.

In de jaren dat ik een jeugdige adolescent was had
ik zelf enkele pogingen ondernomen om de kunst
van het schrijven onder de knie te krijgen, maar nu
werd mij duidelijk hoe armzalig die pogingen waren
geweest. De schim van Lawrence leek me bij de hand
te pakken en tegen mij te zeggen: Kijk niet naar de
oppervlakte maar naar dat wat daaronder leeft, kijk
in de put die leven heet naar de woelingen van menselijke aandriften en emoties, de dromen en de nachtmerries die zich in de diepte afspelen. Hij was de
zoon van een mijnwerker geweest, een man die de
mijngangen binnen was gegaan om de verborgen rijk-
dommen van de aarde naar boven te halen. Zo was
Lawrence, zijn zoon, de mollengangen van de menselijke geest binnengegaan om zich te verrijken met wat
hij daar vond. Ik begreep dat ik dieper moest afdalen
in mijn eigen geest om bij mijn onderbewustzijn te
komen, om emoties en herinneringen op te graven,
terwijl ik tegelijkertijd mijn woordenschat moest zien
te vergroten.

Dit speelde lang voor de tijd dat Lawrence in de
jaren zestig een cultfiguur werd, omdat zijn boeken

het taboe doorbraken dat toentertijd ten opzichte van seksualiteit bestond. In 1963 kwam die hele Lawrence-cultus tot een climax toen er tegen zijn roman *Lady Chatterly's Lover* een rechtszaak werd aangespannen. Een boek in de beklaagdenbank, een boek dat gevonnist ging worden, dat was iets ongehoords! Lawrence was toen al geruime tijd dood, maar ik vraag me af of hij geamuseerd zou zijn geweest. Of trots, omdat zíjn woorden tumult hadden kunnen veroorzaken en verontrusting zaaien...

Lezend in die koude keuken in het Engelse Kelvedon werd ik betoverd door de trefzekerheid en de diepgang waarmee hij elke gemoedsaandoening, hoe vluchtig ook, in woorden wist te vangen, iets wat bovendien ook gold voor aandriften en instincten van dieren en atmosferische stemmingen in de natuur. Alles wat zijn pen aanraakte trilde van leven.

De wereldstad Londen lag binnen mijn bereik. Ik zie mezelf nog op het perronnetje van Kelvedon staan, weekendtas in de hand, turend naar het schoolbord waarop in krijtletters aankomst- en vertrektijden van de treinen stonden geschreven. Ik tuurde langs de spoorlijn of de rookpluim al te zien was die de komst van mijn stoomlocomotief aankondigde. Ik herinner me hoe ik de zware koperen hendel naar beneden drukte om in een compartiment te klimmen, niet veel groter dan een diepe kast, met houten banken aan weerszijden. Daarbinnen hing die specifieke lucht van stof, sigaren en oudehondenvacht. Achter het

vervuilde raampje kon je de stationschef voorbij zien
benen, het hoofd gedekt met zijn pet met rode band,
in zijn hand het spiegelei dat hij onder snerpend
gefluit omhooghief, en dan begon het schokken en
schommelen van de wagon, de klopsignalen in de
houten wanden. Ik was op weg naar de metropool,
de oude gewonde moederstad waar Hitlers Blitzkrieg
overheen was gegaan.

Naar gelang ik Londen naderde kreeg het uitzicht
door het stoffige raampje iets surrealistisch. Achter
het glas gleed een wereld voorbij vol nieuwe verge-
zichten, vol stenen erupties in een landschap van beton, roest en staal. De trein liep langs stortplaatsen
en schroothopen, langs olietankwagens en roestige
kiepkarren vol steenkool. De locomotief loeide zijn
droefgeestige drietoon en pikte een rails uit de vele
elkaar kruisende sporen. Mijn eigen bleke spiegel-
beeld spookte mee over dit desolate landschap. Kar-
tellijnen van daken begonnen zich af te tekenen,
dansende kavaljes scheef tegen elkaar aan, verveloze
huizen met houten trapjes die afdaalden naar hun
ellendige achtertuintjes aan het spoor.

Ergens moest ik uitstappen en de underground
nemen, de Bakerloo Circle. Onder de grond stond ik
de plattegrond van de mollenstad te bestuderen, ik
stapte op een roltrap samen met een kudde mensen
die zich in lethargische toestand naar beneden liet
transporteren; ik zonk in een diep gat, ging onder
een gewelf door waar in de diepte miniatuurmensen
liepen. In de diffuse schemer zag ik bleke kantoor-

klerken en door het neonlicht groenig aangeslagen negers, dit was de Moonshine World, de door kunstlicht beschenen schemerwereld waarin nachtdieren leven in de zoo. Samengevouwen op een stenen bank ontwaarde ik de grauwe vorm van een zwerver. Zo moesten tienduizenden Londenaren onder de grond de nacht hebben doorgebracht terwijl boven hun hoofd bommen ontploften, huizen in vlammen opgingen en muren spleten. Ik zag ze voor me zoals Gustave Doré ze getekend zou hebben, kleurloze massa's samengepakte mensen, met baby's en ouden van dagen ertussen, allen verdoving zoekend in de slaap in de krochten onder de stad. En in de ochtend beklommen zij de stenen trappen en staken hun hoofd uit het metrogat – slaapspullen en kinderen in hun armen – om te zien wat er restte van hun stad. Ze liepen langs ingestorte huizen waaronder doden lagen, ze stapten over glasscherven en plassen bloed en gingen naar hun werk of naar wat er restte van hun huis.

Mijn oudtante, bij wie ik tijdens mijn omzwervingen dikwijls bleef overnachten, meende dat de bewoners van Londen een onwankelbaar vertrouwen hadden in hun eeuwenoude stad, de metropool die over een wereldrijk had geheerst. 'Londen kan tegen een stootje,' zei ze met een typisch Angelsaksisch twinkelingetje in haar ogen.

Wanneer ik mij haar huis voor de geest probeer te halen zie ik niet veel anders dan een enorme zwartberoete keuken waarin een met cokes gestookte oven de kilte enigermate dragelijk maakte, en in die zwarte ruimte zie ik haar staan: een tanige dame met hoog opgetast muisgrijs haar. Nadat ze mij had verteld dat haar enige zoon als vliegenier boven Dresden was neergeschoten, bleef ik haar voor me zien als een gestalte uit een Griekse tragedie, gedoemd voort te leven in de Hades van haar beroete keuken.

Overdag reisde ik door Londen in de rode dubbeldekkers van het ene eind van de stad naar het andere, inwendig voelde ik me leeg maar mijn zintuigen slurpten de voorbijrollende taferelen op, ik kan mij niet herinneren dat ik duidelijke voornemens had of zelfs maar gerichte gedachten. Misschien was dit een grote schoonmaak, het uitwissen van wie ik was geweest om plaats te maken voor een nieuw persoon. Soms zat ik uren op het perron van Liverpool Station, starend naar de stoomlocomotieven, luisterend naar hun geweldig kloppend zwoegen, hun hijgende adem. Dertig seconden voor de afreis gingen de hekjes van de perrons dicht – om punctueel vertrek te garanderen, stond er op het bord, ik hoorde de bel klingelen en de trein vertrok. Vertrekken, loslaten, de voorspelbare voortgang van de dagen doorbreken, een stuk van je leven, van jezelf achterlaten.

Op een dag was ik verzadigd van het heen-en-weergetrek in dubbeldekkers door de stad, verzadigd van haar bomkraters en mensenmassa's. Ik trok me terug in het kleine Ingate als een slak in zijn veilige huis. Toen ik op een vrijdag naar Coggeshall fietste om kabeljauw te kopen stapte ik af bij een kantoorboekhandel en kocht een pak foliopapier zonder nog duidelijk voor ogen te hebben wat ik daarmee van plan was. Ik doolde in de herfstige kou door de appelboomgaard waar ik, zo herinner ik me, onmatig veel appels at tot ik ten slotte de moed vond het pak foliopapier open te scheuren en het eerste smetteloze vel op de keukentafel te leggen: de eerste bladzijde van mijn eerste boek.

DEEL I

Verhalen

DE VERRADER

Bij het korten van de nachten in de lente werd ik
's ochtends al om zes uur wakker. Op dat uur werd de
lege stad overspoeld door een waterhelder gefluit van
vogels. Naarmate de zon van de horizon loskwam,
werd hun gekwetter uitbundiger en stortten zij zich
met suizende wieken van daken en boomkruinen.
Gedurende die vroege uren bezaten zij de heerschappij. Ik hoorde ze lopen in de dakgoot, ik hoorde hoe
ze hun snavels slepen langs de stenen rand van mijn
balkon.

Maar op een ochtend in mei – ik was toen veertien – mengde zich een ander geluid met hun gekwetter. Vreemd genoeg bleken de vogels hun do-
mein niet te willen prijsgeven en poogden zij de
lentemorgen, die door een ratelend scherp blaffen

werd verscheurd, aaneen te zingen. De lucht was wolkeloos op enkele nietige rookpluimpjes na.

Tussen de geraniums in de serre vond ik mijn vader die op blote voeten naar buiten stond te kijken.

'Het zijn oefeningen,' mompelde hij en liet het gordijn terugvallen voor het raam. 'Ga maar weer naar bed.'

Het scherpe blaffen klonk nu meer nabij en de vogels konden het niet overstemmen.

Zo begon de oorlog als een vakantiedag met iedereen vroeg uit bed, opgewonden fluisterend in de kamers. Ook ons dienstmeisje kwam de zoldertrap af met een jas over haar nachtpon. Zij ging voor het raam staan en sloeg haar ogen theatraal omhoog naar de ronde wolkjes die in de lucht hingen. 'Vind je het eng?' vroeg ze aan mij. Brede kaken had ze en in dat brede kakement zat een tuitmondje dat spottend werd samengeknepen.

'Je hoeft er niet om te lachen,' zei ik.

Overigens wist niemand nog hoe je met de oorlog moest omgaan. Als een reusachtige schim stond hij in de stralende lenteochtend met vogels zingend in zijn muts, rookwolkjes paffend uit zijn mond. En toen het gepaf stilviel en alles vredig bleef, voelde ik me zelfs teleurgesteld in de oorlog.

Terugvallend in de dagelijkse routine bond ik mijn boekentas achter op mijn fiets en ging naar school.

Hoewel verscheidene leerlingen uit mijn klas afwezig waren, werden de absenten niet genoteerd. 'Ze zijn gevlucht naar Engeland,' zeiden de meisjes die meer wisten dan ik. 'Ze zijn naar IJmuiden en wachten op boten.'

We werden in de aula bijeengeroepen om door de directrice te worden toegesproken. Zonlicht viel door de glas-in-loodramen, rode en blauwe vlakjes op haar kin en voorhoofd schilderend, zij hield haar boezem hoog terwijl ze sprak over de koningin, God en de rechtvaardigheid. 'Het recht zal zegevieren,' zei ze, 'wij moeten daarop vertrouwen en ons waardig gedragen.'

Daverend brak toen ons Wilhelmusgezang door de open ramen naar buiten waar de doodstille oorlog op ons wachtte. Sommige meisjes vielen de leraressen snikkend om de hals, maar de meesten van ons voelden zich eensgezind en moedig. De school werd tot nader order gesloten.

Samen met mijn vriendin Ingrid verliet ik het gebouw. Ik bracht haar een eind weg, toen bracht ze mij weg en daarna ik haar weer, want misschien zouden we elkaar nooit weerzien.

Haar broer was in het leger, vertelde ze, hij zou wel naar het front worden gestuurd... Om daar iets tegenover te stellen – mijn broer was te jong voor het leger – vertelde ik dat mijn vader, die in die tijd een hooggeplaatst ambtenaar bij het gerechtshof was, landverraders in de gevangenis liet gooien. Dat imponeerde haar.

Zo liepen we pratend en met de armen om elkaars middel, de fietsen zwabberend aan onze vrije hand, heen en terug. We zagen mannen met een witte band om de arm en een oude helm op het hoofd ijverig op en neer lopen, er werd zand op een houten schuilkelder geschept. We kusten elkaar omdat we misschien dood zouden gaan.

Alleen ging ik terug naar huis. De stad was vol heldhaftige kabouters: in een park verzamelde zich een legertje soldaten en een kanon werd ratelend door de straten getrokken, hier en daar werd er met zandzakken en munitie gesleept. Burgers bestormden de winkels om verduisteringspapier te bemachtigen en plakband, waarmee men de ramen tegen springen kon beveiligen wanneer straks de bommen zouden vallen. Ook ons dienstmeisje vond ik bij mijn thuiskomst als een vlieg tegen het raam gekleefd, terwijl luchtbeschermingsmannen aanwijzingen gaven hoe het band moest worden aangebracht. Stervormig was het beste, zei de een. De ander hield het op ruitjes.

'Waarom komen die Engelsen nu niet...' mopperde mijn grootvader, die ijlings zijn rusthuis voor ouden van dagen was ontvlucht met een koffertje in zijn hand. 'Waar blijven ze nou?' Verwilderd keek hij rond alsof de Engelsen van onder de tafel tevoorschijn konden komen.

'Ze kunnen niks,' zei mijn vijftienjarige broer, die van de politiek voortreffelijk op de hoogte was en altijd inside-information scheen te ontvangen. 'Ze hebben niks dan een paar verroeste kanonnen uit musea.'

Ik ging mijn moeder helpen met het inrichten van de kelder. Voor het geval we daar lang moesten verblijven, brachten we er stoelen, dekens en etenswaren naartoe.

'Er ligt nog een kleine bijbel,' zei ze, 'op het antieke kastje in de voorkamer. Doe die in de rugzak die ik heb klaargelegd voor als we moeten vluchten.'

'Maar als het huis boven op ons valt?' vroeg ik. Liever zou ik in de lichte kamers blijven, met ramen waaruit je naar buiten kon springen.

'De kelder stort zo gauw niet in,' zei mijn moeder. Ze zag bleek. Haar handen raakten de voorwerpen aan, maar haar geest was met belangrijker dingen bezig; haar wil zou het huis overeind houden, haar wil zou ons allen door het vagevuur heenslepen.

Toen ik de trap op was gelopen en mijn eigen kamer binnengegaan, scheen daar de zon nog. Ik bleef staan en luisterde naar de geluiden van het huis die onduidelijk tot mij doordrongen. Alle bekende dingen om me heen hadden eenzelfde gezicht als wanneer ik van vakantie terugkwam. Ik bukte me en haalde uit een koffertje, dat ik onder het bed verborgen hield, een schrift tevoorschijn, want Ingrid en ik hadden elkaar beloofd dat we ieder onze belevenissen zouden opschrijven. Later, als alles voorbij zou zijn, konden we dan aan elkaar laten lezen wat we hadden meegemaakt. Ik sloeg het cahier open en scheurde de bladzijden eruit die ik al eerder had volgeschreven, want de oorlog moest een leeg schrift hebben.

Toch viel er voorlopig niet veel opwindends te melden. Er werden geen gevechten geleverd rondom ons huis, we vluchtten niet weg met knapzakken op onze

rug en we redden geen mensen uit brandende huizen. Alleen de radio liet ons weten dat er oorlog was.
Aandachtig nam ik de mededelingen in me op om ze
in mijn schrift te kunnen aantekenen, en luisterend
naar de zakelijke stem die uit het kastje kwam, zag ik
onze heldhaftige jongens voor me, vechtend in het
gras van de Grebbeberg; maar geleidelijk werd de
Grebbeberg verschrikkelijk, zwartgeblakerd. En ik
zag parachutisten als donkere pakjes uit vliegtuigen
vallen en gaan zwellen en groter worden op de wind.

'Waarschuwing aan de bevolking,' zei de zakelijke
stem, 'waarschuwing aan de bevolking: de parachutisten verkleden zich als burgers.'

Nadat mijn grootvader deze woorden gehoord had,
ging hij zich verdekt opstellen achter het raam. Sereen en zonnig bogen de lanen zich rond ons huis en
bomen met jong blad wierpen doorzichtige schaduwen op de grond. Ik voegde me bij hem, maar hij trok
me achteruit.

'Zo zien ze je,' zei hij.

Een hond liep druk met zijn neus over de grond,
keek opeens om, zijn achterlijf inkrimpend.

'Ze krijgen geheime tekens,' zei mijn grootvader.
'Dat is het ergste.'

'Van wie dan?' vroeg ik, onwillekeurig met mijn
ogen de hond volgend.

'Van de landverraders natuurlijk. Van wie anders?
Je moet maar eens goed opletten.'

Huisvrouwen met boodschappentassen – met koffers zelfs, want ieder hamsterde naar vermogen –

sjouwden voorbij. Verklede parachutisten konden dit echter niet zijn, want merendeels waren het dames uit onze laan.

'Dat zegt niets,' zei mijn grootvader. 'Wie weet wat ze in die tassen hebben.'

Toen begon er achter een raam aan de overzijde van de straat een witte arm te wuiven. Over het glas, dat niet het ruitjeswerk van plakband vertoonde, beschreef die arm een grote boog van links naar rechts. En hetzelfde moment verscheen er langs de rijweg een individu op een blinkend verchroomde fiets en met een bolhoed op zijn hoofd. Langzaam freewheelend gleed dit individu voorbij, onderwijl tersluiks omhoogkijkend langs de gevel waar de witte arm waaierde. Mijn grootvader kneep me in de schouder.

'Ze lapt de ramen,' zei ik, mijn ogen tranend van het ingespannen turen naar het glanzende raamvlakje waarachter die mysterieuze levenstekenen zichtbaar waren.

'Wie lapt er nu ramen als het oorlog is. Als er ieder ogenblik bommen kunnen vallen...'

De bolhoed keek naar het raam en we zagen duidelijk dat de witte arm een seconde roerloos in de lucht bleef hangen alvorens naar links te buigen. Snel verdween het individu op zijn blinkende fiets door de bocht.

'Het was een sein,' zei mijn grootvader. 'Dat huis moeten we in de gaten houden.'

'Misschien had hij een revolver,' fluisterde ik.

Traag knikte mijn grootvader met zijn hoofd, zijn

gelaatstrekken beefden onrustig. Weldra werd het als een koorts, een epidemie in onze straat. Misschien waren wij het eerst besmet en daarna de anderen, maar meer mensen begonnen achter hun vitrage te gluren. Er werd gemompeld, voorbijgangers werden nageoogd, iedere man, iedere vrouw kon een verklede parachutist zijn.

Ergens was, groot en dodelijk, de oorlog aanwezig, maar met ons speelde hij een kat-en-muisspel. We zagen niets en toch was zijn elektriserende aanwezigheid overal om ons heen. Zo waren we in de schemer van de avond allemaal weer op straat omdat zich hier en daar een driftige activiteit ontplooide. Men ging de pui van zijn huis te lijf met borstels en water, want er waren krijtstrepen ontdekt die stellig ten doel hadden parachutisten als wegwijzers te dienen. Speurend liep mijn grootvader over het trottoir en schopte verdachte steentjes opzij, die boosaardige kleinduimpjes de weg door de stad zouden kunnen wijzen.

En dan was er het luchtalarm. Was het niet vreemd dat keer op keer die hoge fluittoon door de lentelucht sneed zonder dat er verder iets gebeurde? Geen bom viel, het luchtafweergeschut zweeg.

Aanvankelijk waren we plechtig in onze kelder afgedaald, doordrongen van de vluchtigheid van ons bestaan en het zwaar massief van ons huis. Mijn moeder had uit de Bijbel voorgelezen en met onze oren hadden we naar eventuele verre ontploffingen gereikt, naar verre zoemtonen. Maar spoedig luisterden we niet langer. Mijn broer en grootvader bespraken de politiek. Met verbazing zag ik dat mijn grootvader veranderd was, dat hij niet langer op de vriendelijke gesoigneerde heer leek die enkele dagen geleden op een bank in het park had gezeten om eenden te voeren. Hij zag er geagiteerd uit, speekselbelletjes vlogen van zijn lippen bij zijn haastige woordenvloed. Mijn broer antwoordde hem op superieure toon en met rood aanlopende oren.

En op deze gloeiende plaat van emoties liet ons dienstmeisje van tijd tot tijd een druppel sensatie vallen. Met dramatische gebaren maakte zij ons deelgenoot van de geheimen die haar waren toevertrouwd, fluisterend dat een schillenboer een parachutist onder de schillen van zijn kar had verborgen en dat de bakker boven de stad een Messerschmitt had zien rondcirkelen, waarop niet eens geschoten werd.

'Dan hebben de verraders onze luchtafweer in handen,' zei mijn grootvader, oprijzend uit zijn stoel.

Het meisje keek naar hem, haar wangen naar binnen zuigend van spanning, een vonkje in haar ogen.

'U moet niet alle praatjes geloven,' zei mijn vader geërgerd.

Er klonk een voetstap in de straat. Iemand liep behoedzaam, stond stil en deed opnieuw een stap.

Nog nooit had ik zo bewust een voetstap gehoord, voetstappen waren begeleidingsverschijnselen, op zichzelf onbetekenend. Nu kreeg deze stap plotseling een eigen geladenheid; een stap van dood en verraad. Rondom die voetstap was de wereld uitgestorven en de blinde huizen konden het onheil niet verhoeden.

'Dit hele luchtalarm is een truc om ons weg te krijgen,' zei mijn broer. 'Dan hebben ze vrij spel terwijl wij in onze kelders zitten.'

Overal loert het verraad, schreef ik in het schrift van de oorlog. Toen had dit woord nog een opwindende kleur en zag ik een oog voor een sleutelgat, een hand die wenkte achter een raam. Ik likte aan mijn potloodpunt en schreef: De verraders zijn in ons midden.

Ik wist niet wat dat betekende. Maar de oorlog bleek een snelle leermeester.

Die middag sneed ik brood voor mijn vader die eenzaam aan de koffietafel was achtergebleven. Mijn vader at altijd langzaam, met grote concentratie, alsof hij zijn dagelijkse problemen methodisch fijnmaalde en verteerde. Dit proces moest zijn beloop hebben, maar aangezien hij niet wenste dat wij hiervan de dupe zouden worden, veroorloofde hij ons op te staan terwijl hij achterbleef tussen kruimels en lege bordjes. Sedert de oorlog was uitgebroken, had mijn vader meer te verwerken dan gewoonlijk. Toen ik hem het brood aanreikte, liet hij zijn blik nadenkend op mij rusten alsof hij onder het eten een nieuw aspect aan mij ontdekt had.

'Dat vriendinnetje van je,' zei hij. 'Hoe heet dat kind ook weer?'

'Ingrid,' antwoordde ik. En toen mijn antwoord onvoldoende bleek, noemde ik ook haar achternaam.

'Juist,' zei hij. Zijn eenzelvig staren hield mij afwachtend bij de tafel. 'Ben je erg vertrouwelijk met haar?'

'O ja,' zei ik. 'We hebben afgesproken dat we alles zullen opschrijven wat er gebeurt in de oorlog. Dan kunnen we het elkaar laten lezen.'

'Heeft zij jou dat gevraagd?' Er verscheen een trek op zijn gezicht alsof het brood hem niet meer smaakte.

'Nee,' zei ik verbaasd. 'We wilden het allebei.'

Hoewel hij zijn maaltijd nog niet had beëindigd, rolde hij zijn vingerdoekje ineen en zei, zonder naar mij te kijken: 'Ik zou maar een beetje oppassen met dat kind.'

De toonladders die mijn broer op de piano speelde (na het middagmaal moest hij studeren, de regels bleven gehandhaafd), vertraagden zodat de klanken in de lucht bleven hangen.

'Waarom?' vroeg ik.

'Er is iets met die familie,' mompelde de rug van mijn vader. 'Ik weet niet of ze wel te vertrouwen zijn.'

In het voorbijgaan tastte zijn hand op het buffet naar brieven die gekomen waren en zijn hoofd boog zich naar de enveloppen terwijl hij de kamer verliet.

Langzaam liep ik langs de koffietafel, een leeggegeten oase. Mijn broer sloeg een akkoord aan.

'Het zijn natuurlijk landverraders,' zei hij. 'Vader heeft een lijst van de namen.'

'Dat kan niet,' zei ik. 'Ik heb haar nog verteld van de landverraders en ze zei dat haar broer soldaat was.'

'Dat zegt niets. Misschien verzon ze dat maar, misschien is die broer een spion.'

Achterovergeleund bladerde hij in een muziekboek. Het laatste jaar was hij sterk gegroeid. Iets donkers was er over hem gekomen, alsof binnen in hem een heimelijke groei was begonnen, en in dat heimelijk gewas zat hij verscholen, zijn ogen blikten vanuit de donkerte. We ondernamen ook nooit meer iets samen. Ik voelde me van hem vervreemd, bijna afkerig, en toch ging ik naar hem toe en keek op de toetsen van de piano, de witte en de zwarte.

'Ik geloof het niet,' zei ik.

'Jij bent nog zo onnozel,' zei hij. Ik beet op mijn lippen, ik had zin om hem te slaan.

'Jij niet alleen trouwens,' voegde hij eraan toe, 'troost je. Al die goedzakken die alles maar geloven. Maar nu is het te laat.'

'Waarom is het te laat?'

'We gaan eraan.'

Er was een rare klank van wrok in zijn stem. Mijn blik neerslaand, zag ik zijn handen waarvan de vingernagels tot op het bot toe waren weggeknauwd alsof een wrokkige honger hem zichzelf deed opeten.

De ramen stonden wijd open en er zoemde een bij door de kamer, die opeens stil werd – je wist niet waar hij was. Mijn broer zette het muziekboek terug. 'Wat heb je haar verteld van de landverraders?'

Mijn gedachten waren traag geworden, maar ergens vlamde een alarm. Ingrid wuifde terwijl ze wegreed op haar fiets; wuivend werd ze heel klein, een spinnetje, een spionne – we schrijven alles op, had ze gezegd, dan is het alsof we met elkaar blijven praten. Ze kuste me. Er was altijd iets vurigs aan haar.

'Ik heb gezegd dat vader ze liet opsluiten,' fluisterde ik.

Hij knikte alsof hij het al geweten had.

'Wat kan er dan gebeuren?' vroeg ik, op de toetsen kijkend.

'Ze zullen wraak op hem nemen.' Hij had nu zijn voeten op de stoelsporten geplaatst en zijn ellebogen op zijn dijen zodat hij vreemd gekromd zat.

'Wat zullen ze met hem doen?'

'Fusilleren misschien. Ze schieten er altijd een aantal dood om indruk te maken.'

Ik keek naar hem, ik voelde dat de oorlog in hem gegroeid was, lange tijd al. Dat donkere aan hem was de oorlog, een verschrikkelijker oorlog dan de mijne die slechts een paar dagen geleden begonnen was.

'Je gelooft het niet,' zei mijn broer en hij stond op om de piano te sluiten. 'Misschien zul je er nog eens spijt van krijgen dat je onze vader hebt verraden.'

De zwarte toetsen, pistolen gericht op de borst van mijn vader, werden onder de klep weggesloten.

Mijn vader, luisterend naar de nieuwsberichten, werd wit tot in zijn lippen. 'Rotterdam bestaat niet meer,' zei hij.

En terwijl hij dit zei, zag ik een stad van lucht, zag ik mijn tante staan als een geest boven het spooksel van de trap. Ze glimlachte verwelkomend naar mij, want ze wist zelf nog niet dat ze er niet meer was, dat haar huis er niet meer was, dat de stad niet meer bestond.

Een stad is trager in het sterven dan een mens. Zoveel logger, zoveel langzamer ontstaan, kan zij de omslag naar het niet-zijn zo snel niet maken. Nog nooit had ik een gebombardeerde stad gezien, nooit vuurzeeën waaruit kleine geblakerde mieren tevoorschijn renden. Ik had nog geen gehalveerde huizen gezien, waarin men binnen kon kijken terwijl de gordijnen door de venstergaten heen en weer woeien. Daarom zag ik de stad geheel intact vol gave spooksels.

Toch verried de heldere voorjaarslucht niets van de fantomen die zij in zich opgenomen had, alle dingen van het goede burgerleven stonden het onheil hardnekkig te ontkennen. Ik liep de trap op en ging op mijn bed zitten. Toen ik het schrift van de oorlog wilde grijpen, herinnerde ik me ineens dat ik het tot kleine snippers had verscheurd. Waren er slechts enkele dagen voorbijgegaan sinds de oorlog begonnen was met het Wilhelmus en beloften van trouw?

Nu zouden we het Wilhelmus niet langer zingen. Nadat het nog één keer over de radio was uitgezonden, stierven de laatste woorden van de vrijheid in de ether weg.

Het huis van onze overburen zag er opeens uit alsof de bewoners voor geruime tijd met vakantie waren gegaan. Er kwamen politieagenten in onze straat en er werd gemompeld dat een man en een vrouw zich samen met hun kinderen vergast hadden. Een van de kinderen, het meisje, had ik de vorige dag nog zien touwtjespringen.

'Waarom de kinderen ook?' vroeg ik aan mijn moeder.

'Ze wilden bij elkaar blijven, denk ik,' zei mijn moeder. 'Het was een Joodse familie.'

Joden, ik had ze nauwelijks gekend en nu waren ze dood. De dood, een veilig groot bed waarin je met z'n allen tegen elkaar aan kroop. Er doemden geruchten op van gruwelen die we eens gehoord hadden en maar al te graag vergaten, die we hadden teruggedrongen in een wereld die nooit de onze zou kunnen worden. Maar in het verborgene was die wereld monsterachtig gegroeid en over de grenzen getreden die we haar gesteld hadden.

'Je kunt beter weggaan, vader,' hoorde ik mijn broer zeggen. 'In Polen hebben ze alle regeringsambtenaren uitgemoord.'

Hij keek niet naar mij. Niettemin was het of het met rode letters op mij geschreven werd: schuldig. Ik was schuldig, ik, die gedacht had dat de oorlog een spelletje was waarin je elkaar moest overtroeven met heldendaden. Mijn vader laat alle landverraders opsluiten, had ik gezegd. Zo mooi had het geklonken, ik was er belangrijk door geworden.

'Je moeder is koffers aan het pakken,' fluisterde ons meisje, me bij de pols pakkend. 'Ik geloof dat jullie weggaan.'

Ik rende naar boven en vond mijn moeder bij geopende kastdeuren.

'Gaan we naar Engeland?' vroeg ik.

'Wil je dat graag?'

Het was verbazingwekkend dat ze niets aan mij zien kon.

'Zou je het leuk vinden?' Haar verwondering had nu plaatsgemaakt voor een zekere gretigheid – als kind vond je zoiets immers leuk, een boottocht, een ander land. Schutterig stond ik erbij terwijl zij een bijouteriedoosje uit haar linnenkast haalde.

'Het is nog niet zeker,' zei ze. 'Ik leg alleen wat bij elkaar voor het geval we vlug weg moeten.'

Ik sloop naar de zolder, naar de houten wereld van mijn kinderjaren, droge stille zeppelin waarin je uren kon zitten, onbereikbaar voor wat diep beneden je gebeurde. Hier waren alle problemen altijd minder scherp geworden. Stofjes zweefden er naar beneden en de zeppelin dreef door een niemandsland. Ik ging tussen de oude kasten zitten en drukte mijn vingers tegen mijn ogen. Laten we weggaan, bad ik, laten ze mijn vader niet doodschieten. Opkijkend zag ik de stofjes glinsterend door een baan zonlicht glijden en even was er het oude gevoel van veiligheid.

Maar toen ik weer van mijn zolder afdaalde, was er beneden niets veranderd. De dag vorderde en nog steeds gingen we niet weg. Mijn vader verliet het huis, keerde terug, telefoneerde en het werd avond. Het avondeten werd opgediend en het leek of wij gasten waren aan onze eigen tafel.

In de nacht lag ik te luisteren naar geluiden, hoorde mijn ouders naar bed gaan en het huis stil worden. Er reden geen auto's voorbij zodat ik niet de brede vleugelslagen van de lichten van koplampen kon tellen die gewoonlijk over mijn plafond scheerden. Toch moet ik even zijn ingeslapen, want ik droomde dat ik op mijn vaders knieën zat. Ik reikte tot halverwege zijn borst en hij was weer groot zoals hij vroeger groot geweest was. In de kamer zag ik de ruggen van twee mannen die van ons afgewend met hun hoed in de hand ergens op schenen te wachten. Ging mijn vader uit? Hij was gekleed in een zwart jacquet dat hij altijd droeg bij plechtige gelegenheden. Hij had niet veel tijd, ik voelde een spanning in zijn lichaam alsof hij mij van zich af wou schuiven. 'Je moet het niet erg vinden,' zei hij. Toen zette hij me naast zich op de grond, en zonder omzien ging hij op de twee mannen toe. Die begeleidden hem, ieder aan een kant, naar de piano waarvan ze langzaam de zwarte klep openden...

Met zweet overdekt werd ik wakker. Me omwerpend in bed tastte ik naar mijn wekkerklokje bij het hoofdeinde en staarde naar het lichtgevende gezichtje. Het klokje tikte, tikte en liet het onheil naderbij komen. Ik sloop de gang op om te zien of er licht brandde in de kamer van mijn ouders, of zij de koffers aan het pakken waren. Maar achter hun slaapkamerdeur heerste stilte, een stilte van veroordeeld zijn en berusting.

'Ik moet op mijn post blijven,' hoorde ik mijn vader de volgende ochtend tegen mijn moeder zeggen – want ik was overal, ik was één groot oor waarin de woorden die ik opving zonder ophouden bleven rondsuizen.

Nadat mijn vader dit gezegd had, leek het of een onzichtbare kracht zijn lichaam rechtop hield. Stijf rechtop bewoog hij zich door ons huis, maar hij hoorde al niet meer helemaal bij ons.

De dag was aangebroken waarop de vijandelijke troepen de stad zouden binnentrekken. Iedereen bleef binnenshuis, het verkeer lag lam.

Geruisloos sloot ik de deur achter me; mijn fiets had ik niet uit de gang durven halen uit vrees betrapt en tegengehouden te worden. Ik rende de straat uit en de hoek om, zodat ze mij uit de ramen niet meer zouden kunnen zien. Drie straten verder stond ik stil en perste mijn hand in mijn zij waar een pijn stak. De stad zag rood van het bloed dat achter mijn eigen ogen schemerde, maar geleidelijk werd ze weer witter. Wit zonlicht viel recht naar beneden zodat er nauwelijks schaduwen waren, daardoor zag de stad er dood uit, leeggevreten, een skelet door insecten achtergelaten. Ik zag niemand, geen fietser, geen tram. Als enige moest ik me op het zonnige onherbergzame plaveisel wagen. Plotseling werd ik bang. In mijn verbeelding had ik getracht mij met verschillende gedaanten van de oorlog vertrouwd te maken, met vuur, legers, neerstortende vliegtuigen, met vluchtende mensen die schreeuwend door de straten zouden trekken. Deze gedaante had ik over het hoofd gezien: deze afwezigheid van leven. En toch was er in die leegte een grote gespannenheid alsof ieder ogenblik iets fataals kon beginnen. Zelfs voor de donkere portieken werd ik bang zodat ik niet kon schuilen en voortdurend moest doorlopen. Even dacht ik dat ik zou terugvluchten naar huis.

Maar in het huis zag ik mijn vader staan met die eenzelvige blik in de ogen en zijn handen hangend langs zijn zij; die handen hadden – hoewel je dat niet verwachtte – een zijdezacht vel en enigszins dikke vingers. Ze hingen daar vergeten langs zijn lijf, verwonderd om wat gebeuren ging.

Als zij mijn vader doodmaakten, gingen ook zijn handen dood, ze zouden de stijve zijdezachte vingers ineenvouwen op zijn borst. Nee, dat zouden ze niet doen; wanneer je werd doodgeschoten, viel je langs een muur en werd je weggedragen door soldaten wie het niets kon schelen.

Ik was op weg naar Ingrid. Wat ik daar wilde doen, was me niet duidelijk, maar ik moest erheen. Verwarde en nobele ingevingen speelden door me heen, dat ik mezelf zou aanbieden in plaats van mijn vader – maar ik voorvoelde dat ze met mij geen genoegen zouden nemen omdat ik niet belangrijk genoeg was. Misschien wilden ze mij wel in gijzeling aanvaarden, dan konden ze me ieder ogenblik doodschieten wanneer mijn vader iets deed wat hun niet beviel. Misschien zou ik ze kunnen vermurwen omdat ik Ingrids vriendin geweest was. Aan Ingrid denkend, ontwaakte in mij de hoop dat ze wellicht nog niets verteld had, dan zou ik haar om geheimhouding kunnen vragen, we hadden vaker geheimen gedeeld. En anders kon ik ontkennen, zeggen dat mijn vader nooit landverraders had opgesloten. In een oorlog moest je slim zijn. Ik zag het superieure glimlachje om de lippen van mijn broer en dacht: ik kan het, ik kan liegen. Het zonderlinge was dat ik me al niet meer verwonderde over het feit dat Ingrid tot een familie van landverraders behoorde. Ik had de beschuldiging verbazend snel aanvaard. Behalve door de verdwazing van die dagen was mij die aanvaarding gemakkelijk gemaakt door de omstandigheid dat Ingrids familie steeds door een sluier van geheimzinnigheid omhangen was geweest; ik had haar vader en moeder nooit gezien, want Ingrid had niet gewild dat ik bij haar thuis kwam. 'Dat kan bij ons niet,' had ze gezegd met een stem die elke discussie uitsloot. Er kon een ouwelijke trek rond haar lippen verschijnen en haar ogen konden dreigend broeien onder de zware leden. 'Jij kunt het niet begrijpen,' zei ze, mij terugdringend in een onvolgroeidheid die ik juist ijverig trachtte te ontkomen. 'Jij, die in zo'n huis woont en alles hebt.'

Geleidelijk begreep ik dat Ingrid zinspeelde op een ondraaglijke armoede die vol verborgen vernedering moest zijn. Maar haar trots weerhield haar erover te spreken. Wanneer zij met vermaakte jurken op school kwam, zei ze langs haar neus weg dat haar moeder die in een koffer op zolder had gevonden, zodat juist door deze achteloos vergeten en weergevonden kleren een zekere overdaad gesuggereerd werd. Aanvankelijk aanvaardde ik het kofferfenomeen kritiekloos, mijn oren bleven zelfs doof voor gefluisterde suggesties van andere meisjes. Maar ten slotte begon het ook mij te bevreemden dat Ingrid nooit eens een nieuwe jurk droeg.

'Je moet me maar eens te logeren vragen,' zei ze toen ze de eerste maal mijn kamer binnenkwam en haar ogen taxerend liet ronddwalen. 'Je zou hier drie bedden kunnen zetten en nog zou je er niets van merken. Mijn kamertje is niet groter dan jullie kolenhok.'

Mijn schuldgevoel ten opzichte van haar gaf aan onze vriendschap een beklemmend en toch opwindend karakter. Mijn leven had nu een mysterieuze uitloper gekregen, een voelhoorn in een ander soort existentie. Mijn schuld trachtte ik af te lossen door met haar strooptochten te houden langs marktkraampjes – ook van de marktwereld had ik niets geweten – om daar, van mijn zakgeld, oude kratten te kopen, waarvan zij een boekenkastje wilde maken. Ze kreeg de kratten voor een schijntje en ik betaalde. Ook plantjes kochten we, en een geruite lap en tweedehands boeken die Ingrids geestdrift hadden opgewekt. Waggelend op haar volgeladen fiets zag ik haar vertrekken en ik voelde dat ik met haar verbonden was door banden waarvan niemand iets vermoedde.

En van dag tot dag vertelde ze mij van de metamorfose die haar kamertje onderging, ze tekende het zelfs voor me op een stuk papier. Maar gezien had ik het nooit.

'Misschien kan het wel eens,' zei Ingrid troostend, 'over een paar maanden misschien. Ik zal het mijn vader vragen.'

Dat ik thans de gestelde grenzen overschrijden ging, verontrustte me nauwelijks, ofschoon het aan mijn missie een nog onbekender en fataler karakter gaf. Wat zou ik daar vinden? Een kamertje groot als een schoenendoos, barstensvol gevaarlijke individuen? En juist omdat de ruimte zo klein was en nooit gezien bovendien, leek mij het gevaar daarbinnen van een gehalte dat niet te bestrijden viel. Mijn verbeelding ketste ervan terug, ik kon me niet voorbereiden. Telkens weer zag ik Ingrid tussen houten kratten en schimmen van verraders. Zij zat daar als een lokvogeltje. Was zij zelf ook een verraadster?

Ze woonde ver weg, aan de overkant van het IJ, en ik betreurde het dat ik mijn fiets had moeten achterlaten zodat ik nu niet door de lege straten kon pezen. Ik begon te hollen. Een man van de luchtbescherming stond op de trottoirband en zijn witte helm glinsterde even toen hij het hoofd wendde om naar mij om te zien. Ogenblikkelijk hield ik mijn looppas in, maakte nog een huppeltje alsof ik voor de aardigheid gehold had, maar direct voelde ik de misplaatste vrolijkheid van deze beweging. De luchtbeschermingsman draaide zijn hoofd weer om en van opzij zag ik zijn geplooide wang, hij leek moe onder het gewicht van zijn helm. Misschien dacht hij dat ik aan de weg ging staan om de vijand te begroeten.

Een duif liep op de tramrails met bedrijvige stapjes en zelfingenomen alsof de stad aan de vogels was uitgeleverd. Spookachtig stonden de lichtgroene bomen te wolken, heesters strekten hun takken door de spijlen van tuinen en parken. Alle mensen zouden nu dood kunnen zijn, dacht ik. Ik was niet langer bang, ik had zin om op een stoep te gaan zitten en eenvoudig te wachten op wat gebeuren zou.

Opeens suisde midden op de rijweg een auto voorbij en alsof dit een signaal was, ontstonden er stemmen in de verte, echoënd tegen de muren. Gejaagd begon ik opnieuw te hollen. En plotseling was er een geluid: een vleugje zang, koninginnedagachtig, maar eenzamer, zich voortborend door de stad. Het werd sterker, dwingend, hamerend. De stenen stad zette het geluid voort en werd een kinkhoorn die in zijn onzichtbare gangen het geluid versterkte. Vanuit de straat waarin ik stond, kon ik op een van de hoofdverkeerswegen kijken, waarlangs het gezang naderbij kwam, er waren nu ook groepjes mensen te zien.

Toen zag ik de vijand.

Een eindeloze grauwe rups, behaard met bajonetten en met honderden voeten, golvend en luidkeels galmend, kreten van zich gevend. Tot er onverhoeds een stilte viel. Een stilte waartegen zelfs het wezenloos gejuich van het handjevol mensen langs de weg stukbrak en waarin alleen de voeten hoorbaar bleven. Duizenden voeten stroomden de stad binnen.

De vijand, dacht ik, de moordenaars.

Opnieuw had de oorlog zich een gedaante aangemeten waarop ik niet was voorbereid. Aan plaatjes in mijn geschiedenisboek had ik gedacht, aan vaandels, paarden en kanonnen, aan soldaten met het zweet van de strijd op hun gezicht.

Tanks rolden voorbij met de geschutlopen glinsterend in de zon, dof donderend over het wegdek. De soldaten liepen in messcherpe rijen onder hun glanzende helmen. De vijand had geen gezicht. Zelfs zij die gekomen waren om te juichen, schenen dit te voelen, want ze zwegen alsof de vijand geen oren had waarmee hun stemmen gehoord konden worden; de vijand ging voorbij, onafwendbaar.

Misschien stond ik wel een kwartier te kijken voor ik me mijn opdracht herinnerde. Mijn eigen vertrouwde woonwijk had ik achtergelaten, dieper moest ik nu de stad in gaan, waardoorheen de rups zijn weg zocht, kijkend vanuit zijn geschutogen. Ik zocht de smalle straten op, herhaaldelijk hoorde ik de legers lopen in de parallelstraten.

Toen ik ten slotte de havens naderde, zag ik dat er aan de overkant van het IJ brand woedde. Eindelijk toch brand, vuile rookwolken slierend over de werkeloze hijskranen, een rosse lucht boven Amsterdam-Noord. Eindelijk was het losgebroken uit het stenen oppervlak van de stad; het was goed de brandlucht te ruiken. Ik kon ernaar kijken. Steeds was de oorlog onder mijn voetzolen geweest en overal in de lucht die ik inademde, nergens had ik hem kunnen aanvatten.

Soms werden de rookwolken aan de onderzijde flakkerend rood verlicht; een grote brand moest het zijn. Er was opeens weer animo in me, snel liep ik naar de veerpont. Hier was van de vijand nog niets te merken. Mompelende mensen stonden bijeen op de pont, men praatte door de neergedraaide raampjes met twee agenten in een politieauto, iedereen scheen elkaar te kennen. Ik bleef op afstand omdat ik bang was dat iemand zou informeren naar wat ik ging zoeken in het brandende Amsterdam-Noord. Ik durfde zelfs niet de weg te vragen naar de Ganzenstraat waar Ingrid woonde. De kettingen ratelden en de veerpont voer af, meeuwen cirkelden langs de verduisterde lucht.

Amsterdam-Noord zag eruit als een dorp, triest, met benepen huizen. De zon gleed als een maan achter voorbijjagende rookwolken.

'Branden er huizen?' vroeg ik aan een jongen van een jaar of veertien, die met zijn fiets bij de pont stond.

'Nee,' zei hij. 'Olie. Voorraden die ze in de fik hebben gestoken.'

'Ik heb de Duitsers gezien,' zei ik.

'Waar?' vroeg hij argwanend. Een leuke jongen was het, met gebruinde wangen hoewel het pas mei was.

'In de stad,' zei ik.

'Hoe zagen ze eruit?' vroeg hij. Voor de oorlog was het me nooit opgevallen dat je zomaar iemand op straat kon leren kennen.

'Ze zongen,' zei ik. 'Ze hadden helmen op.'

'Rotmoffen,' zei hij. Toen wees hij mij de richting naar de Ganzenstraat.

Nu ik hem achterliet, nu ik steeds dichter bij de Ganzenstraat kwam, werd ik weer bang. Op een andere manier dan daarstraks in de lege stad, voordat de Duitsers kwamen. Jachtige gedachten vlogen door me heen. Wat moest ik doen, wat moest ik zeggen? Een verleidelijke lafheid maakte mijn benen zwak, ik kuchte van de rook. Ook was er in mijn angst een spoortje achterdocht dat ik me belachelijk zou maken.

De straat waar Ingrid woonde, had groengeschilderde deuren en dotjes doffe klimop tegen de muren, waarin kleine ramen waren uitgespaard. Duidelijk zag ik het fatale nummerbordje.

Opeens belde ik aan omdat ik wilde dat het voorbij zou zijn. Even duurde het voor er een raam werd opengeschoven en een vrouwenstem naar beneden riep wie daar was.

Omdat al mijn aandacht op de deur gericht was geweest, staarde ik naar het hoofd dat uit de gevel hing. Reeds meende ik Ingrids stem te onderscheiden in een woordenwisseling achter het raam. Toen werd de deur aan een touw opengetrokken en kwamen er voeten de trap af roffelen: Ingrids stem riep mijn naam.

Ik week een stap terug, omdat ik verwachtte dat ze mij in haar onstuimigheid om de hals zou vliegen. Maar dat gebeurde niet, want toen ze mijn gezicht zag, won haar verbazing het van haar blijdschap.

Naar haar blik te oordelen moest ik er vreemd uitzien, ze bleef staan op de onderste tree van de trap. Zij daarentegen zag er heel gewoon uit, zelfs droeg ze de jurk die ze de laatste dag op school had gedragen – een ogenblik kon ik het niet verwerken dat zij dezelfde was gebleven.

'Wat is er?' vroeg ze, kijkend naar links en rechts in de straat alsof ze veronderstelde dat ik achtervolgd zou worden.

'Ik kom even langs,' zei ik, starend naar haar benen. 'Ik wou naar de brand kijken.'

De uitdrukking op haar gezicht werd mat, ze schommelde met haar voet heen en weer. Vroeger had ze eens op een briefje geschreven: Ik kan geen vriendin meer van je zijn.

Ik spande me geweldig in. 'Ga je mee naar de brand kijken?' vroeg ik. Vreemd dat je de hitte van de brand niet voelde.

'Ik kan niet naar de brand kijken,' zei ze. 'Ik mag niet uit huis.'

'Ik wel,' loog ik.

Ze mat me nog eens met haar ogen en scheen ondanks alles tot welwillendheid te beslissen, want ze zei: 'Nu je hier toch bent, mag je wel even boven komen.'

Ze liet mij achter zich het donkere trapgat in klimmen. In het minuscule halletje stond iemand te wachten.

'Dus jij bent Ingrids vriendinnetje,' zei een stem. 'Ingrid heeft veel over je verteld. Wil je je jas niet uitdoen?'

Door vele moeders was ik op deze wijze verwelkomd en het klonk als een echo uit het voorbije leven.

'Je bent groot,' zei de moeder, toen ik in mijn jurk stond. 'Groter dan Ingrid. Hoe oud ben je?'

'Veertien,' zei ik, zoals altijd me schamend voor mijn lengte.

'Dan ben je nog jonger ook,' zei de moeder.

Voor haar uit werd ik de kamer in geschoven. Aanvankelijk dacht ik dat de kamer leeg was, maar opeens zag ik toch iemand bij het raam zitten. Ingrid bracht mij erheen en ging zelf naast de leunstoel staan.

'Dag meneer,' zei ik tegen degene die erin zat. Zijn gezicht kon ik slechts onduidelijk onderscheiden omdat hij het afgewend hield van het licht. Zonder iets te zeggen gaf hij me een hand, toch meende ik dat zijn oogleden achter de bril even naar mij omhooggingen. Ik keek neer op zijn wittige schedel die zichtbaar was tussen dun haar dat tot over zijn oren in krulletjes samenklitte. Ingrid en ook haar moeder hadden iets onderdanigs tegenover hem alsof ze hem voortdurend ter wille wilden zijn. Zijn voeten staken in pantoffels, voor het overige was hij in het zwart gekleed.

Ingrids moeder schonk mij een kopje thee in en ik probeerde de vloeistof door te slikken. De kamer was klein met onevenredig grote logge meubels, het plafond drukte laag op ons hoofd, een indruk die nog versterkt werd door de rijen boeken die tot aan de zoldering reikten. Hij is een geleerde, had Ingrid gezegd, hij heeft een uitvinding gedaan. De boeken waren er. De instrumenten, de reageerbuisjes moesten ergens anders zijn. Een gif, een tijdbom, wat had hij uitgevonden?

'Nu zie je meteen ons huis,' zei Ingrid, alsof dat belangrijk was.

Vreemd dat er niets te zien was. Ik staarde naar zijn uitgelopen pantoffels die zich stilhielden op het vloerkleed. Nergens iets verdachts, geen landkaarten met rode lijnen om de vijand te wijzen waar legervoorraden lagen opgeslagen of geheime tegenstanders zich ophielden.

Opeens zag ik de schittering van zijn bril flitsen. 'Wat denkt je vader ervan?' vroeg hij.

Het was of ik er niet aan gedacht had dat hij zou kunnen spreken.

'Waarvan?' stamelde ik.

'Van de toestand.' Geen gewone stem; een zonderling slepende klank hadden de woorden. Was hij uit een ander land gekomen om hier te spioneren?

'Niets,' antwoordde ik met uiterste krachtsinspanning. 'Gewoon. Hij hoeft nergens bang voor te zijn.'

Er ontstond een stilte. Ingrids moeder kwam dichter bij de tafel.

'Hij zal het anders niet gemakkelijk krijgen,' zei ze. 'Je vader is immers bij het Gerechtshof?'

Ze scheen van mij te eisen dat mijn vader bang zou zijn. Ik moest hem beschermen, zijn bangheid, zijn ogen en zijn rode handen. 'Hij heeft niets gedaan,' zei ik haastig. 'Het was maar een grapje, ik heb maar wat verzonnen toen ik dat zei tegen Ingrid...'

De man bij het raam keek naar Ingrid. 'Wat heeft ze jou dan gezegd?'

Nooit had ik Ingrid verlegen gezien, op school deed ze altijd erg volwassen; misschien ook waren het de grote lichamen van haar ouders die haar kleiner deden schijnen.

'Ik weet het niet, vader.' Ze haalde haar schouders op. 'Ik weet niet wat ze bedoelt.'

We keken naar elkaar zoals je kijkt wanneer je iets te verbergen hebt, maar onzeker bent van elkaar. Wist zij het werkelijk niet? De man bij het raam schoof recht in zijn stoel en haalde behoedzaam een tabakszak tevoorschijn, waarvan hij de knoop in het koord trachtte te ontwarren. Zijn handen waren fijner dan die van mijn vader, beniger met een geelbruine huid en zwarte haartjes waar de polsen begonnen. Mijn vaders vingers zouden te dik zijn geweest om die knoop uiteen te halen; deze vingers gingen met precieze bewegingen te werk, vingers die een uitvinding hadden gedaan met onheilspellend geduld.

'Wat was maar een grapje?' vroeg hij.

De knoop was los, hij spreidde de tabakszak open op zijn knieën.

'Dat mijn vader landverraders heeft laten opsluiten.' Onmiddellijk besefte ik dat ik dit woord niet had moeten gebruiken, ze waren immers zelf landverraders. 'Maar hij heeft het niet gedaan. Hij heeft er niks mee te maken... de Duitsers zullen hem niets durven doen, hij hoeft nergens bang voor te zijn.'

'Zo,' zei Ingrids vader, met zijn uitheemse tongval. 'Dat is dan plezierig dat je vader nergens bang voor hoeft te zijn.'

Er klonk ironie in zijn stem en een niet te stuiten gevoel van schaamte drong zich in mijn verwarring. Zelfs de verrader verachtte mij omdat ik de weg van de laffe leugen had gekozen om mijn vader te redden.

Ik durfde niet naar Ingrid te kijken, ik had haar verteld dat mijn vader een held was. Als een sombere vlek zat de gestalte van de man bij het raam op mijn netvlies; mijn woorden hadden geen invloed op hem, hij zou zijn eigen wrekende weg gaan. Ten slotte probeerde Ingrids moeder de schijn van normaalheid te herstellen. 'Moet je haar niet je kamertje laten zien?' vroeg ze.

De vervulling van mijn wensdroom kwam op het verkeerde ogenblik. Maandenlang had ik het verlangen gekoesterd het kamertje te zien, want dan pas zou ik de laatste barrière naar Ingrids innerlijk kunnen overwinnen. Steeds had het mij toegeschenen dat zij ongrijpbaar werd zodra ze uit mijn gezichtsveld verdween, en dat ze een geheim bestaan ging voeren, mij geen ander houvast voor mijn verbeelding gunnend dan wat potloodstrepen op papier en de woorden *raam*, *bed*, *tafeltje*.

Onder deze omstandigheden kon ook Ingrid het niet opbrengen de openbaring naar een climax te voeren. Ze deed de deur open.

Staande namen we alles in ogenschouw, het was er duf en donker, we konden ons amper bewegen.

'Ik kan het raam niet openzetten,' zei ze op verdedigende toon. 'Anders komt de brandlucht binnen.'

De muren waren met opbollend behang beplakt. Greta Garbo hing erop, en de denker van Rodin met zijn vuist voor de mond. In de houten kist die we op de markt gekocht hadden, zag ik onze schoolboeken met hun blauwe kaften – die zouden we niet meer nodig hebben. Waar was het wat ze zo lang voor me verborgen had gehouden?

'Wil je niet zitten?' vroeg Ingrid. 'Ik neem de kruk wel. Ga jij maar op het bed. Wat gek dat je hier nu bent,' zei ze.

Haar knie kwam onder haar rokrand uit. Op school had ze daarop eens een gezicht getekend, onder de bank liet ze toen de oogjes zien in het ruwe vel. Nu was de knie leeg en toch was het of de oogjes er nog waren.

'Het is toch een leuk kamertje,' zei ik. We zaten in een poppenhuis met veel te grote armen en benen.

'Ik heb de kist geschilderd. Zie je wel?'

Hoe had ik haar ooit tot vriendin kunnen kiezen? Of had zij mij gekozen? Die lippen met een norse eigendunk verscholen in de hoeken. We staarden niet hoger dan elkaars mond. Ik kon nauwelijks slikken door een zwaarte in mijn keel.

Met een verlossende stem hoorden we toen haar moeder roepen achter de bordpapieren wanden en haastig stond ze op om mij de rug te kunnen toekeren. Misschien draait ze de sleutel in het slot, dacht ik.

Door het raam waren daken en schoorstenen zichtbaar, een stad boven op een stad, waar rookwolken overheen dreven met vuilgele buiken. Misschien kunnen ze de brand niet meer laten ophouden en verbrandt heel Amsterdam-Noord, dacht ik.

Eindelijk verscheen Ingrid weer.

'We moeten eten,' zei ze. 'Mijn vader wil altijd vroeg eten.'

Omdat ze me voorging naar de huiskamer begreep ik dat ik haar ouders een hand zou moeten geven alsof het gewone mensen waren. De tafel stond gedekt. Ingrids vader was nu uit zijn stoel opgestaan en liep met gebogen rug geluidloos door de kamer. Er was iets bezigs aan hem, ook iets bedwongens alsof hij wilde wachten tot ik weg zou zijn. Ingrids moeder gaf me vluchtig een hand, onderwijl met de andere iets verschikkend op de tafel. Ingrid liep al naar de hal waar mijn jas hing.

'Hier,' zei ze, hem van het haakje pakkend.

Terwijl ik mijn jas dichtknoopte, kon ik nog de kamer binnenkijken door een kier van de deur die was blijven openstaan. Door die kier zag ik Ingrids vader zitten.

Ik had eens een gevangeniswagen gezien met daarbinnen, achter het getraliede raampje, de donkere vorm van een man die gestolen had of gemoord, zoals je wel gevangen dieren ziet zitten, broeiend in hun eigen lijfsgeur, in hun eigen raadselachtige gedachten. Zo zag ik hem zitten, de verrader.

Ik kon mijn ogen niet van hem afhouden. Wat doet hij nu? dacht ik, toen zijn handen een bord wegschoven en een boek legden op dezelfde plek. De verraders lazen in boeken, ze telden de namen van mensen die ze aan de vijand zouden uitleveren. Zijn handen bleven bewegen met een eigen trage sluwheid, zijn hoofd zat stil op zijn schouders. Nu hadden de handen een frommelig ding tevoorschijn gebracht en streken dat glad alvorens het naar het hoofd te brengen: een zwart mutsje was het, dat precies zijn kale schedel bedekte. Ergens had ik gelezen dat een rechter zich het hoofd bedekte wanneer hij een doodvonnis ging uitspreken. Was dat in een ander land, een andere tijd? In de Franse Revolutie? Toen werden er zoveel ter dood veroordeeld, toen konden ze hun muts beter ophouden. Hij sloeg zijn ogen op en betrapte mijn blik. Het zonderlinge was dat ik het gevoel had dat hij me niet kon zien.

Toen zei hij: 'Kom eens hier.'

Ik keek naar Ingrid, maar ook zij staarde naar haar vader, de deur verder openduwend opdat ik naar binnen zou gaan.

'Kom eens hier,' herhaalde zijn stem; in die stem zat een eindpunt van alles. Ik bewoog me de kamer in – vreemd dat die kleine kamer zo groot kon zijn. Zo was het dus: ergens bestond een ruimte en daarin was je alleen, tegenover iets wat alleen voor jou bestemd was.

'Waarom stond je daar te kijken door de kier van de deur?'

Zijn onderlip, in het midden uitgezakt, had iets misprijzends. Eigenlijk had ik zijn gezicht nog niet eerder gezien. Hij zette zijn bril af en wreef met een knijpend gebaar over zijn ogen.

'Nou?' vroeg hij.

'Ik dacht dat u me niet kon zien,' zei ik tegen die hand voor zijn ogen.

'Dat is geen reden, vind je wel?'

'Nee,' zei ik. Even was er een oplaaiende wildheid in me om *nee nee nee* te schreeuwen.

'Waarom deed je het dan?'

Nu weer achter de brillenglazen keken zijn ogen met de misnoegdheid van een leraar die vermoeid is van het eindeloos misnoegd-zijn. Gloeiend rood voelde ik me worden, het *nee nee nee* binnen in me kon die blos niet tegenhouden en het was of ik in brand stond.

'Je bent toch Ingrids vriendin?' zei hij. 'Je zit toch samen met haar in één klas?'

'Ja meneer,' fluisterde ik.

'Vertel me dan: waarom keek je naar me door de kier van de deur?' Ergens moesten Ingrid en haar moeder nog aanwezig zijn, maar ik kon ze niet horen ademen. Zijn geaderde handen lagen op het tafellaken, het zwarte mutsje vertoonde slijtplekken langs de naden.

'Ik keek naar het mutsje,' zei ik.

'Je keek naar het mutsje,' zei hij alsof hij overwoog of hij het antwoord bevredigend zou achten. 'En dat vond je vreemd. Je vond het vreemd dat ik mijn hoofd bedek wanneer ik aan tafel ga. Jouw vader doet dat niet, nietwaar?'

Ik schudde het hoofd.

Hij staarde naar mij. Zijn ogen leken lichter, ineens de ogen van een oude man, die dingen zien die er niet zijn.

'Ik kan het je wel uitleggen,' zei hij. Hij zei het langzaam alsof hij een moeilijke formule uitsprak die ik moest proberen te onthouden.

'Wij, Joden, bedekken ons hoofd wanneer wij de

naam van onze God uitspreken. Dat is een gebod, begrijp je.'

Het was of er nu toch een vonnis was uitgesproken, hij had zijn hoofd met zwart bedekt. Het verraad maakte plaats voor een ander soort getekend-zijn.

'Ik wist het niet,' fluisterde ik, 'ik wist het niet, ik dacht...'

Ik kon niet uitspreken wat ik gedacht had. 'Wij, Joden', had hij gezegd. Een heel volk. En het flitste door me heen: de politie in onze straat, de Joodse familie die de gordijnen had gesloten en zich in bed gelegd om niet meer wakker te hoeven worden. Het kind dat touwtje had gesprongen. In Polen, zei mijn broer, vermoorden ze alle Joden. Maar Polen was groot geworden, nu was het hier ook Polen, ikzelf had de voetstappen gehoord door de straten, duizenden, en je wist niet welke gezichten erbij hoorden.

'Je hoeft niet zo verschrikt te kijken.' Nu klonk er een zweem van geamuseerdheid in zijn stem. 'Kom, geef me een hand. En beloof me dat je je voortaan beleefd zult gedragen en niet door een halfopen deur zult staan loeren naar iemand die anders is, of anders doet dan jij.'

Toen ik weer buiten door de lichtloze straten liep, bleef steeds die donkere gestalte zichtbaar voor mij uit op de straatstenen, het bittere eigenzinnige gezicht onder de zwarte hoofdbedekking. Asvlokken zweefden langs en bleven hangen in een stoffige ligusterhaag. Geen geluid weerklonk, geen enkel geluid van claxons, fietsbellen of spelende kinderen. Dit had iedere stad kunnen zijn, in ieder land, in iedere eeuw: een stad in rouw met as op het hoofd.

Uit de latere jaren van haar leven bestaan er van mijn grootmoeder geen portretten die enige gelijkenis vertonen. De enkele keer dat zij gefotografeerd werd, verscheen ze op de gevoelige plaat met een uitdrukking van pijn in haar ogen en met een zuinig verknepen mond. Ze had naar het vogeltje gekeken als naar een heimelijke aanrander van haar ziel. Ik geloof dat haar diepste wens was onopgemerkt te blijven en daarom wantrouwde zij het camera-oog dat haar zou vereeuwigen. Vereeuwiging was wel het laatste wat zij verlangde.

Daarom is de enige gelijkende beeltenis die ik van haar bezit een silhouetje, uitgeknipt in zwart papier, vervaardigd door een invalide zeeman op een dag dat zij en ik langs de Scheveningse boulevard wandelden. Ze beschouwde het als een grapje en stond om mij te plezieren model, rechtop, haar hoed als een schip in de wind, de ronde kin parmantig boven de glooiing van de onderkin die door de jaren heen was aangeslibd. Nog, als ik naar het knipsel kijk, meen ik haar overmoed te bespeuren om wat zij beschouwde als een avontuur: te worden uitgeknipt door een zeeman. Toch was zij haast te schuw om ernaar te kijken toen het klaar was en liet het snel in de diepte van haar beugeltas verdwijnen. 'Later mag jij het hebben,' zei ze en ze trok haar rok omhoog zodat haar zwarte rijglaarzen de ruimte kregen. 'Je grootmoeder kan nog aardig stappen,' zei ze voldaan, terwijl we beiden naar de laarzen keken met hun rijen slimme oogjes.

Wanneer ik bij mijn grootmoeder logeerde, sliep ik in haar eigen ijzeren ledikant in een pijpenla van een kamertje, waar het water in de lampetkan altijd koud bleef. Zijzelf sliep bij die gelegenheid op een sofa in de zitkamer die ze deelde met haar huisgenote. Zij sprak altijd van 'de freule' wanneer ze haar huisgenote bedoelde, maar ik vond deze betiteling weinig passend. Deze freule was een hoekig mens met zware handen en de stem van een sergeant-majoor.

Mijn grootmoeder 's ochtends op de sofa, wanneer de freule nog niet ontwaakt was, scheen een andere persoon te zijn dan overdag; zoveel weerlozer, zonder de glinstering van haar lorgnet en met een grijze vlecht en een mond die onduidelijk brabbelde – de grote sterke tanden stonden dan nog in een glas water naast haar bed.

'Wat is dat?' had ik gevraagd, de eerste maal dat ik het roze en wit geglinster had gezien. 'Dat zijn oma's visjes,' zei ze haastig. Maar later wist ik het wel. Dan zag ik haar in iets bijten, achter haar hand, waarna haar gezicht plotseling groter en harder weer opdook.

Ik hield van mijn grootmoeder in de ochtend. Alle strengheid was van haar afgepeld. In bed kon zij het zich veroorloven vrolijk te zijn en een verhaal te vertellen, de tong bewegend in een roze lege mond. Zijzelf was de oude doos waarin eindeloos veel versjes bewaard waren; die droeg ze voor, met een schalksheid in haar ogen, die daar anders niet was. Lang kon dit echter niet duren; ik probeerde haar nog af te leiden, maar ze vergat zichzelf nooit. Ze kwam overeind in haar gesteven witte nachtpon en maande: 'Kom, dadelijk wordt de freule wakker.'

Het hele huis was van de freule, ook de trappen en de keuken, zelfs het kabinetje met het ijzeren ledikant, hoewel ze daar nooit kwam. Daarheen gingen we om het ochtendritueel van wassen en aankleden af te werken. Ik herinner me hoe mijn grootmoeder haar vlecht losmaakte en het zilvergrauwe haar over haar rug spreidde om het te borstelen. Het was lang en dik als van een meisje en toch vond ik de aanblik ervan beangstigend. Met haar benige voeten in pantoffels en het grijze haar over haar schouders, zag mijn grootmoeder eruit als een afbeelding van Het Oude Jaar dat moet verdwijnen.

'Ik hoop dat ik niet oud hoef te worden,' had ik haar eens horen zeggen. Alsof ouderdom een straf was die iemand onverdiend kon worden opgelegd. Ik keek naar haar volle bovenarmen om mij ervan te overtuigen dat ze nog jong was. Naarmate kledingstuk op kledingstuk werd gestapeld, werd ze weer leeftijdloos en weerbaar. Wonderlijk hoezeer zij in die ochtenduren haar ingeschapen preutsheid tegenover mij liet varen, misschien verwachtte ze van mij oordeel noch veroordeling omdat zij intuïtief voelde dat ze voor mij buiten elke vergelijking viel.

Gedurende de dagen die ik bij haar doorbracht,

leek het of ik een andere wereld was binnengegaan, een wereld als een rariteitenkabinet, vol van oude voorwerpen en oude mensen. We gingen wel eens naar zee, maar mijn grootmoeder werd gauw moe van de brutaliteit van het licht op het witte zand. Zo diep mogelijk trok zij zich terug in een rieten strandstoel zodat slechts haar laarzen onder haar zwarte rok zichtbaar bleven. En binnen de nis van de strand-stoel zag ik haar dan zitten als een bleke pop; het was of zij van sneeuw was gemaakt en zou kunnen smel-ten in de zon, zonder dat iemand het bemerkte.

Het gelukkigst leefde ze in de schaduw, dan veerde ze op en werd bedrijvig. Nooit had ik vermoed dat er achter gevels van huizen zoveel oude mensen woon-den, maar mijn grootmoeder wist ze te vinden en nam mij mee op haar tocht door schemerige kamers, waar tussen pauwenveren en verbleekte portretten zonderlinge schepsels leefden. De meesten zaten on-beweeglijk in leunstoelen, midden in de kamer of naast een bed, dikwijls ook voor een raam, vanwaar zij via een spionnetje de voorbijgangers bekeken. Wanneer wij binnenkwamen schenen zij even tot le-ven te komen, knikkend met uitgebeende hoofden. Poezen die zelf ook oud roken, begonnen tegen onze benen te wrijven en soms was er een zwijgzame vogel in een kooi. In de kamer die wij het veelvuldigst be-zochten, woonde een dame wier gezicht altijd achter een dichte voile verborgen bleef. Wanneer zij sprak, werd die voile omhooggeblazen en woei op en neer totdat zij was uitgesproken. Uit verklaringen van mijn grootmoeder begreep ik dat een vreemde ziekte het gezicht van de dame had aangevreten en dat zij het daarom aan niemand wilde laten zien. 'Aan geen mens?' vroeg ik mijn grootmoeder. 'Ook aan u niet?' 'Aan geen mens,' antwoordde mijn grootmoeder. Ik luisterde naar het gepraat van die twee vrouwen met het gevoel een ingewijde te zijn, ik keek naar de kleine handen van de dame zonder gezicht, die zich voortdurend afwerend, verbaasd en vrolijk door de lucht bewogen en een eigen taal spraken. Doordat de vele planten met grote bladeren de muren een groene weerschijn gaven, was het of wij in een tuin zaten, uit de wind. De papieren vogel die aan de lamp hing, draaide naar links en heel langzaam weer naar rechts. De oude dame bewoog zich tussen de meubels en liet haar handen over het gladde hout gaan. Ik had eens een imker gezien die, donker gemaskerd, zich ook zo rustig bewoog.

'Dit is beter dan naar de kerk gaan,' zei mijn grootmoeder wanneer we weer huiswaarts keerden. Wij knipperden met onze ogen omdat we wennen moesten aan het licht.

Een vreugde van een geheel andere orde veroorloofde mijn grootmoeder zich in de avonduren. Wanneer ik in pyjama de kamer binnenkwam, trof ik haar aan de tafel, die met speelkaarten bedekt was. Iets schuldigs in haar gelaatsuitdrukking gaf mij de indruk dat kaartspelen een zondige bezigheid moest zijn en ze liet nooit na zich te verontschuldigen door te zeggen dat patience leggen het enige was wat haar rust gaf. Die rust leek mij betrekkelijk, want voortdurend verschikte zij de prentjes. Ik begreep niet hoe je met jezelf kaart kon spelen, of was er toch een tegenstander, een onzichtbare? Dat moest wel zo zijn, want mijn grootmoeder spande zich in om hem te overwinnen en trachtte langs omwegen haar doel te bereiken. Ik hoorde haar prevelen, terwijl zij een vrouw of een boer met een baret onder aan een der rijen neerlegde – klaarblijkelijk waren dit bondgenoten in haar strijd tegen de onzichtbare. Ik hing over de tafel en luisterde naar het flippende geluid dat de harde kaarten onder haar duim teweegbrachten. En soms kwam het spel opeens uit. Vlug verlegde ze nog enkele kaarten met het gemak van de overwinnaar en alles lag op zijn eigen mysterieuze plaats. Ze was voldaan. Het ganse bestaan was overzichtelijk opgeruimd, de orde hersteld.

Dit was haar kleine spel met het noodlot. Een groter spel had zij nooit durven spelen.

'Is dat uw vader, oma?' vroeg ik eens, in mijn pyjama rondwandelend en het liedje van verlangen zingend. Het portret toonde een streng gezicht dat mij recht leek aan te kijken.

'Ja,' zei mijn grootmoeder, 'dat was mijn vader.

Mijn vader was een strenge man. Als kinderen hadden wij niets in te brengen. Je wil staat achter de deur, zei hij altijd. Bij het eten moesten we aan tafel staan en mochten we geen woord spreken, behalve wanneer ons iets gevraagd werd. Tegenwoordig hebben de kinderen het hoogste woord.' Wanneer ze dit zei, kreeg haar gezicht een misprijzende uitdrukking. Dat zuinige kijken van haar kon ons, haar kleinkinderen, onaangenaam treffen, soms leek het zelfs of ze het ons misgunde dat we vrolijk waren en kabaal maakten. 'De vrijheid die jullie tegenwoordig genieten, kenden wij niet,' zei ze. Heel streng kon ze kijken, zonder één flikkering van opwinding, boosheid of wat dan ook. Een lichtloze strengheid was door eeuwen van calvinisme in haar wezen geprent.

Nog altijd wanneer ik naar het konterfeitsel van mijn overgrootvader kijk, verbaas ik me dat zoveel wilskracht, zoveel ijzeren karaktervastheid binnen het kleine bestek van een burgermansbestaan had kunnen leven. Een generaal had deze man moeten zijn, met zijn adelaarsogen en messcherpe lippen, half verborgen tussen de hooghartigheid van zijn knevels. Ik voelde geen spijt dat hij niet meer leefde. En aan de zijde van de despoot, mijn overgrootvader, stond het onderdanige sierlijke vrouwtje dat hem elf kinderen had gebaard om daarna jong te sterven. Van die elf kinderen was mijn grootmoeder de oudste en bovendien de enige dochter die in leven was gebleven. Voor het overige waren het jongens en mijn grootmoeder moest lange witte kousen voor hen breien zoals de mode toen voorschreef. Ze moest een kleurloos kind geweest zijn, levend onder de doem van zonde en straf, eindeloos witte kousen breiend voor kinderen die geboren werden en soms ook weer stierven. Het zou een pathetisch verhaaltje zijn geweest wanneer mijn grootmoeder het niet zo droog verteld had. Die droogheid gaf er iets noodlottigs aan.

'Was u dan nooit eens blij?'

'Ik weet het niet, kind, ik kan het mij niet herinneren.'

'En later, toen u met opa trouwde?'

'Ja, misschien wel,' mompelde ze.

Ik keek naar haar. Het was alsof ze haar leven lang aan de eindeloze kousen was blijven breien, met angst in het hart om steken te laten vallen – het hele leven een taak, waarvan iedere dag een bovenmatig groot aantal toeren voltooid moest worden.

'En nu dan? Bent u dan nu niet blij?' vroeg ik, oordelend dat ze nu toch wel blij moest zijn, al was het maar met mijn aanwezigheid.

Haar handen bewogen over de tafel en namen een heer op; lange tijd hield ze de heer vast alsof ze van hem geen afstand kon doen.

'Ik heb veel om dankbaar voor te zijn,' zei haar stem. Zelf scheen ze verwonderd dit te constateren.

'Het spel komt uit,' zei ze, de heer neerleggend. Lamplicht glinsterde in haar lorgnet en nog hield zij de blik op de kaarten gericht en was het alsof ze haar leven overzag.

Haar leven kwam uit. Wat kon haar nog overkomen? Alles zag ze op de juiste plaats liggen: haar kleine pensioen, haar huis, haar man in de rij van de doden en haar kinderen in de rij van de levenden, met de kleinkinderen weer daaronder gegroepeerd. En ergens, als sluitstuk, bevond zich haar dood. 'Zie je dat het uitkomt?' zei ze tegen mij, of tegen een onzichtbaar iemand, want ik begreep toch niets van het spel. Ik zag de haartjes op haar kin trillen alsof ze ging glimlachen. Iedere verantwoording was van haar afgenomen. Voortaan zouden alle dagen licht zijn zonder de ballast van plichten en zorgen, een toegift van het leven.

Maar een onzichtbare hand zou het geordend kaartspel van haar bescheiden bestaan dooreen gooien. Haar huis zou op een andere plaats komen en levenden zouden in de rij van de doden komen te liggen nog voor het hun tijd was.

Toen ik haar terugvond nadat de oorlog was uitgebroken, herkende ik haar nauwelijks. Ze woonde nu in een ander huis, een verveloos gebouw tussen grijze dennenbomen en met hoge ramen waaruit oude gezichten naar buiten keken.

Toen ze voor me stond, viel het me op hoeveel kleiner ze was dan ik me herinnerde. Met haar lichtloze ogen keek ze me aan. En opeens wist ik weer dat er iemand dood was. Mijn oom Alexander, die groot en sterk was geweest, werd onder het puin begraven toen er een bom explodeerde in zijn huis. Hij was haar enige zoon geweest.

'Laten we naar buiten gaan,' zei mijn grootmoeder, 'hier kunnen we nergens praten.' Ze zette een hoed op, die zwaar leek voor haar nietige gestalte.

Langzaam wandelden we door het bos. Er hing een mist die in druppels van de takken kwam vallen en we hoorden onze eigen voetstappen niet omdat het geluid in een dikke laag dennennaalden werd gesmoord. Hier was het te stil om te kunnen praten.

Ten slotte bleef mijn grootmoeder staan om haar hand omhoog te heffen naar mijn hoofd.

'Wat ben je groot geworden. Je steekt een stuk boven mij uit.'

Het was alsof ze iemand anders zag staan, een schim achter mij. Toen wendde ze haar blik af. 'Je oom Alexander was ook groot,' zei ze. Deze woorden maakten me bedrukt. Het woog als een doem op me dat ik groot moest worden als de dode man die haar zoon geweest was. Het leek of ik mijn schouders voelde buigen zoals de zijne zich gebogen hadden onder een onzichtbare last. We liepen voort, ik probeerde iets te vertellen en van tijd tot tijd knikte zij met het hoofd ten teken dat ze het verstaan had. Droge takken knapten onder onze voeten. Plotseling keek ze om zich heen alsof we ver van de wereld waren weggedwaald.

'We moeten terug,' zei ze. Iets dreigends scheen haar langzaam in te sluiten. Haar hand klemde zich vaster om mijn arm.

'We zijn vlakbij,' zei ik. We hadden immers zo langzaam gelopen.

Terug bij het verveloze huis, waarin nu lichten brandden en waar achter het raam een verpleegster bewoog, bleef ze staan op het bordes. Ze wilde niet dat ik mee naar binnen ging. 'Je moet nog met de trein. En het wordt vroeg donker.' Ook ik zag het donker worden in het bos, de bomen stonden zwart onder de regenwolken.

'Ik kom gauw terug,' zei ik en kuste haastig haar koude wang. 'Misschien gaan we dan wel iets leuks doen, misschien is het dan mooi weer.'

'Ja, misschien wel, kind.' Ze tastte naar de deurpost en hield zich daaraan vast. Toen ik al een eind weg was – ik liep snel om gauw bij de verlichte tram vol mensen te kunnen komen – zag ik nog iets wits bewegen, een hand die ze naar mij ophief.

Nadien wilde ze nooit meer wandelen, ook niet toen ze al lang weer weg was uit het gebouw tussen de naargeestige dennen en een vriendelijker huis bewoonde, dat uitzicht bood op een rosarium. Weliswaar was het raam van haar kamer zo hoog geplaatst dat je moest gaan staan om erdoorheen te kunnen kijken, maar wanneer je dit deed, kon je perken met rozen zien. 'Zullen we in het rosarium gaan wandelen?' Iedere keer probeerde ik met die vraag haar koppige weigering te doorbreken. Tot het ten slotte tot me doordrong dat de groene bomen en de rozen haar angst schenen in te boezemen alsof het vermomde vijanden waren.

'Zal ik het raam openzetten?' vroeg ik. 'Het is heerlijk weer buiten. Dan kunt u de vogels horen.' Maar haar lippen knelden zich vreesachtig samen, een onvatbare argwaan ten opzichte van dat verraderlijk bloeiende, verdonkerde haar oog. Als een grauwe egel, zo kromp ze ineen. Raak me niet aan met zelfs maar de herinnering aan bloei, aan levende dingen... Had de wereld haar niet bedrogen juist toen ze gemeend had haar wantrouwen te kunnen laten varen?

Ik vond het wel vervelend dat we niet eens konden gaan wandelen, ik kon me in het kamertje haast niet verroeren, ik ging op een stoel zitten, ging weer staan om een bejaarde vrouw te begroeten, die met haar hoofd om de deur kwam kijken. Steeds dezelfde bejaarde vrouw, of steeds een andere? Met iets hongerigs in hun blik keken die vrouwen naar mij, als vogels die een laatste graantje van de wintergrond wilden pikken.

De oorlog ging voorbij, en door de jaren heen, zomer en winter, deed ik de deur open en vond haar in het kamertje zitten, een vliegje dat langzaam verdroogt in een verlaten spinnenweb. Dag oma, dag oma... Steeds werd ze kleiner, steeds kwam ik minder. Haar been werd stijf en van haar bril had ze nog maar de helft over. Daar keek ze door als door een vergrootglas naar altijd dezelfde letters van hetzelfde boek. Uit dat boek las ze een blinde dame voor, die enige tijd in de kamer naast de hare woonde. Die blinde dame, vertelde ze, kon niets meer onthouden en bemerkte daardoor niet dat zij altijd uit hetzelfde boek las... Voor zichzelf wilde ze geen nieuw boek meer hebben. Niets wilde ze meer hebben, alsof zelfs boeken en bloemen te zwaar zouden wegen op haar bestaan. Van alles had zij zich ontdaan, behalve misschien van een handjevol herinneringen, en ze wachtte, ze wachtte.

Maar ik kon zo lang niet wachten. Ik was volwassen geworden en ging voor geruime tijd naar het buitenland. Ik schreef haar geen brieven, want sinds jaren al beantwoordde ze geen brieven meer en dat werkte weinig stimulerend. Bovendien zou ze niet begrepen hebben wat ik moest doen in een vreemd land. Soms vergat ik haar gedurende maanden en wanneer ik aan haar dacht, had ik het gevoel dat ze niet bemerken zou of ik kort of lang wegbleef omdat er voor haar nauwelijks nog een tijd bestond. Of het nu een dag geleden was of een jaar, ze zou daar weer zitten en ik zou 'dag oma' zeggen en ze zou me bekijken door haar halve bril.

Het was op een voorjaarsdag dat ik na lange tijd voor het eerst weer naar haar toe ging. De paden die naar het rusthuis bij het rosarium voerden, lagen in nevelig zonlicht. De bomen stonden roerloos en er was iets in de atmosfeer waardoor ik het gevoel kreeg in een soort tijdloosheid te treden. Aan het eind van die tijdloosheid stond het huis met de oude mensen als een pleisterplaats tussen hier en het graf. Met tegenzin liep ik verder, duwde het piepende hekje open en zag een verschrompelde hand die de vitrage opzij schoof. Ieder die uit het leven kwam, werd hier gretig begluurd. De zuster die mij opendeed, kende ik niet. 'U kunt naar boven gaan,' zei ze. Ik wist nog welke deur het was, ik klopte en hoorde een vaag instemmend geluid.

Ze lag in het hoge bed, een vergeten stokoud geworden prinses op de erwt, haar ogen verzonken in benige holten waardoor haar gezicht iets van een uilenkopje had gekregen. Evenals vroeger, wanneer ik als kind haar 's ochtends in bed aantrof, had zij geen

tanden in haar mond – misschien was het gebit te
groot geworden voor haar gezicht. Ze keek oplettend
maar zonder glans of glimlach naar mij. Aarzelend
trad ik voor het bed en nam een van de kille handen,
die op het dek lagen, tussen de mijne. Zij echter trok
die hand gedecideerd terug en zei enigszins slissend:
'Dag mevrouw.'

'Ik ben het, oma, je kleindochter. Je herkent me
toch wel?'

Ik zocht naar woorden om de relatie tussen ons duidelijk te maken, en opeens kwam toen dat vergeten
stukje leven in me terug, de saamhorigheid van een
kind en een oude vrouw, verbonden door de mysterieuze banden van het bloed. Ik zag ons samen door
die vergane wereld lopen, waarin mensen als poppen
in poppenhuizen zaten achter neergelaten jaloezieën,
ik zag haar 's ochtends op de sofa met zonneschijn
voor een veelbelovende dag in de gordijnen. Toen
was zij groot geweest en ik klein, en nu was het an-
dersom.

'Weet je nog wel?' zei ik.

'Ja,' zei ze beleefd, met iets diplomatieks zelfs, alsof
ze mij tevreden wilde stellen. 'Ja, ja.'

'Misschien ben ik veranderd,' zei ik. 'Ik draag mijn
haar nu kort. Wilt u uw bril hebben?' Zoekend keek
ik rond naar de halve lorgnet in de hoop dat ze me
daarmee scherper zou kunnen zien.

'Waar is uw bril?' drong ik aan.

Ik keek in haar grauwe ogen en opeens scheen het
me toe dat zij de hekken van haar ziel voor mij geslo-

ten had, de doffe spiegels hielden haar buiten mijn bereik. De rozen, de wereld en het zonlicht had zij al jaren geleden uit haar bestaan gebannen. En nu had ze mij uitgebannen.

'Misschien kunt u mij even helpen, mevrouw,' murmelde ze, mij met haar verzonken blik taxerend aanziend; haar trillende handen streken zorgvuldig het laken glad en het viel me op dat haar vingers geen ringen meer droegen, zelfs niet het dunne ringetje dat aan haar moeder had toebehoord. 'Ik wil rechtop zitten en de zusters hebben het zo druk...'

Toen begreep ik dat er in haar wereld nog slechts mevrouwen en zusters bestonden, gestalten die voorbijgingen, en dat ze geen groet, geen oogopslag van herkenning meer verlangde. Ik was te lang weggebleven.

Op 11 november 1973 stierf Jo de Wit, mijn moeder. Zij
stierf in de vroege ochtend van een autoloze zondag.
De oliecrisis, het gerommel in het Midden-Oosten
– alles was haar ontgaan in haar laatste weken vol
dromen – die crisis had een stilte geschapen zoals in
geen tientallen jaren was voorgekomen; je hoorde het
ruisen van de bomen weer, wij passeerden een paard-
en-wagen op de Scheveningseweg. Je rook de zee. De
politie escorteerde ons naar de Rudolf Steinerkliniek
om te controleren of wij wel werkelijk naar onze stervende moeder gingen. De gele esdoornbladeren waarvan zij gemeend had dat het bloesems waren (haar
ogen zagen niet goed meer), vielen op de grond: nee,
het was geen lente, maar bijna winter.

En met haar verdween er niet alleen een stuk van
mijn leven maar ook van een epoque. Want zij was
een van de laatsten die de paardentram nog had gezien en de gaslantaarns, die de Weltschmerz had gekend en Lodewijk van Deyssel. Een kind van vóór de
eeuwwisseling.

Ze vertelde mij hoe zij – amper een schoolkind –
het nieuwe jaartal 1900 voor zich zag, dat vreemd lege
getal met die nullen, intrigerend en een beetje beangstigend. De wereld sloeg een bladzij om. Jo de Wit,
mijn moeder, is altijd met één voet in die vorige

eeuw blijven staan, een tijd van romantiek en deca-
dentie, waardoorheen toch al een bries woei van vernieuwing als een bries van avontuur.

Een kind van twee eeuwen, geboren onder het ster-
renbeeld Tweelingen, scheen zij altijd uit twee perso-
nen opgebouwd die zelden in harmonie met elkaar
waren. De dichter Nijhoff, met wie zij in de vroege
jaren twintig een liefdesrelatie onderhield, herdoop-
te haar en gaf haar twee namen: Fransje en Mary.
Fransje was de kokette, vrolijke, temperamentvolle;
Mary de kwetsbare, de dromerige, tot meditatie ge-
neigde. Mary en Fransje – in eindeloze schakeringen,
in strijd met elkaar, de een heersend over de ander
en de ander weer heersend over de een, zo heb ik ze
al die jaren gekend. Dolle Mina en Eline Vere waren
allebei in haar aanwezig. Onafhankelijk denken was
een van de hoekstenen van haar persoonlijkheid.
Zich niet laten overspoelen, zich niet conformeren,
steeds oordelen vanuit een persoonlijke mening –
met hardnekkigheid heeft zij dat nageleefd tot op
haar laatste dag.

Zij werd geboren in 1894 in Rotterdam, een stad die
zij graag ontvluchtte om spijbelend van school naar
de haven te gaan of te dobberen in een bootje op de
Maas. Zelfs haar kleinkinderen hingen nog aan haar
lippen als zij vertelde van de avonturen uit haar
jeugd. Foto's uit die tijd laten haar zien als een Alice
in Wonderlandachtig figuurtje met halflange rokken
en strikken in het blonde haar. Ik begreep nooit goed

hoe zij in die uitmonstering door de dakgoot had kunnen wandelen en het dak beklimmen zoals ze ons bezwoer te hebben gedaan. Anderzijds waren er verhalen die haar tekenden als een overgevoelig kind dat angsten kende voor de geluiden uit de stad, het lallen van dronken zeelui, het doffe hoefgeklop van afgedankte sleperspaarden die hun laatste gang gingen naar het abattoir.

Mijn grootouders woonden in die jaren in de Johan van Oldenbarneveltstraat, waar ook de dichter Leopold woonde en de oude Johan de Meester, die toen nog zo oud niet was en dikwijls in de lunchpauze voor het raam kwam staan om het vrouwelijk schoon van de HBS-meisjes te bewonderen. Hij zou dan ook een van de eersten worden die mijn moeders literaire aspiraties stimuleerden.

Het werd 1914 en de Eerste Wereldoorlog brak uit. Veel van haar aanbidders moesten zich in het veldgrauw steken en stuurden haar foto's waarop ze geüniformeerd te pronk stonden. Of ze schreven melancholieke brieven aan hun 'Lieve Jopie'. Hun lieve Jopie begon inmiddels Frans te studeren en boekkritieken te schrijven. In 1918 debuteerde zij, drieëntwintig jaar oud, met de verhalenbundel *Donker Geluk*. De titel had iets profetisch omdat er aan elk geluk in haar leven wel een donkere kant kleefde, niet in het minst door haar eigen tweeslachtige natuur. Ook dit boek schonk haar een twijfelachtig geluk: ze kreeg succes, bewondering boven verwachting, maar gelijktijdig vervreemdde dat haar van haar familie. Haar ouders wilden het boek van hun dochter niet lezen omdat zij huiverig waren voor de erotische ontboezemingen die het behelsde.

Mijn moeder verliet het ouderlijk huis, ging in Den Haag wonen, waar zij zich met veel bravoure in het literaire leven stortte. Ze moet mooi geweest zijn, te oordelen naar de portretten die Isaac Israëls en Haverman van haar schilderden. Zij had wonderlijke violette ogen die menige man in hun ban sloegen, zelfs toen zij al oud was. Toen ze mij in de jaren dat ik zelf begon te schrijven introduceerde bij de PEN-club, ontmoetten wij herhaaldelijk heren die samenzweerderig tegen mij zeiden: 'Je moeder was vroeger zo mooi, o... lala...'

Uiteindelijk koos zij niet voor haar artistieke bewonderaars, maar voor mijn vader, een jong kantonrechtertje. Ook hij viel voor haar ogen en overige aantrekkelijkheden, hij werd dolverliefd. Wellicht was er bij haar meer gezond verstand in het spel, zocht ze een vader voor haar toekomstige kinderen, een degelijke man.

'Ik begrijp niet waarom ze mij genomen heeft,' zei mijn vader tegen mij toen ze al dood was, 'ik was maar zo gewoon.'

Ik kijk naar zijn jeugdportret: een jongen in kuitbroek met ronde ogen en dicht krulhaar, een eersteklasser op het gymnasium in het roomse Den Bosch. Op een later gedateerde foto van een twintigjarige ziet hij eruit alsof hij aan de verwachtingen van zijn ouders zal beantwoorden, hierop zie ik al iets van zelfbewustzijn, een twinkeling van spot ook in zijn ogen, en zijn rechte rug kondigt de aankomende gezagsdrager aan. Daarnaast leg ik een jeugdportret van mijn moeder, een smachtend uitdagend gezicht onder een enorme fluwelen hoed: een volwassen geworden Alice in Wonderland.

Mijn moeder was een vrouw van illusies en ontgoocheling, van rampzalige en verrukkelijke liefdes. 'Als je eens wist hoe ik geleden heb,' zei ze toen ze mij vertelde over haar eerste jeugdliefde, en omdat zij op eenzelfde gekwelde toon zei: 'Als je eens wist hoe ik gehuild heb om *De kleine zeemeermin*,' vermengden die twee beelden zich en zag ik haar op messen lopen langs de Rotterdamse Singel met haar schooltas op haar heup. Iets van die messen behield ze levenslang, alsof er diep in haar altijd een pijn stak om de onvolkomenheid van iedere vervoering.

Na haar derde boek, *De branding*, waarvoor zij de Van der Hoogtprijs kreeg, schreef ze geen romans meer. De zorg voor het gezin met drie kinderen, de oorlogsjaren en langdurige ziekenhuisverblijven doorbraken te veelvuldig de langademige concentratie die daarvoor nodig is. Zij begon gedichten te schrijven.

Op haar best was ze altijd wanneer er een appèl op haar werd gedaan; als ze haar krachten moest meten met onheil, ziekte, gevaar, werd de leeuwin in haar wakker. Ik zie haar nog staan, tenger in peignoir tegenover de Gestapomannen die op een vroege ochtend in de Hongerwinter mijn vader kwamen halen. Tegelijk kwijnend en dramatisch wist zij die mannen in te spinnen in een kluwen van woorden en schijnbaar zinloze handelingen – want ze moest tijd winnen, genoeg tijd om mijn vader te laten ontsnappen. Zij triomfeerde. Woorden hadden dus macht en door haar woorden redde zij mijn vaders leven. In zekere zin was ze een on-Hollandse vrouw, deze Jopie de Wit uit Rotterdam, hoewel er bij mijn weten geen spoortje uitheems bloed door haar aderen stroomde.

Door alles wat leefde werd zij geboeid, altijd kwam ze met verhalen thuis, of dat nu was na een buitenlandse reis of wanneer zij terugkwam van de groenteman.

Geleidelijk liet zij in haar gedichten de grote woorden, de metafysische geladenheid steeds meer achterwege. Geleidelijk ontwarde zij haar naakte zelf uit haar complexe wezen en uit de barokke tijd waarin zij geboren was. Haar laatste gedichten had ze ontdaan van alle klatergoud. Maar wie luisterde toen nog, in het tumult van de nieuwe tijd waarin dichters de versvorm overboord gooiden en een andere taal uitvonden, naar de stamelingen van een oude vrouw? Zij voelde dit haarfijn aan en heeft haar gedichten ook nooit willen publiceren.

Zij had altijd grote, te grote verwachtingen gekoesterd, ze had gemeend dat het leven (en ook de dood?) zich meeslepend en openbarend aan haar zou voltrekken, maar moest gedurende haar trage ouderdom genoegen leren nemen met de moeizame alledaagsheden:

Er viel scherp licht, ik zag
Het eigen arm bedrijf
Een schemer door de dag
Vermoeid verdonkerd lijf.

Het narrenpak van dromen
Een hoed met bel en bloem
Wat anders dan de lome
Versierselen van een doem.

Toen ik de bonte vezel
Stropend had afgedaan
Heb ik als iedere ezel
De kop omlaag gedaan.

Toch gaf zij zich nooit helemaal gewonnen, ze bleef trachten de dingen in groter verband te zien. Hoewel ze de laatste jaren door ziekte vrijwel nooit meer buiten kwam, bleef ze diep verbonden met de natuur. Ik herinner me hoe ze mij op een dag stralend begroette met de woorden: 'De grote sterns komen terug. Bert Garthoff heeft gezegd dat ze gesignaleerd zijn. Zie je wel, de natuur herstelt zich. Grote krachten, reservekrachten zijn er in de natuur.' En ik zie weer voor me hoe zij met haar vingers (die idioot kleine handjes, zei Nijhoff) heel licht de aarde in haar plantenpotten beroerde om te testen of die nog vochtig genoeg was. Haar vingertoppen leken mij uiterst getraind, alsof ze het brailleschrift van de aarde konden lezen. De stephanotis, de wasplant, de sanseveria, alles bloeide onder haar handen. Boeken, bloemen en kinderen, die vormden de vreugden van haar laatste jaren:

> *Maar als de kleine kinderen*
> *Mij bezoeken*
> *Klim ik in hun ogen*
> *Zie er het leven.*

Dat zij ten slotte niet meer kon lezen, vond ze het zwaarst om te dragen. Ik haalde nog boeken voor slechtzienden uit de bibliotheek, maar die stonden haar tegen, de keuze was zo beperkt, de boeken zelf te zwaar om vast te houden.

Even werd ze nog Fransje toen zij de ambulance-auto werd binnengeschoven, ze maakte grapjes en vond dat ze lekker lag, zo stevig ingesnoerd met die riemen, als een pakje, een cocon. Ze meende dat ze op reis ging en vond het een avontuur zoals vroeger, toen ze met de leden van de PEN naar Zweden reisde, vlak na de oorlog, om daar een congres bij te wonen en waar ze als een Assepoester in haar versleten rokje met de koning danste in de troonzaal.

Besefte zij dat dit een ander soort reis ging worden?

'Aan alles komt een eind,' had de dokter gezegd. En zo is het, aan alles komt telkens weer een eind. Ik begreep dat het einde van Arnold Abraham, mijn vader, gekomen was toen ik de twee verpleeghulpen met witte plastic boezelaars voor de deur van het sterfkamertje zag staan.

'U bent net te laat,' zeiden ze tegen mij.

'Was er iemand bij hem?' vroeg ik.

'Nee,' zeiden ze, 'maar dat is dikwijls zo: je licht je hielen en opeens zijn ze dood. Er zijn er, die willen er alléén tussenuit.'

Ik ging naar binnen en zag dat het zo was. De zuurstofpomp was afgekoppeld. Zijn handen koelden al af, zijn mond stond open. (Open je mond, oude man, had de dood gezegd, je uur is gekomen, en de oude man had zijn mond geopend en de dood was naar binnen gesprongen in het zwarte gat en het gat bleef openstaan en alles daarbinnen verstijfde, de tong, de zachte huig, de zenuwen, de bloedlichaampjes: de af en aan gaande loodsbootjes op de rivier van het bloed – overal kwam de dood, hij vergat niets.)

'Wilt u mij even alleen laten?' vroeg ik aan de in plastic gehulde vrouwen – dat plastic irriteerde mij, alsof mijn vader aan de pest was gestorven, alsof hij onrein was. Zij verwijderden zich, maar bleven achter de deur staan wachten. Ik bekeek het nog eens grondig, dat gezicht dat ik mijn leven lang gekend had. Zijn linkeroor was stuk gelegen en met geronnen bloed overdekt. Om dat oor was nog een prestigeslag geleverd door de gediplomeerde hoofdzuster, die het nodig achtte dat mijn vader om de twee uur op zijn andere zij gekeerd zou worden, terwijl de verpleeghulpen daarvoor terugdeinsden vanwege de pijn die bij elke beweging dat oude lichaam folterde. Maar nu was er ook aan die strijd een eind gekomen.

De plastic boezelaars kwamen weer binnen en zeiden: 'We kunnen werkelijk niet langer wachten. Wij moeten hem nu in orde maken.'

Zij openden een bruin papieren pakje en ik herkende de pyjama die ik een aantal weken geleden voor hem gekocht had. 'Zou u soms een nette pyjama voor hem willen meebrengen?' had de hoofdzuster gevraagd. 'Voor als het zover is. Ik heb hem nu maar iets aangetrokken, een leen-pyjama, maar als het zover is, dan is het prettig voor hem en ook voor u als hij er netjes bij ligt met iets van hemzelf aan. Ik bewaar dat in een apart kastje en ik zet de naam op het pakje, dat doe ik voor alle patiënten.'

Dit wordt zijn doodshemd, dacht ik toen ik de pyjama bracht, dit gaat met hem mee in het vuur. Je staat er nooit bij stil dat een aantal van al die pyjama's, nachtponnen en kinderhansopjes voorbestemd is als doodshemd te dienen, ze liggen daar in de glimmende etalages en niemand weet dat het doodshemden zijn. De ene zuster streek het bruine pakpapier waarop zijn naam stond geschreven zorgvuldig glad. 'Wilt u even buiten wachten?' vroeg ze. Ik had die woorden al enkele malen eerder in mijn leven gehoord en dus ging ik op de gang staan.

Het duurde niet lang of een brancard, ook al met plastic bedekt, werd naar buiten gereden met daarop een menselijke vorm onder een wit laken. Snel ritselde ons witte konvooi door de gang. Ergens zag ik achter het raam van een der slaapzalen een oude man in bed met zijn armen wuiven, ik kon niet horen wat hij riep, zijn mond opende en sloot zich als die van een vis achter glas. Het leek of hij ons vaarwel wuifde, maar waarschijnlijk was het een kwestie van hoge nood. Ik zag er nog een paar schuifelen op hun pantoffels, met hun hangbroeken aan: enkelen van de metgezellen van mijn vader, die met hem dezelfde weg waren gegaan tot op dit ogenblik. In een van de zalen klonk een liedje uit de luidspreker: ...jij en ik in een bootje... dan kan de wereld vergaan... De worstachtige poppen die de vrouwelijke patiënten gebreid hadden, hingen langs de muren en staarden met hun knoopjesogen naar onze aftocht door de gang. Toen de afdelingsdeur werd ontgrendeld kwamen op het geluid van de sleutels twee oude vrouwen naderbij, gearmd, met hun vingers rond hun tasjes geklemd. 'Gaat u uit?' riep de kwiekste. 'Zeg, mogen wij mee?' Met de giechel van een astmatisch schoolmeisje lachte zij om haar eigen stoutmoedigheid.

In een oogwenk waren wij met onze brancard in de lift, snelden omlaag, braken door de begane grond

heen en kwamen tot stilstand in de catacomben onder het gebouw.

'Heb je de sleutel?' vroeg de ene zuster aan de andere. 'Weet jij waar het is?'

'Nee, hier is het niet, we moeten rechtsaf, ik ben er
al eerder geweest...' De oudste van de twee probeerde
haar sleutels op verschillende van de grijsgeverfde
deuren die uitkwamen op de betonnen gang; de temperatuur was hier ettelijke graden koeler dan boven
de grond.

Die kilte en de witte plastic schorten van de zusters
deden me opeens denken aan het gigantische abattoir in Dallas dat ik eens bezocht had op een rondreis
door de States: daar hingen in de vrieskluizen naakte
biggen van de zoldering, opgehangen aan hun tenen,
bedekt met glinsterende ijskristallen die over hun
roze vlees lagen als zilverwitte bruidsjaponnen. De
vrouwen die in het abattoir werkten droegen behalve
hun overige plastic outfit ook kokette witte laarsjes,
hier en daar met bloed bespat.

Zouden er meer liggen achter die deuren? vroeg ik
mij af, terwijl de zusters deuren openden en over elkaars schouders naar binnen gluurden. Ten slotte
vonden zij een onbewoonde kluis en stalden de brancard tussen vier wanden die verlicht werden door
een elektrisch peertje. Degene met de sleutels haalde
een kaartje en een potlood uit haar schortzak, drukte
het kaartje tegen de muur, likte aan de potloodpunt
en schreef mijn vaders naam. Vervolgens schoof ze
het kaartje in een plastic houdertje op de buitenkant

van de deur: zijn naam op zijn laatste woning. Nadat dit ritueel beëindigd was, bleven de twee witte geplastificeerden opgelucht en uitnodigend in de gang staan, mij beduidend dat alles was afgehandeld.

'Is er geen stoel?' vroeg ik. 'Ik wil nog wat bij hem zitten.'

Verschrikt zochten zij elkaars gezicht. 'Ik moet afsluiten,' zei degene met de sleutels. 'De sleutels moeten terug naar de administratie.'

'Wij mogen dit hier niet zo openlaten,' zei de andere.

'Wij moeten terug naar de afdeling,' zei de eerste.

Ik zag dat ik hen in verlegenheid had gebracht. 'Ik kom dadelijk bij u,' zei ik. Zij lieten de deur op een kiertje openstaan.

Zo had ik met hem een gestolen minuutje veroverd op de eeuwigheid. Ik nam zijn hand in de mijne en omdat die nog niet door en door koud was nam hij snel de temperatuur over van mijn bloed. Aan deze hand had ik leren schaatsen. Nog voel ik me onderuitschieten op die verraderlijke gladheid en in de lucht bungelen aan deze zelfde hand. Mijn vader had rondrijders, korte houten schaatsen gemaakt om krullen mee te draaien en dat deed hij dan ook, achteruitleunend op de wind, op zijn ene rotsvaste been terwijl het andere in de lucht werd geheven, adembenemende krullen lang, in zijn grijze colbert met de deukhoed op het hoofd. En tussen al die zwarte breugheliaanse figuurtjes op de witte vijvers van het Vondelpark zag je hem dan zwieren met die statige zwaai van links naar rechts als de slinger van een staande klok. Op een dag zakten wij samen door het ijs omdat we ons op het glasachtige oppervlak onder een van de lage brugjes hadden gewaagd. De kou beet mij in de benen alsof ik in een pan met heet water viel, maar vrijwel op hetzelfde ogenblik voelde ik me omhooggetild en over het ijs weggeschoven. Achter-omkijkend zag ik hem gehalveerd door het zwarte water van het wak dat tot aan zijn borst reikte, maar met de trouwe deukhoed nog op het hoofd.

Mijn ogen sluitend leunde ik tegen de rand van de brancard: ik zag hem half weggezonken in dat zwarte wak en hij wuifde en wenkte zoals die oude man daarboven in dat bed gewuifd had. 'Maar nee, je bent toen niet verdronken,' zei ik tegen hem. 'Je hebt nog vele jaren geleefd.' Want Berrie kwam. Berrie, de af-gedankte parkwachter die 's zomers rieten stoeltjes verhuurde aan bejaarde dames en moeders met kin-deren, en Berrie stak zijn stok naar je uit en iemand anders hield Berrie weer vast aan zijn mottige jaspan-den en zo trokken ze je met vereende kracht over het ijs naar de wal. Jarenlang heb ik gedroomd dat je ver-dronk in dat wak, maar als we Berrie tegenkwamen in het park, dan lachten wij en zeiden: 'Daar hebben we onze levensredder.'

DEEL II

Dagboekbladen I

Soms komt me weer die wonderlijke tijd voor de
geest van de beginnende Appel die zich ontwikkelde
uit niet veel meer dan een appelpit – meer was het
niet: een droom van enkele rebelse acteurs die het
gevestigde toneel de rug toekeerden omdat zij een
ideaal koesterden van saamhorigheid, democratie en
vooral van eigen scheppingskracht. Zij stapten uit de
toneelgezelschappen waarbij ze geruime tijd gespeeld
hadden en keken om zich heen naar nieuwe mogelijkheden, naar zielsverwanten om een gezelschap
mee op te bouwen waarin ze hun eigen denkbeelden
kwijt konden. Geld was er niet, niemand van hen had
een sou.

De rebellen kwamen van het Arnhemse Theater,
de Haagsche Comedie en kersvers van de toneel-
school. Het was herfst 1971. Hoe moest hun gezel-

schap gaan heten? vroegen zij zich af. Ze vergaderden in de boomgaard in Asperen waar Carol Linssen en Chrisje Ewert woonden, en het was toen dat het toeval hun de helpende hand bood door een appel van de takken te laten vallen, precies tussen hen in. Ze hielden de appel omhoog in hun handen: dit is hem, de verleidingsappel uit het paradijs, de appel van Paris, de wormstekige appel van het absurdistische theater van Beckett en Ionesco, de beroemdste vrucht uit de geschiedenis van de mensheid. Dus werd het De Appel.

De gemeente Den Haag weigerde iedere medewerking waar het een onderkomen betrof en de afdeling Kunstzaken wees erop dat er slechts plaats was voor één gezelschap: de Haagsche Comedie. Dus viel er op subsidie niet te rekenen.

Ik kan me niet herinneren dat Erik en ik ons zorgen maakten, hoewel we twee jonge kinderen hadden en ik met mijn schrijven niet meer dan een zakcentje verdiende. Ik vond het nieuwe plan opwindend en meende dat Erik er wel iets spannends van zou maken. Hadden we niet voor heviger vuren gestaan zoals in de jaren zestig toen wij naar de Verenigde Staten moesten uitwijken omdat Erik hier in Nederland geen werk kreeg?

De kleine groep trok in de leegstaande elektriciteitscentrale in Scheveningen. Door de gezamenlijke fysieke inspanning van alle Appelmedewerkers ontstond er zoiets als een familiegezelschap. Echtgenotes doken op, kinderen, vrienden, iedereen werd opgetrommeld om te helpen. Er werd geschrobd, geverfd en gebouwd, op de tribune werden derdehands bioscoopstoeltjes geplaatst en het elektriciteitsgebouwtje werd omgedoopt tot Theater aan de Haven. De show kon beginnen.

De Appelaren wensten geen bestaand stuk te spelen, niks commercieels waarmee geld verdiend kon worden, hun eerste project moest een eigen schepping zijn.

Het idee ontstond om mij opdracht te geven een collage samen te stellen over de diverse gedaanten die God in de loop van zijn bestaan had aangenomen. Ik maakte een ruwe opzet en nadat de Appelaren in een plenaire vergadering mijn voorstel hadden geaccepteerd, toog ik aan het werk. Het was een onderwerp dat mij al een tijdlang had geïntrigeerd. Ik zocht inspiratie in alle mogelijke legenden en schreef die met eigen teksten aan elkaar. Ik begon bij de oermens die aan dieren bovennatuurlijke krachten toekende, gaf vervolgens de natuurgod gestalte die bij Ovidius nog in de wind zetelt, en de Schepper-God die de homo sapiens uit klei boetseert, tot ik bij de God kwam die uiteindelijk in de handen van de mens valt en door deze gemanipuleerd wordt. De mens die in naam van God martelt, discrimineert en oorlogstuig met wijwater besprenkelt. Ten slotte eindigde mijn God als een armzalige marskramer die nog wat bidprentjes aan de man probeert te brengen. In overleg met de Appelaren noemde ik mijn stuk *God op aarde*. Enkele dagen voor de première ontving De Appel een briefje van burgemeester Kolfschoten: 'Ik zal uw première niet bezoeken aangezien God niet op aarde maar in de hemel vertoeft.'

De schilder Niels Hamel werd aangetrokken om het toneelontwerp te maken, maar omdat er geen geld was stelde hij een toneelbeeld samen uit afgekeurde scheepsmaterialen die hij had aangetroffen in de Tweede Binnenhaven, waaraan het nieuwe theatertje grensde. Witgekalkte planken van de visafslag konden als podium dienen en afgedankte visnetten werden opgehangen als markering van de ruimte waarin Niels voorwereldlijke walvisachtige schepsels door de lucht wilde laten zweven. Ik herinner me nog hoe Niels en Erik langs zee liepen te strandjutten, Niels met zijn flambard op het hoofd en wijdbeens lopend met zijn paardrijbenen. Alles wat aan de vloedlijn was aangespoeld trok zijn aandacht en je zag hoe al die voorwerpen in zijn fantasie een andere gedaante aannamen. Niels' fantasiewereld richtte zich in eerste instantie op wat onmogelijk was, die van Erik eerder op het mogelijke. Vóór alles wilde Niels uitdagen, het liefst zou hij de spelers op het toneel laten zwijgen om ze als marionetten van de ene naar de andere kant te duwen.

Hij ontwierp de meest onmogelijke obstakels die, hoe origineel ook, de acteurs in hun spel belemmerden. In feite vond hij dat het toneel visioenen diende te leveren en geen pratende acteurs. Ik herinner me hoe hij later voor *King Lear* een gigantisch paard in de lucht had opgehangen dat tegelijkertijd een poort moest vormen. Hij was treurig en verongelijkt toen zijn paard moest wijken voor de opstandige toneelspelers.

Tijdens de voorbereidingen van *God op aarde* kwam hij op een memorabele dag met vijfhonderd meter dweilenstof aanzetten die hij op de stoffenmarkt van Gent heel goedkoop op de kop had getikt. Vanaf dat moment werden vrijwel alle kostuums in de komende jaren van dweilenstof gefabriceerd, tot wanhoop van ontwerpers en kostuumnaaisters. Jarenlang heette het in de pers: *De Appel speelt in wrakhout en dweilenstof.* Toch meen ik dat de eenvoud van het decorbeeld en de simpele materialen iets onmiskenbaar eigens aan de voorstellingen gaven, terwijl de spelers een grotere vrijheid kregen waar het hun fantasie en bewegingen betrof.

De Appel groeide en barstte op een gegeven moment uit zijn voegen, de toevloed van toeschouwers kon niet meer op de kleine tribune worden samengepakt. Het theatertje heeft maar vijf jaar bestaan, maar in mijn hoofd leven al die voorstellingen die in die jaren zijn gerealiseerd en lijkt de tijd veel langer. Nu was de groep volwassen geworden en had recht op een nieuw onderdak. De Appel verhuisde naar de oude paardentramremise aan de Duinstraat en de hele procedure van afbreken en opbouwen, schrobben en verven moest opnieuw worden afgewerkt.

1981

Erik heeft een nieuwe cassetterecorder in zijn auto met ingebouwde luidsprekers in de deuren. Ook buiten de auto is het geluid nu hoorbaar zodat hij rondrijdt als een zoemende meikever.

Vannacht hoorde ik die spelende muziekdoos in de sneeuwnacht, in het duister, aan het trottoir voor ons huis aanmeren. Soms blijft hij nog even in de auto zitten om het slot van de tape te horen. Hij heeft die installatie gekocht met het oog op het heen en weer rijden in de weekenden van en naar het theater in Düsseldorf waar hij een gastregie doet. Zo worden dat plezierreizen. Zelfs als hij zijn portier opent laat hij de cassette nog lopen. Doet hij dat om de buren te provoceren of om mij in het holst van de nacht wakker te maken? Maar ik slaap toch al als een haas met één luisterend oor. Neuriënd komt hij binnen, met zijn losse vuist slagen makend in de lucht: 'Tamtam paapáá... Brendel speelt die sonates van Beethoven fantastisch, die man is een klavieronderzoeker. Hij begint heel traag alsof hij alleen maar voor zichzelf wat mijmert, hij speelt niet voor iemand, hij luistert, hij laat de muziek ontstaan...'

Zijn haren vallen over zijn voorhoofd, zijn ogen vernauwd door de intensiteit van zijn geestdrift: 'Ik ben nu pas de latere Beethoven gaan waarderen, die dove woede op dat instrument uitgeleefd. Niet romantisch nee, de duivel in dat instrument, dat is bij Bach nooit, daar blijft het instrument intact, objectief. Beethoven begint heel ingehouden, heel langzaam, als een leeuw die slaapt, en je weet niet wanneer hij wakker wordt.'

Dan kijkt hij naar mij, valt gekleed en al op het bed om mij te omarmen: 'Dag, mijn koffertje vreugde!'

Hij zit achter een tafel vol pennen en potloden en kleurstiften, bezig zijn nieuwe regie voor te bereiden. 'Ze zullen in Düsseldorf wel denken dat ik een geleerde ben,' zegt hij. 'Ik ben een chirurg, ik lees de symptomen van de ziekten af van de woorden die de mensen spreken.

'*King Lear*,' zegt hij, 'is het meest cryptische stuk dat er bestaat. Je kunt er maar een deel van blootleggen alsof je archeologie bedrijft, alsof je Troje uit de grond graaft, maar er zijn zeven Trojes...'

Merkwaardig genoeg houdt hij zich aanvankelijk nauwelijks bezig met de psychologische kant van de karakters. Veeleer ondergaat hij een toneelstuk als een landschap met atmosferische stemmingen, wisselingen van duisternis en doorbrekend licht. Eenmaal aan het regisseren gaat hij erover nadenken hoe dat alles is ontstaan en wat daarin de rol is van de acteur.

Den Haag, 15 oktober
Jarenlang heeft Erik geweigerd de grens naar onze
oosterburen over te steken omdat de klank van de
Duitse taal hem onze bezetters van '40-'45 in herinnering bracht. Maar omdat De Appel een succesrijke
gastvoorstelling van Shakespeares *De storm* in Düsseldorf had gegeven, drong de intendant erop aan dat
Erik bij zijn gezelschap zou komen regisseren. Erik
aarzelde, maar het kaliber van de acteurs en de afmeting van het enorme toneel van het Schauspielhaus
deden hem zwichten. Bovendien leek het hem ver-
frissend eens een tijdje weg te zijn van De Appel.

Voorlopig moet ik het doen met alleen zijn stem die
mij op vaak onmogelijke tijden bereikt via het tele-
foonapparaat.
 'Ik woon in een groene kamer,' hoor ik hem zeggen,
'muren, deuren, stoelen – alles is groen. Door de ramen zie ik de Rijn waarop zwarte aken door de golven ploegen...'
 'Waar repeteren jullie?' vraag ik.
 'Niet in het Schauspielhaus, de officiële repetitie-
ruimte is een bedompte boel en ik ontdekte dat er
tegen de muur een camera hangt die als een wakend
oog alles in de gaten houdt, zoiets als het Big Brother-
oog van Orwell. Daar had ik geen zin in. Dus zijn we
verhuisd naar de oude Messe, de vroegere koopmans-
beurs. Die verkeert in vervallen staat en is door de
brandweer tot verboden gebied verklaard. Enorme
verlaten ruimten, de verwarming doet het niet, maar

het is een gebouw dat mij uitdaagt, er hangt nog een echo van het verleden...'

Na twintig van dergelijke telefoontjes denk ik: ik ga erheen, ik wil die verlaten Messe ook wel eens zien, en de Rijn en de acteurs.

Düsseldorf

Wat mij het meest intrigeerde was niet het repetitie-proces, iets wat ik vaker had bijgewoond, maar de merkwaardige mengeling van de oorlog in *Lear*, een verdichting van historische feiten, en de recente oor-log die wij allemaal hadden meegemaakt. Naarmate het repetitieproces zich ontwikkelde bleek die laatste oorlog een steeds grotere greep te krijgen op de oor-log binnen Shakespeares stuk. Verhalen van acteurs kwamen los en brachten onverwachts een emotionele laag naar boven die de geënsceneerde oorlog op het Duitse toneel kleur begon te geven. Een aantal van hen droeg nog de littekens, fysiek, maar meer nog psychisch, die Hitlers oorlog in hun leven had ge-kerfd.

Zonder nog te weten waartoe dat zou dienen begon ik notities te maken van de geëmotioneerde geladen-heid van die mensen die een oorlog *speelden*, maar gelijktijdig herinneringen aan dood, wreedheid en verwoeste steden met zich mee droegen. Het leek me een interessant thema voor een boek.

In de kantine, wanneer zij pauzeerden of hun lunch-boterham aten, kwamen flarden van hun verleden naar boven. Wolfgang Arps, die Gloster speelde, vertelde hoe hij als schooljongen samen met zijn klasgenoten 's nachts achter het afweergeschut moest staan om Engelse bommenwerpers uit de lucht te halen. Toen hij na zo'n nacht naar zijn woonplaats Hamburg terugkeerde, zag hij hoe duizenden mensen op de vlucht waren geslagen. Hamburg bleek grotendeels verwoest. Van zijn huis restte slechts een puinhoop waaronder zijn ouders en broertjes waren begraven. Van zijn kat vond hij niets dan een stuk kromgetrokken zwartgeblakerd leer.

Een Joodse acteur had als kind in een concentratiekamp gezeten en was als proefkonijn gebruikt voor medisch onderzoek, maar een ss-officier haalde hem daar weg, gaf hem een baantje en nam hem na de oorlog mee naar Zwitserland om hem daar te adopteren.

Erik zocht in verband met de oorlog in *Lear* figuranten die als soldaten konden meespelen. Ieder Duits theater heeft talloze lijsten klaarliggen met honderden namen van gegadigden, systematisch gerangschikt naar grootte, geslacht, leeftijd en huidskleur. Hij kreeg zelfs een lijst met dwergen te zien. Uiteindelijk werd er een dossier *Zwervers* uit de kast gehaald en zo kwam hij aan de figurant Ernst Schäfer.

Toen hij aan de scène van de oorlog begon, overhandigde hij de nieuwe figurant twee stokken en liet hem plaatsnemen achter een trom in gezelschap van twee jongere sollicitanten.

'Alle acteurs,' legde hij uit, 'nemen straks deel aan de oorlog. Jullie taak is het dat met muziekinstrumenten te doen. De spelers staan in een kring om het slagveld heen en jullie moeten beginnen met zacht te roffelen en daarna steeds harder, alsof de oorlog dichterbij komt.'

Tijdens de eerste sessie begonnen de twee jonge aspiranten braaf op de trommels te slaan, maar bleven de handen van Ernst doodstil op het trommelvel liggen, slechts zijn hoofd schommelde rusteloos op zijn schouders. De anderen trommelden er dapper op los en ineens schoot Ernst overeind, klemde de stokken tussen zijn vuisten en zette een roffel in, de blik op oneindig. Luider en luider dreunde hij op het trommelvel totdat hij de eerste stok aan stukken sloeg, de splinters vlogen in het rond.

Zijn collega's stopten abrupt, maar Ernst scheen niets te merken, de omgeving was uit zijn blikveld verdwenen, hij concentreerde zich op niets anders dan het verder slaan met één stok en het vervullen van zijn opdracht: oorlog suggereren die naderbij komt en zich meester van je maakt. Erik stond op het punt in te grijpen toen Ernst, in steeds verwoeder pogingen, met de overlevende stok het vel van de trom in tweeën sloeg, hij scheen Erik, die riep dat hij op moest houden, niet te horen. Hij greep de trom in zijn beide handen en ramde ermee op de grond, alsof hij wanhopig met dat onding in gevecht raakte.

Abrupt stopte hij. Alsof er niets gebeurd was trok hij zich terug in gemijmer, verdwaasd voor zich uit starend met het nog resterende stuk hout in zijn vuist.

Erik ging tegenover hem op de grond zitten en zei dat hij zijn vertolking indrukwekkend had gevonden. Ernst beefde over al zijn leden.

'Das ist Krieg,' zei hij.

'Ja, dat is oorlog,' bevestigde Erik.

Toen hij hem vroeg iets te vertellen over zijn leven zag hij hem verbleken.

'Heb je wel eens iemand zien doden?' vroeg Erik.

Ernst bewaarde zijn stilzwijgen.

'In de oorlog?' drong Erik aan.

Aanvankelijk gaf hij ontwijkende antwoorden, mogelijk was hij onzeker of Erik de vraag stelde om hem uit zijn tent te lokken of uit werkelijke interesse.

'Ik was bij de Luftwaffe in de oorlog,' zei hij ten slotte. 'Ik vloog een Junker-bommenwerper. Na de oorlog heb ik twaalf jaar in een Russisch strafkamp gezeten.'

Met enige regelmaat reis ik terug naar Den Haag om bij de kinderen te zijn, ook Erik komt dikwijls over in de weekenden. Vreemde gewaarwording om vanuit Shakespeares heftige visionaire wereld ineens terug te moeten stappen in het zoveel kleinere bestaan waar de alledaagsheid mij weer in haar netten strikt. Niettemin blijft koning Lear voortdurend op de achtergrond aanwezig in zijn dwaasheid en ultieme eenzaamheid, hij en zijn drie dochters laten ons niet met rust. Erik droomt veelvuldig van de repetities en slingert uitroepen en aansporingen het nachtelijk duister in, iets waarvan ik iedere keer wakker schrik. Terwijl ik slapeloos lig te woelen begint er iets te kiemen in mijn hoofd, ik begin draden te spinnen – voor een verhaal? – tussen de mensen die het toneel van het Schauspielhaus bevolken. In mij roert zich de oorlog, en de Duitsers, die ik nu voor het eerst zie als slacht-offers en niet als agressors, bewegen daarin rond. Vooral Ernst houdt mij bezig, de figurant, ik zie zijn ronde bleke hoofd met de schichtige blik. Hoe heeft die man zijn bestaan in Duitsland weer opgepakt na twaalf jaar in een Russisch strafkamp? Een piloot van een bommenwerper, nu gedegradeerd tot figurant, een soort niemand, want ik heb al wel opgemerkt dat geen van de acteurs het woord tot hem richt. Ook van de regisseur wordt hier niet verwacht dat hij een ondergeschikt persoon, een figurant, persoonlijk aan-spreekt. Moet er een boodschap of aanwijzing aan de man worden doorgegeven, dan gebeurt dat via de re-gieassistent. In Duitsland, valt mij op, heerst een on-verminderd strakke hiërarchie, en ook een diepge-wortelde eerbied voor het gezag. Ergens in de breinen van die mensen moeten nog de gestalten spoken van hun strenge vader en hun despotische dictator.

Steeds meer biologeert het mij hoe deze acteurs, kinderen van de oorlog, *het spel* van de oorlog, van verraad, macht en ondergang – niet alleen gewillig, maar ook heftig – tot leven brengen. Wat moet er in Ernst omgaan nu er van hem wordt gevraagd in de rol van beulsknecht de oude Gloster met touwen vast te

binden en zijn hoofd tegen de grond te klemmen opdat de verrader Cornwall met zijn hak het rechteroog
van Gloster kapot kan trappen. En vervolgens ook
het linkeroog met het doel dat zijn slachtoffer nooit
meer zal kunnen zien. Ik zie hoe er zweetdruppels
over Ernsts kale schedel met het diepe litteken lopen – souvenir van een oorlogshandeling? Het strafkamp?

Met die vreemde dubbelheid in mijn ziel kijk ik toe,
met meelij enerzijds, anderzijds met de gretige interesse van een schrijver die meent iets op het spoor te
zijn. Het verbaast me overigens dat Ernst zich in zijn
rol kan handhaven. Heeft hij leren omgaan met de
gespeelde gruwel?

'Gaat u naar de haven?' vroeg de taxichauffeur.

Er waren daar voornamelijk pakhuizen en emplace-
menten, sinister in hun verlatenheid. Wij zochten de
Stromstraße. Geïmproviseerd aandoende huizen met
golfplaten daken stonden achter de loodsen van het
Loodswezen. Hier moest het zijn. De zon scheen onverhoeds heet. Er was een ligusterhaag voor een klein
huisje en daarachter stond iemand. Ik zag een hand
die een tak opzij boog, ik herkende de schedel met
het diepe deukachtige litteken. Ik voelde het als iets
onprettigs dat hij naar mij stond te loeren.

Ernst drukte mijn hand overdreven lang en onder-
danig. Hij liet mij zijn keuken zien die hij aan het
verbouwen was. In de gang hing een reclameaffiche
voor aspirine met Ernst vrolijk lachend onder een

carnavalssteek – door die foto ben ik bij het Schauspielhaus terechtgekomen, zei hij.

Hij had een presenteerblad voor me klaargemaakt met slaatjes en roze zalm en kaas op toastjes. Hij keek toe hoe ik at. Er was een vogel die vrij in de kamer mocht rondvliegen, het deurtje van de kooi stond open.

'Ik heb zelf te lang in een kooi gezeten,' zei Ernst, 'ik weet wat het is.'

De vogel – een klein soort kaketoe – zette zijn kuif op en praatte met dikke tong. Vertederd zei Ernst: 'Hij wil altijd mee-eten aan tafel. Gisteren is hij uitgegleden en in de goulashsoep gevallen, de goulash zit nog aan zijn halsveren. Dieren zijn beter dan mensen,' voegde hij eraan toe. 'Als die gegeten hebben vallen ze niet meer aan, maar een mens met een volle pens valt wel aan...'

Steeds keek hij toe of ik zijn delicatessen eer aandeed. 'Ik kan zelf niet eten, ik verdraag heel weinig. Ik ben voor zeventig procent beschadigd...' Hij draaide zijn handpalmen naar boven om zijn beschadigd-zijn te presenteren als op een soort visitekaartje. 'Voor zeventig procent, dat staat op het doktersattest...' Hij sloeg met zijn vuist op zijn knieën. 'Toen ik uit het strafkamp kwam waren mijn knieën even dik als mijn dijen.'

'Waarom zat je in een strafkamp?'

'Omdat ik verdacht werd van spionage. De Russen hadden mijn vliegboek gevonden samen met de foto's. Je moest altijd foto's van het doelwit maken als bewijs dat je je opdracht had uitgevoerd. Twee jaar lang heb ik in een isoleercel gezeten... Hoe leef je? Hoe besta je? Je probeert je alle mogelijkheden in te denken, hoe het met je vrouw zal zijn en je kind, of ze nog leven. Ik dacht aan mijn ouderlijk huis, ik dacht het me zo intens in dat het leek of ik het kon aanraken – maar dat huis bestond niet meer. Begin '44 had ik verlof, mijn vader was jarig en de hele familie was bijeen in een *Weinstube*. Mijn vader stond opeens op, zag erg bleek, hij ging naar de wc. Ik liep hem achterna. Hij begon te huilen en zei: Wij zien elkaar nooit meer terug...

Neem me niet kwalijk,' zei Ernst met verstikte stem. Hij verwijderde zich om iets voor mij te halen, wijn of koffie.

Ik bleef achter, zittend voor mijn presenteerblad, luisterend naar de geluiden uit de keuken.

Hortend vertelde Ernst verder: 'Je zou terug willen gaan naar de tijd voordat het begon, naar die dag vóórdat je gescheiden werd van je geliefden, je zou willen dat je opnieuw kon beginnen, maar dat is onmogelijk, zo'n lijm bestaat niet waarmee je die twee delen van je leven aan elkaar kunt lijmen.'

Ik moest mijn blik afwenden om niet te hoeven kijken naar dat gekwelde gezicht met die opengesperde ogen die gebiologeerd leken te zijn vastgepriemd aan een verre beeltenis. Ik was het die hem ertoe had gebracht om in zijn verleden af te dalen.

'Ook dat ik er nooit over heb kunnen praten,' vervolgde Ernst, 'omdat ik bang was voor represailles op mij of op mijn kameraden die nog in gevangenschap waren achtergebleven. Dat ik moest zwijgen, dat hele stuk leven in stilte begraven, terwijl het gilde in mij, rondspookte in mijn dromen... Wie was ik? Waar was mijn eigenlijke leven? Ik was onzichtbaar geweest, twaalf jaar lang. En eigenlijk ben ik nog onzichtbaar, ik ben een man zonder verleden. Ik ben Niemand. Je kent de *Odyssee*...? Hoe heet je? vraagt de Cycloop. Ik heet Niemand, zegt Odysseus. – Eigenlijk besta ik op een andere manier: ik ben voor eeuwig geregistreerd.'

Hij liet zijn korte vingers pianospelen op de tafel.

'Van alle tien vingers bestaan er afdrukken, en ook van de palmen, er zijn foto's van mijn oren voor het geval ik geen handen meer zou hebben. Oren veranderen niet in je ouderdom, een neus kun je laten opereren – dit werd allemaal geregistreerd en aan de Duitsers overgedragen bij mijn vrijlating, maar de Russen hebben natuurlijk ook nog alle dossiers... Wie ben ik? Vingerafdrukken!'

Hij wond zich op, balde zijn vuist en schreeuwde tegen mij, of tegen iemand achter mij, een onzichtbaar iemand, en daar was zijn stem weer die verstikt zei: 'Neem me niet kwalijk.'

Ik keek rond in het perfect onderhouden huisje met de rondfladderende kaketoe die de ingedroogde goulashsoep nog op zijn wangen droeg. Een poppenhuis, dacht ik, en daarbinnen het inferno...

'Waarom ik niet dood ben? Je zag links en rechts van je mensen creperen, maar je blijft geloven dat je eruit komt. Ik kwam terug, en ik moest aantonen dat ik bestond. Waar is je geboortebewijs? Bevolkingsregister bestond niet meer, was weggebombardeerd. Van alle kanten werd ik besnuffeld en gescreend, ook door de geallieerden, want ja, ik kon wel een oud ss'er zijn. Veel oorlogsmisdadigers hebben in de oorlog papieren van een dode gejat en leefden in diens schoenen verder. Ik was een potentiële misdadiger.'

Lachend, weer met dat paranoïde lachje: 'Ik heb ze veel werk gegeven, al die typistes achter hun bureaus. Ik ben opnieuw geboren uit het medusahoofd van de bureaucratie.'

Hij rommelde in een doos met oude paperassen als een hond die een lang geleden begraven bot opgraaft: 'Hier, hier, dossiers, documenten, een telegram bij mijn vrijlating, mijn vertrek naar de bewoonde wereld. Foto's van mijn vrouw – dat huwelijk is kapotgegaan, ik was een schim geweest die onverwachts weer tot leven kwam, een kink in de kabel, een dwarsligger in het leven van die vrouw, die bezig was een nieuw bestaan op te bouwen, een nieuwe vriend had, foto's van het kind dat één jaar was toen ik het voor het laatst had gezien. Dat stond daar op een vergeeld plaatje. Voor haar ben ik niets geweest, een jongeman in uniform op een foto en opeens een man met een deuk in zijn kop en knieën zo dik als zijn dijen...'

Flarden verhaal zonder volgorde.

Vanuit de onwerkelijke wereld van de oorlog ben je in de onwerkelijke wereld van het theater gevallen, dacht ik. In welke leef je? Schuiven die twee over elkaar heen?

'De mensen wilden niet meer aan de oorlog herinnerd worden, iedereen was druk in de weer met huizen bouwen, geld verdienen voor nieuwe apparaten en auto's... Ik had mezelf moeten ombrengen in het strafkamp, maar ik was te laf. Ik hield het uit door lafheid, aan lafheid heb ik mijn leven te danken, ik probeerde een steen te worden om niets te hoeven voelen.'

'Voel je nog wel eens haat?' vroeg ik.

'Of ik haat voel? In het begin wilde ik doden, doden uit wraak, later niet meer. Wanneer mijn beulen nu geboeid voor me werden gebracht zou ik ze niet eens willen aanraken, ze zijn te laag, te vuil, ze zijn beneden alles wat menselijk is... En het meest verbijsterende is dat onze mensen hetzelfde deden met de Joden. Ik had Joodse familie in Warschau en we kregen een briefkaart met: *Es geht uns ausgezeichnet...* Later waren ze allemaal dood. Ik geloof nergens meer in.'

Ik voel zijn warme handen, zijn ogen schieten vol tranen. Met een gevoel van gêne neem ik afscheid. Hij loopt een stukje mee, de deur blijft achter ons openstaan. We lopen de Stromstraße uit, de jachthaven langs waar de lantaarns zijn aangestoken, onderlangs de iepen op de dijk. Hij neuriet: '*Am Rhein, am Rhein, da bin ich klein...* Een liedje dat mijn grootmoeder zong,' verduidelijkt hij. Een zwarte aak, flinterdun, vreet zich een weg door het water. De lantaarnlichten dansen op de golfslag, ik hoor ergens een hond blaffen. Ik loop snel, ik hoor hem hijgen, maar ik wil weg. Naar de stad. Weg van deze ongelukkige man, met zijn bezwete kop, zijn verontschuldigende stem. Ik zie een stenen trap die naar boven voert, naar een brug vol pinkelende lichtjes. '*Auf wiedersehen...!*' roep ik. Zie hem staan, bleek in het donker. Heft hij een hand op?

De Muur is een betrekkelijk lage muur van aan elkaar gecementeerde blokken. In mijn verbeelding had hij de allure van de Cyclopenmuur in Tiryns aangenomen: tien meter hoog, ondoordringbaar, overal zichtbaar boven en achter de huizen, maar nee, je moet de Muur zoeken, hij slingert zich willekeurig, nadert de rails van de S-Bahn, buigt er weer van af, duikt terug de stad in, overal met prikkeldraad erbovenop.

Steeds is er die Muur, het verleden heeft zich in de toekomst gedrongen.

Hier bij de Friedrichstraße ziet het er geïmproviseerd uit alsof de oorlog nooit is opgehouden: houten keten en tolbomen en een sluis van ijzeren hekwerk, zo een waar circusleeuwen doorheen moeten om in de piste te komen.

Een afdeling voor buitenlanders en een voor de Berlijners zelf. Op een bord staat te lezen: *Onverbrekelijke vriendschap met het Land van de Rode Oktober*. Daaronder een gedicht van Bertolt Brecht:

> *Das große Karthago führte drei Kriege:*
> *Es war noch mächtig nach dem ersten*
> *Noch bewohnbar nach dem zweiten*
> *Es war nicht mehr auffindbar nach dem dritten.*

Checkpoint Charlie. Visitatie. De man aan de grens-
post neemt zijn taak hoog op, zijn aangescherpte vorsende blik is een röntgenapparaat waaraan de geringste afwijking ten opzichte van de foto in mijn
paspoort niet zal ontgaan. Een Chinees meisje dat
op die manier gemonsterd wordt begint nerveus te
giechelen. 'Die Chinezen lijken allemaal op elkaar,'
zegt de grenswachter tegen mij met even een zweem
van menselijkheid op zijn gezicht voordat dit weer in
een röntgenapparaat verandert. Ik voel Hitlers oorlog
nog heel nabij. Achter mij lopen jonge knullen met
petten op. 'Hé du,' roepen die, niet tegen mij, maar
tegen een jongeman die zijn zakken moet leegmaken
en een Kleenex openvouwen waarin hij zijn neus
heeft gesnoten.

Tegen de Muur hangen konterfeitsels van gezochte
terroristen, de prijs op zo'n hoofd is een miljoen
mark. Ze zien er extra ongunstig uit doordat de poli-
tiefoto's zwartig zijn afgedrukt, door twee is een rood
kruis gehaald, die zijn al geëlimineerd of achter ge-
vangenismuren verdwenen.

Brecht schreef:

Als misdadigers al in angst leven,
nu ik hoor dat die al in gevaar zijn,
hoe moet het dan met mij?

Opeens sta ik op de Alexanderplatz: een grote schotel
vol bewegende mensen, spelende kinderen en duiven.
Hier presenteert zich Oost-Berlijn. Er staan toerbus-

sen gereed voor vreemdelingen. Toch lijkt het op een onwerkelijk decor, iets is er wat aan *die Zeit von damals* herinnert: een kerk, of beter een romp met verroeste spanten die de bouwval op een spin doet lijken met kromgetrokken poten zoals je ze wel dood ziet liggen. Ik loop door straten, over pleinen, ik zie de schim van een voormalige martiale stad met klassieke zuilen en friezen achter haar Oost-Duitse nieuwbouwgezicht. Er wenken bronzen beelden vanaf hun hoge sokkels, de Goldene Jubel Else, de Kriegsgöttin, getuigt nog altijd halsstarrig van de victorie in deze vernederde stad vol bomkraters en braakliggend land. Het monument is versierd met kanonlopen en klokken uit de kerken van veroverde landen, stuk voor stuk verguld.

Hitler droomde ervan dat hij de nieuwe Caesar zou zijn in een herrezen Rome aan de Spree. Maar de zon liet zich niet vangen, geen diepblauwe zee golfde langs de kusten van zijn rijk. 'Het is daar altijd grauw,' zei Alois Strempel, een acteur die Oost-Berlijn had weten te ontvluchten. En ja, er is grauwheid die zich aan alles lijkt te hechten, aan straatstenen, mensen, gebouwen, zelfs de hemel boven het Liebes Insel in de Spree is grauw, evenals het gebakje dat ik eet in een konditorei. Buiten dwarrelt natte sneeuw op de groene stoeltjes en de grijze jonge zwanen in de Spree.

Er rijden Trabantjes rond, ik loop door de Spandauer Straße – in Spandau zit Rudolf Hess nog gevangen, een laatste relikwie van de vermaledijde oorlog. Ik loop door een stad die voorbij lijkt, die een schijnleven tracht te suggereren.

Voor de oorlog was Berlijn de meest frivole, hitsige stad van Europa, waar de cabarets welig tierden en alle mogelijke artiesten elkaar opzochten, hier zong Marlene Dietrich met haar zinnelijke hese stem en haar mooie benen in de nieuw-modische fil d'écossekousen. Berlijn verkeerde in een roes – *Berlin dein Tänzer ist der Tod,* woorden die een rampspoed aankondigden, maar die rampspoed leek ver weg en sowieso een onmogelijk drogbeeld. Er bestond een groot contingent van Joodse inwoners onder wie veel kunstenaars. Nu lijkt zeker Oost-Berlijn een doodse stad waaruit het levenssap is weggestroomd, want de Joodse kunstenaars vluchtten naar Amerika of werden naar Hitlers gaskamers gestuurd en de geallieerde bommen voltooiden het destructieve werk.

De torenflats rijzen zo eigenaardig uit de grond als solitaire gewassen op een kaalslag. De boulevards zijn opvallend breed en de wind heeft overal vrij spel. Er is die ruimte die te veel is, die door de verdwenen stad is achtergelaten.

Daarom ben ik hiernaartoe gekomen, om iets te proeven van het gewonde Duitsland, om de karakters voor mijn boek *Het gevorkte beest* beter te kunnen doorgronden. Als een stad zo verwond kan raken en een ander aanzicht kan krijgen zoals Oost-Berlijn, wat gebeurt er dan niet met de menselijke psyche?

Ik zoek mijn weg naar het huis van de dichter Bertolt Brecht, die zijn leven grotendeels in Oost-Berlijn heeft doorgebracht, want hij is nooit naar het Westen uitgeweken. Hier is het: Chausseestraße 125. Een onopvallend huis, vriendelijk maar armelijk ogend. Aan de achterzijde bevindt zich een kleine tuin waarin één boom van enige afmeting. Het is allemaal zo bescheiden alsof Brecht zijn aanwezigheid heeft willen uitwissen.

Uit het raam van zijn werkkamer keek hij uit over het Dorotheenfriedhof, waar veel hugenoten begraven liggen. *Da ist alles grün und weit*, schreef hij in zijn dagboek. Hij wilde daar begraven worden, maar de ambtenaren van de gemeente dwarsboomden hem: 'Dat kerkhof is vol,' zeiden ze, 'het is een historisch kerkhof, die epoque is afgesloten.'

'Dan schuiven jullie de doden maar een beetje opzij,' antwoordde Brecht.

Uiteindelijk kreeg hij zijn zin en daar ligt hij nu samen met zijn vrouw Helene Weigel onder een enorme zerk. Ik kan er geen datum op ontdekken, zij zijn tijdloos... Ze liggen daar in een rij van grootheden: Heinrich Mann, Paul Dessau, Hans Eisler, allemaal kunstbroeders die na omzwervingen weer verenigd zijn.

Brecht werd geboren in 1898, in de tijd dat koningin Victoria nog in Engeland regeerde, Wilhelm ii nog keizer van Duitsland was en Nicolaas ii tsaar van Rusland. De filosoof Bertrand Russell meende in zijn jeugdig enthousiasme nog dat de wereldgeschiedenis een draai ten goede zou nemen, en dat idee was zo dwaas niet als het nu lijkt: er waren sterke stromingen binnen het Britse imperium om dat wereldrijk te humaniseren. Maar het uitbreken van de Eerste Wereldoorlog in 1914 gooide alle optimisme aan scherven.

Brecht heeft het allemaal zien gebeuren en toen hij rond het einde van de Eerste Wereldoorlog begon met publiceren geloofde hij niet in de goede mens. *De mens vernietigt zodra hij de kans krijgt*, was zijn stelling. Wat valt daartegen te ondernemen? De vernietiging lijdzaam ondergaan of de macht geven aan een boven de mens te stellen *Idee*, die hem zo conditioneert dat hij tot het goede wordt gedwongen? Brecht koos voor de *Idee* en werd marxist, een op logica gebaseerde keuze. En als wapen bediende hij zich van het theater. Hij trachtte zijn publiek te bereiken door zijn keuze van onderwerpen, die maatschappelijke thema's behelsden, en door zijn dialectische manier van schrijven. Hij dwong zijn toeschouwers, door middel van komische en tragische gebeurtenissen, de mens te zien in al zijn onmacht.

Voor het eerst kwamen Erik en ik met Brecht in aanraking in Parijs, 1955. Twee avonden lang zaten wij in het Théâtre Sarah Bernard betoverd te kijken naar *De weerstaanbare opkomst van Arturo Ui*, waarin de persoon van Hitler werd getransformeerd tot een groteske onderwereldfiguur. In de verste verte geen theater 'voor het verstand', zoals door Brecht zo vaak gepropageerd werd, maar flitsende acts in plaats van loodzware betogen, niet zozeer een aanval op het nazidom, eerder het lachwekkend maken van de gevaarlijke superclown Hitler. Een vertoning in het voetspoor van Charlie Chaplins *The Great Dictator*. Een vonkenregen van acrobatie, zoals de act gedurende de redevoering van Arturo Ui (een karikatuur van Hitler) die een soort trampolinedans uitvoerde in een immense fauteuil waarbij hij telkens geheel in de kussens verdween om steeds opnieuw op te duiken, tot grote hilariteit bij het Franse publiek.

De volgende dag zagen wij de originele voorstelling van *Mutter Courage und ihre Kinder*, met in de hoofdrol Brechts vrouw, de actrice Helene Weigel, als de marketentster die met haar drie kinderen langs de slagvelden van de Dertigjarige Oorlog trekt en ten slotte vermalen wordt tussen de oorlogshandelingen en haar drang om koste wat kost te overleven. Rauwe liederen werden afgewisseld met heftige maar ingehouden gemoedsexplosies, waar Weigel het patent op leek te hebben en die *Mutter Courage* tot een aangrijpende gebeurtenis maakten. Courage zal alleen haar kar blijven trekken nadat haar kinderen één voor één zijn omgekomen, deels door haar zucht naar zelfbehoud.

De hele avond stond schuin achter ons een fragiele mannenfiguur, half verborgen tussen de pilaren onder het balkon. Vrijwel roerloos staarde deze naar het toneel. Een schim van een persoon die bij het applaus een stapje naar achteren deed in een poging onzichtbaar te blijven. Het was Bertolt Brecht die daar stond, bleek en uitgeteerd. Een jaar later zou hij dood zijn.

De wonderlijke cocktail van historische feiten, politiek engagement, gestileerd en realistisch tegelijkertijd, met daarnaast Brechts handelsmerk: *Verfremdung*, waren voor ons geheel nieuw en fascinerend.

Het zou jaren duren voor Erik zijn eigen voorstellingen van Brechts werk ging maken: de eerste in 1966 in Pittsburgh waar wij toentertijd woonden: *Die Maßnahme*, en veel later in 1980 bij De Appel: *Mahagonny* en *Burgerbruiloft*.

De wijze waarop Brecht de ondergangsgevoelens en de oorlogsdreiging in de jaren dertig verwoordde, vermengd met cabareteske elementen en humor, inspireerde Erik bijzonder. Hij voelde, denk ik, een zekere verwantschap met de onruststoker Brecht, hoewel niet waar het diens hier en daar opduikende moraliserende toon betreft. Brecht was steeds op zoek naar de waarheid, altijd bezig met het ondergraven van schijnwaarheden, verstarde denkbeelden.

Naar aanleiding van de communistische uitspraken van de hoofdpersoon in *Die Maßnahme* moest Brecht in Amerika voor een rechtbank verschijnen en wel voor de beruchte Amerikaanse McCarthy-commissie voor On-Amerikaanse Activiteiten. Tijdens het verhoor manipuleerde Brecht op geraffineerde wijze de jury en wist hij door een rookgordijn van halve waarheden een veroordeling te voorkomen. Aangezien het er echter naar uitzag dat de heksenjacht op linkse kunstenaars nog lang niet ten einde was, nam Brecht de volgende dag het vliegtuig naar Europa om nooit meer een voet op Amerikaanse bodem te zetten. Enkele jaren later zou Charlie Chaplin aan diezelfde heksenjacht ten prooi vallen.

Toen wij in de jaren 1965 en '66 in de Verenigde Staten woonden koos Erik ervoor om *Die Maßnahme* met studenten in Pittsburgh op te voeren. Hij voelde zich extra gemotiveerd om in het beklemmende klimaat van de puissant rijke staalstad, die haar bloei aan de oorlogsindustrie te danken had – een stad die stonk naar luchtvervuiling, geld én armoe – een aanvechtbaar communistisch stuk ten tonele te brengen dat nooit eerder was opgevoerd omdat er een verbod op rustte. Erik voelde de geest van Brecht in zich varen en had zich voorgenomen diens leerstuk *Die Maßnahme*, dat zich afspeelt in Rood China, zo actueel mogelijk te maken. Hij liet tussen de scènes door diabeelden projecteren van de armoede in het China van voor de revolutie en vervolgens van de armoede in het vooroorlogse Amerika, waardoor het veilige gevoel van afstand voor de toeschouwers werd verbroken. Op dat ogenblik begon het elitaire Pittsburghse publiek tekenen van onrust te vertonen. De zaal splitste zich in voor- en tegenstanders en het tumult nam toe toen de staalfabrieken en achterbuurten van Pittsburgh in beeld kwamen. Dat was het moment dat de eerste toeschouwers protesterend de zaal verlieten. Ik herinner me dat ik met verbazing om me heen keek, verrukt van het feit dat een *toneelstuk* zulk rumoer kon veroorzaken.

Wanneer er op sommige avonden minder mensen de zaal verlieten waren de jonge acteurs teleurgesteld omdat ze meenden dat zij tekort waren geschoten.

Wat bezielde Brecht? Hij was een verscheurd mens, verscheurd tussen de natuur en de stad. Hij heeft nooit een evenwicht gevonden tussen de geur van dennen en de stank van de 'asfaltstad'.

> *Ich, Bertolt Brecht, bin aus den schwarzen Wäldern.*
> *Meine Mutter trug mich in die Städte hinein*
> *Als ich in ihrem Leibe lag. Und die Kälte der Wälder*
> *Wird in mir bis zu meinem Absterben sein.*

Brecht werd ook verscheurd tussen wat mogelijk was (of mogelijk zou moeten zijn) en wat er werkelijk om hem heen gebeurde. Een mens opgegroeid in twee wereldoorlogen, en de oorlog woedt voort in zijn toneelstukken. De oorlog binnen in de mens.

En altijd terugkerend is het motief van het verraad. Het verraad dat als een rode draad door Brechts hele leven en oeuvre loopt. Als een slang steekt het de kop op in al zijn belangrijke stukken: verraad in denken, verraad in de liefde, verraad in de oorlog. Bovendien haalt Brecht het typisch Duitse verlangen naar heldendom onderuit.

Het gezicht van Brecht drukt het charmante bedrog uit waarmee hij de wereld in zijn netten verstrikte:

slimme oogjes achter brillenglazen, een vertederend duiveltje, een beetje onbetrouwbaar en gekwetst tegelijk.

Ik staar neer op het graf van de dichter die Erik en mij in onze jonge jaren geïnspireerd heeft en zoveel gegeven heeft om over na te denken. Onder die zerk ligt een voorbije wereld. Uit de benige schedel is het brein verdwenen dat met ontelbare woorden de mens van toen heeft uitgedaagd.

Wir wissen, daß wir Vorläufige sind
Und nach uns wird kommen: nichts Nennenswertes.

1992

Ik kom thuis van mijn werkkamer op de Amsterdamse Veerkade en zie Eriks Volvo voor de deur staan. Gezellig, denk ik, want op dit uur is hij anders nooit thuis. Er brandt licht. Ik doe de deur open: hé, wat zijn de tegels nat, wie zou er gedweild hebben? Eriks schoenen staan daar, komt voor want soms trekt hij zijn pantoffels aan, maar wat is dat? Zijn broek hangt over het stuur van mijn fiets, kletsnat. Geroep en gelach klinkt op uit de huiskamer. Erik is in de waterpartij van het decor van Goldoni's *Trilogie van het zomerverblijf* gevallen. Het decor staat in het water en verbeeldt een Klein Venetië en rondom drijven er vlotten waarop de acteurs een aantal scènes moeten spelen. Van sommigen wordt gevraagd in hun kostuums door het water te waden of op een stoel in de nattigheid te gaan zitten.

Zouden ze niet gaan niezen? vraag ik me af.

Erik wil slapen op mijn hand. Hij draait de handpalm naar boven en bekijkt de honderden groefjes. Dit is de Regge, zegt hij, met zijn vingertop een groefje volgend (het riviertje uit zijn jeugd in Hellendoorn), en dit is de Jabron (in de Drôme), daartussen ligt mijn leven. Vervolgens gaat hij slapen met zijn hoofd in mijn handpalm. Een remedie tegen zijn nachtmerries, meent hij.

All best!

Miriam Jones

Met vriendelijke groet / With compliments

Uitgeverij De Bezige Bij b.v. Van Miereveldstraat 1-3 1071 DW Amsterdam
Postbus 75184 1070 AD Amsterdam
Telefoon (020) 305 98 10 Fax (020) 305 98 24 info@debezigebij.nl

Voor de derde achtereenvolgende keer is Erik te water geraakt in het Goldon-decor. Hij vroeg Henk Votel of hij van een in het water staande paal naar beneden wilde glijden, maar Henk zag dat niet zitten. Helemaal niet moeilijk, zegt Erik en hij doet het voor. Ligt *pats* in het water. Luid gelach. Hij krijgt een te grote broek uit het kostuumatelier aan, slaat de pijpen daarvan om. Schoenen zijn ook kletsnat. Krijgt droge sokken aan, geitenwollen, met een gat in de grote teen. Tussen de repetitie door, tussen zes en zeven, moet hij een hapje gaan eten samen met Elena Mannini, de Italiaanse kostuumontwerpster. Mijn clown gaat over straat op zijn geitenwollen sokken.

Erik heeft een stagiaire bij de repetities van *Villegiatura* die niks doet, niks zegt, en als ze iets zegt zo zacht praat dat je haar niet verstaat. Erik zegt: 'Ze is net een baal kleren.' 'Kun je haar niet activeren?' vraag ik. 'Nee,' zegt Erik, 'ik ga een pad ook niet vragen of hij Frans wil leren spreken...'

Ik moet vreselijk lachen, ik heb een glaasje op. Hugo Maerten is aan de telefoon. Erik zegt: 'Inez is teut...' 'Dat mag toch ook wel,' zegt Hugo, 'jullie hebben zulke zware weken achter de rug.' (Erik met repeteren, ik met schrijven – welk boek ook weer?)

10 maart
Eerste try-out van de *Trilogie*. Muzikaal, licht als schuim. Fantastische effecten: het bootje bijvoorbeeld, met zingende Italiaanse zomergasten. Muziek,

vuurwerk. Derde bedrijf: opeens regen. Het geluid alleen al van de druppels die in het water vallen, Aus op een stoel in het water zittend, wit gepruikt onder een zwarte paraplu. Lo (de Boer) zag de try-out, zei: 'Ik heb me best geamuseerd, maar je kunt zien dat de schrijver Auschwitz nooit gekend heeft...' Typisch Lo, altijd bezig met morbide ideeën over de verderfelijkheid van het menselijk geslacht, gefascineerd ook door de dood. Hij zei tegen Erik: 'Mooie regie, maar je kunt jou ook het telefoonboek geven, dan maak je er nog een fascinerende enscenering van...'

Lo zou niet oud worden. Op een dag belde hij op en deelde met montere stem mee: 'Ik ga dood.' Alsof hij zich daarmee al lang geleden had verzoend. Hij zocht zelf het moment uit waarop hij het zinvol vond er een eind aan te maken. Hij dronk de gifbeker zoals Socrates die had moeten ledigen. Een halfuur voordat het begin van het einde zou worden ingezet belde hij ons op om afscheid te nemen, alsof hij een vakantiereisje ging maken. Wij brandden kaarsen voor hem, al zijn vrienden zaten zwijgend in hun huizen en brandden kaarsen.

2 juli

Zo lang niet geschreven. *Trilogie* was een succes. Mensen boekten weken van tevoren. Steeds alles uitverkocht. Bussen kwamen uit het hele land (deed me aan de *Perzen* denken, uit Eriks begintijd, eenzelfde verrassend succes). In *Vrij Nederland* adverteerden

Haagse hotels met weekendaanbiedingen met een matinee van *Trilogie*. Ook de maaltijden in De Appel waren uitverkocht.

De voorstelling duurde van halfzeven tot kwart over elf. Niemand vond het lang. Duitse acteurs die we nog kenden uit Düsseldorf, Arps en Juta en Jürgen Fischer, waren gekomen met een hele delegatie. Andrea Breth, directrice van de Schaubühne in Berlijn, vroeg Erik of hij *Trilogie* bij hun gezelschap wilde komen regisseren.

Erik genoot. En toch is er altijd een geniepig addertje onder het gras: zal het me een volgende keer weer lukken? – Het probleem is, zei Erik, dat ik de acteurs in Berlijn niet ken. Ik ken mijn Appelaren, en zij kennen mij, begrijpen mijn taal, mijn manier van werken. Zo'n Aus alleen al is onbetaalbaar als clown, als acrobaat, maar ook als intrigerend acteur. Waar zal ik in Berlijn zo'n acteur vinden?

Eric Schneider, die als Pantalone een bijzondere commedia dell'arte rol speelde, zou mogelijk met Erik mee kunnen gaan naar Berlijn, omdat hij met spelen in Duitsland veel ervaring heeft. Maar zo ver is het nog niet. Eerst moet *As you like it* van Shakespeare op de planken worden gebracht.

November 1992

Opening van de tentoonstelling *20 jaar De Appel* in het Toneelmuseum aan de Herengracht in Amsterdam. Tom Schenk en Saskia de Leeuw hadden die met veel fantasie ingericht. Er waren maquettes van voorstellingen, video's, muziekinstrumenten, kostuums, wonderlijke poppen. Kijkgaten waardoor je een verbeeldingswereld binnenkeek, met spiegels op de achterwand waarin je je eigen konterfeitsel of je wuivende hand weerkaatst zag. Ook was er een ronde schijf waarop via spiegelglas gekaatste dia's werden vertoond, die daardoor een droomachtige kwaliteit kregen en een vreemde diepte. Kostuum- en decorschetsen, collages en krantenknipsels van recensies vanaf de geboorte van De Appel tot de dag van vandaag vulden de verschillende ruimten.

De directeur van het Toneelmuseum opende de bijeenkomst. De man, een Joegoslaaf, sprak abominabel Nederlands en wist tittel noch jota van De Appel af. De officiële opening werd vervolgens verricht door Carel Birnie, zakelijk leider van het Nederlands Dans Theater, maar ook hier miste ik enthousiasme of kruidige details. Erik had zich voorgenomen deze keer niet te speechen.

Bij het zien van al die toneelscheppingen, waarvan ik het ontstaan heb meegemaakt in de tijd dat kostuum- en decorontwerpers nog bij ons aan huis in de Kiplaan kwamen en hun ontwerpen uitrolden op onze sisal vloermat, bekroop mij een gevoel van heimwee. Dat hele Appelgebeuren was toen nog simpel en aards, iedere duit werd omgedraaid, maar tegelijkertijd heerste er een onsptuimig optimisme waarmee een nieuw soort theater uit de grond werd gestampt waarvan fantasie en durf de pijlers moesten zijn.

Ook heimwee naar de avonden waarop Erik en onze vriend Aad Greidanus, de zakelijk leider, de koppen bij elkaar staken om hun plannen te smeden in ons samenzweerdershol. Een onvergetelijke periode van creativiteit, dromen, worsteling – altijd op het scherp van de snede vanwege de dreiging dat de subsidie zou worden gekort of stopgezet, maar steeds gepeperd door uitdaging en lef.

Aad en Cor waren ook naar de tentoonstelling gekomen, onze strijdmakkers van het eerste uur, een oud stelletje ineens, Aad al geruime tijd met vervroegd pensioen. Niels Hamel, vriend en voormalig decorontwerper, nu ook omstreeks de zestig, trad binnen onder zijn befaamde cowboyhoed, die aangeeft dat hij niet tot het burgerdom wenst te behoren. Hij beweerde als schilder veel meer gewaardeerd te worden in Zuid-Frankrijk omdat zijn opvattingen over schilderkunst beter aansluiten bij de Latijnse mentaliteit. Hij dacht erover zich blijvend in het Zuiden te vestigen. Waren Van Gogh en Karel Appel niet ook uit Nederland weggegaan? – Ach ja, plannen, altijd plannen... zei zijn vriendin Jane voor het eerst cynisch.

Hent van der Horst was eveneens present, verontrustend mager geworden, sprak zoals gebruikelijk geen enkel woord, niet van waardering, herinnering of vriendschap, refererend aan de jaren dat hij als dramaturg bij De Appel werkte.

Ik kijk om me heen: er lopen schimmen rond van verwelkte en gedesillusioneerde lieden tussen de feestvierders. Leunend op zijn stok kwam de stokoude Ben Albach binnen, kende of herkende vrijwel niemand, sprak Carel Birnie aan in kreupel Engels, leek verward. De laatste bladeren van die generatie zitten nog trillerig aan de winterboom.

DE DOOD VAN WILLEM WAGTER

1992

Gisteren hebben wij afscheid genomen van de acteur Willem Wagter. Onverhoeds had de kanker weer toegeslagen waardoor zijn lijdensweg gelukkig niet lang heeft geduurd. Ik herinner me hoe hij vorig jaar een ridderorde ontving uit de handen van Hedy d'Ancona voor zijn inzet voor het toneel, veertig jaar lang. Zij somde ontelbare rollen van hem op: van butler, soldaat, God, circusdirecteur, keizer, rabbijn, een clown, van een paard en een deur – met een brievenbus, vulde Willem aan. Daar prijkte hij op het podium in de vernieuwde Appelfoyer met op zijn borst het glimmende erekruis, triomfant en behaagziek naar zijn publiek lonkend.

En nu, nog geen jaar later, prijkt hij opnieuw op het podium, maar nu in zijn doodskist. Enkele dagen terug had hij nog acte de présence gegeven op de opening van een tentoonstelling van een van zijn schildervrienden, alwaar hij zittend in een rolstoel omstuwd was geweest door zijn bewonderende homovriendjes – zozeer, vertelde Tom Schenk die de middag meemaakte, dat de hoofdpersoon, de schilder, amper aandacht kreeg. Wagter wuifde nog vanuit het mini-autootje dat hem terugvoerde naar huis, met het handje van koningin Wilhelmina, zei Tom. En die nacht nam hij in zijn droom de benen naar de zachte dood. Lo de Boer en ik zeiden tegen elkaar: 'Misschien heeft hij het zelf zo geënsceneerd na dit mooie afscheid, een soort tovertruc, omdat het genoeg was geweest.'

Zijn kist werd op de schouders van de acteurs De Appel binnengedragen en op het podium neergezet in het decor van *Groot en klein*, te midden van bossen witte lelies – zoals hij het gewenst had. Zijn portret hing boven de kist, zijn laatste performance. Vaak had hij gezegd: 'Ik wil voor mijn laatste performance in De Appel staan.'

Ik zie hem nog zitten, heel broos op een stoel, bij de laatste voorstelling van mijn toneelstuk *Labyrint*, die tegelijk zíjn laatste voorstelling zou worden. Daarin speelde hij de acteur die koning Lear speelt in het labyrintachtige stuk waarin de acteurs dubbelrollen moesten spelen. Hijgend, strompelend was hij iedere keer de voorstelling doorgekomen. De technici hadden achter het podium een soort kamertje gebouwd zodat hij de trap naar de kleedkamers niet op hoefde. Daar dutte hij soms tussen de scènes even in en dan maakte Carol Linssen hem wakker wanneer hij op moest.

Op de herdenkingsdag sprak Erik over Willem Wagters grillige persoonlijkheid met zijn warmte en zijn slimheid, zijn ironie en clowneske invallen. Hij was bij veel mensen zeer geliefd. Toen de kist op zijn sokkel stond en alle vrienden gezeten waren kwam als laatste Don binnen, Willems ietwat louche uitziende Surinaamse geliefde, en ging midden op de voorste rij zitten op de stoel die voor hem was vrijgehouden. Op zijn schoot hield hij Willems mormelachtige mopshondje. Die twee koppen, van Don en de mops, leken verrassend veel op elkaar en het was of ik Willem zag grinniken bij deze vertoning.

Erik zei later tegen mij: 'Zullen we onze eigen begrafenis nog meemaken?'

'Ik vrees de een van de ander,' zei ik, 'maar wie de een zal zijn en wie de ander ligt in de schoot der goden.'

Erik las gedichten van Achterberg voor – mogelijk niet besteed aan Don en zijn mopshond.

Het huis is leeg
Het huis is leeg, uit het hooren
zijn uw woorden genomen,
uit het zien
al uw zorgvuldig doen
met de dingen,
als gingen ze nimmer verloren,
uit de handen
uw lichaam, als was het nooit geboren

uit *Cryptogamen*

Vannacht had ik een beklemmende droom. Ik droomde dat Erik een film maakte, er speelden honderden mensen mee. Hij wilde de dood filmen. – Je kunt de dood alleen vangen in het leven, riep ik, alleen in het leven bestaat hij. De filmcamera zoomde in op rijen mensen die versteend langs de muren stonden – dood en levend tegelijk. Ik huilde vreselijk.

Zondag 14 september
Vanochtend langs zee gewandeld met mijn kleindochter Masha. Op blote voeten banjerden wij samen
door de lage brandinggolven, schelpjes kraakten onder onze voetzolen. Blauwe kwallen lagen als uitge-
spuugde puddingen op het natte zand – van hun
doorzichtige schoonheid, bevende tentakels en zweef-
vlucht door de zee was niets meer te bespeuren.
Rondgestrooid als confetti zagen wij meeuwen in het
smeltend blauw. Ik tilde mijn kleindochter op mijn
schouders (ik ben nog sterk). Triomf voor haar die
hoog gezeten de wereld in een ander perspectief zag.
In plaats van tegen torenhoge mensen en reusachtige
honden omhoog te moeten kijken, zag ze plotseling
alles onder haar kleine voeten liggen in een bewegend mozaïek. Teruggaand, de steile duinhelling op
klimmend, liepen wij naast mijn fiets want de bestij-
ging per rijwiel is te zwaar. Masha keek naar mij, zag
me de fiets voortduwen en zei: 'Oma heef ook moe-
luk.' Nieuwe woorden fladderen haar geest binnen,
nestelen zich onder haar kleine schedelpan.

20 september
Hoe vaak moet ik niet aan onze Engelse vriend Clif-
ton Parker denken, de componist die op latere leeftijd
aan een maagzweer werd geopereerd. Enige tijd na de
operatie bezochten wij hem in Londen. Hij zei: 'Mijn
hele leven heb ik in mijn hoofd muziek gehoord,

maar sedert mijn operatie is het stil geworden...'

Iets dergelijks ervaar ik ook. Ik wandel rond met mijn ziel onder de arm, zonder inspiratie, zonder ideeën. En het vacuüm boezemt mij angst in, een besef van overbodig-zijn overvalt me. Temeer daar Erik driftig en vol plannen verder stoomt: in februari naar de Schaubühne in Berlijn, vervolgens de opera *Dido en Aeneas*, dit alles nog afgezien van zijn werk bij De Appel. Maar hij moet geen last hebben van mijn somberte, hij geniet omdat hij nog creatief is, waardering krijgt.

Op mijn nu ongebruikte schrijftafel staat de beeltenis van Bairab, de Nepalese godheid van de woede en het vuur. Hij is uitgesneden op het schild van een zeeschildpad, zijn haren vormen vlammen, zijn hoofd is omkranst door doodskoppen, een slang kronkelt van zijn hals tot op zijn buik. De god is gekleed in een tijgervel waarvan je de klauwen en staart rond Bairabs naakte tors ziet hangen. Niet alleen is hij de god van de woede en het vuur, maar tegelijkertijd ook van de vruchtbaarheid en wedergeboorte. Tegenstellingen aaneengesmeed zoals je die overal vindt bij de oude hindoegoden. De hindoes kennen geen splitsing tussen goed en kwaad, God en Duivel. Alles is met alles verbonden: vuur verwoest het bos, maar zorgt terzelfder tijd voor nieuwe zaailingen, voor hergeboorte en vruchtbaarheid.

Bairab, zeg ik tegen hem, geef mij een vonk van je vuur om mezelf te vernieuwen, nog één keer inspiratie te ontvangen.

1993

Erik is in Berlijn bij de Schaubühne, waar hij in de lente *Trilogie van het zomerverblijf* zal regisseren. Hij is daar samen met zijn decorontwerper Tom Schenk om de situatie te bekijken, welke zaal het meest geschikt is voor de gigantische bak met duizenden liters water die *Trilogie* nodig heeft. Gisteren belde hij op toen ik bij Celia en Masha at. Wel dodelijk vermoeiend allemaal. Bespreking zus, kennismaking zo, video's kijken om acteurs te zien spelen. Naar voorstellingen gaan, lunch met het bestuur, met de acteurs. Nee, leuk was het niet. Te zwaar midden in de repeties van *As you like it*. – Te zwaar voor een oude man, zei hij. Oude man – die woorden troffen opeens doel in mijn hart. Vroeger wist hij nooit hoe oud hij was, voelde zich steevast een jongeman. Misschien vraagt hij zich nu af: waartoe al die inspanningen? Voor het geld, voor de eer? Om revanche te nemen op het Nederlandse theaterwereldje waarin De Appel ondanks unieke voorstellingen meestentijds als een provinciaals gezelschap werd gezien en minder aandacht kreeg dan de minste artistieke zucht die uit het Mekka Amsterdam kwam?

Drie maanden werken in een vreemde stad met onbekende acteurs, is dat al die inspanning wel waard? Bovendien een stuk dat hij al gedaan heeft?

Vroeger brandde hij van geestdrift voor nieuwe avonturen, stukken die hem uitdaagden. Ook in Amerika of Düsseldorf. Maar dit keer moet hij een voorstelling maken die hij al op de planken heeft gebracht met zijn eigen acteurs die via improvisaties Goldoni's tekst leven inbliezen.

Hij hoopt dat ik veel bij hem in Berlijn zal zijn. Maar wat moet ik daar in een hotelkamer of op zijn gunstigst in een appartement? Bovendien is de zwangere Celia binnenkort alleen met Masha nu haar man weer naar zee gaat. Er zijn geen hulptroepen voorhanden in het geval er zich problemen voordoen. Ik blijf liever in de buurt. Vanavond komt Erik thuis en hoor ik meer. Toch verontrust het me, dat waanzinnig harde werken, hij is net een sneltrein die maar voortdavert door tunnels, over viaducten, langs afgronden, steeds maar met één doel voor ogen: de productie moet in topvorm over de eindstreep.

Ondertussen moeten er bij De Appel moeilijkheden worden opgelost. De chef van de technische dienst is, zonder zich ook maar ziek te melden, thuis gebleven, nu al een paar weken. Ingestort. Inmiddels zijn er problemen met het decor van *As you like it*. De arcadische heuvel waarop het spel van Shakespeares dolende geliefden zich afspeelt, wordt voorgesteld door een enorme groene grasbol die vrijwel het hele speelvlak vult. Het gras wordt gesuggereerd door aan elkaar genaaide Griekse wollen herderskleedjes die – en daarin schuilt de angel van het kwaad – groen geverfd zijn. De acteurs, die de myriaden kleurstofjes van de verf inademen, krijgen last van hun stembanden. Erik bracht al twee paar groene schoenen thuis en wanneer ik zijn spijkerbroek in de was doe wordt het waswater groen. Onderwijl is de groene grasbol door slijtage alweer bijkans wit geworden. Wat te doen? Herderskleedjes eraf halen en op het naakte staketsel spelen? Verdeeldheid onder spelers en technici. Opnieuw verven en er latexlak overheen spuiten? Maar krijg je dan niet soortgelijke of nog ernstiger problemen...? Met verbazing sla ik het allemaal gade: Erik die soms grijs van vermoeidheid thuiskomt en dan weer tijdens de openbare repetities jeugdig en vitaal over het toneel beweegt en samen met zijn acteurs een zaal van vijfhonderd toeschouwers in zijn ban slaat. Waar is nu zijn moeheid? Waar zijn zieke knieën en pijnlijke rug? Met gekruiste benen zit hij op de groene heuvel, een jeugdige oude magiër. Ik weet niet goed wat ik hiermee aan moet, ik kan mijn magiër toch niet bij me houden, veilig in de Tortellaan...? Hij zou daar niet floreren.

Op dit moment heeft hij een zondagsbrunch met alle acteurs van de Schaubühne in Berlijn. Wat verwachten ze daar van hem? Dat hij misschien de artistieke leiding zal overnemen nu het faliekant mis is gelopen met Peter Stein? Toen mij dat ter ore kwam, zei ik: 'We moeten maar een latrelatie beginnen, ik wil niet mee naar Berlijn en heb ook geen zin steeds te zitten wachten tot jij eens thuiskomt.' Dat trof hem diep. Van tijd tot tijd komt hij weer met die latrelatie voor de dag... dat ik dat gezegd heb. Soms zijn we geprikkeld tegen elkaar. We moeten leren dat niet te zijn, zegt hij, op zulke ogenblikken moeten we proberen juist iets vriendelijks tegen elkaar te zeggen... Als het zo eenvoudig was zouden mensen nooit ruziemaken, zeg ik.

1994

Nu zit ik in Berlijn in de Seesenerstraße, zijstraat van de Joachim Friedrichstraße, die weer uitmondt op de Kurfürstendamm. Hoeveel huizen in het buitenland hebben we al niet bewoond? De huizen in Californië, Pittsburgh en Georgia in de jaren zestig. Later in Kansas City het huis van Terry Dwyer, het huis van Todi (huis van de twee kinderstoeltjes en de kelder waar psychedelische schilderingen de muren sierden), het huis van de Rolls-Roycen en de vermeende of echte incestaffaire, waarop ik mijn toneelstuk *Schrijf me in het zand* baseerde. In Düsseldorf het benauwende appartement dat ons werd verhuurd door Gräfin Aldofredi en haar echtgenoot, de cynische Waffen ss'er die als voorbeeld zou dienen voor de ss'er in *Het gevorkte beest*. En weer later de groene kamer in het Rijnhuis van Frau Biem, die toneelspelers onderdak verschafte. De Rijn stroomde onderlangs de vensters en je zag de zwarte rijnaken door de stroom ploegen.

Iedere ochtend vertrekt Erik naar Oost-Berlijn waar de *Trilogie van het zomerverblijf* wordt ingestudeerd. Dit huis is een statig gebouw met hoge ramen omringd door bolle kronen van lindebomen. In de slaapkamer troont een enorm bed in de vorm van een schelp, ovaal met opstaande gekartelde rand, waarin we 's nachts liggen als weekdieren onder een paars dekbed. In de modieuze salon die wij nauwelijks durven betreden, staan dure crapauds gestold onder de kristallen kroonluchter. De staande klok is stilgevallen, evenals die in de keuken, en wij hebben geen idee hoe ze weer in beweging te krijgen. *Grüß Gott, tritt ein, bring Glück herein.* Door die gouden woorden op zwart fond worden wij welkom geheten.

Nu zit ik achter het antieke bureau met naast me een boeket zachtgele rozen die Erik voor mij heeft neergezet ter ere van onze veertigste trouwdag. Ik druk mijn neus in de rozenblaadjes om mij te bedwelmen met hun geur. Ik voel me gelukkiger dan op mijn huwelijksdag, maar wel doordrongen van de fragiliteit van dit geluk vanwege het voortschrijden van de tijd.

Vandaag vergezelde ik Erik naar de repetitie in Oost-Berlijn. Bij binnenkomst werd ik al getroffen door de afstandelijke, kille atmosfeer die er heerste. Ook Erik leek me gereserveerder. Waar waren zijn gebruikelijke geestdrift, zijn invallen waarop de acteurs inhaakten zodat er een aanvankelijk nog warrige maar levendige stroom van ideeën en nieuwe impulsen ontstond? Ik miste het kaatsspel dat ik van de Appelaren gewend ben, maar ook zag bij de acteurs in Düsseldorf en in Amerika. Hier leken de spelers gestold in afwachten, de kat uit de boom kijken. En waar was hun worsteling met de tekst en het spoorzoeken naar de onderliggende betekenis? Ook van een openlijke woordenstrijd was hier geen sprake. Met onbegrip staarde ik naar deze Berlijnse spelers in hun hautaine bevroren staat. Uit hun bewegingen en ook uit het ritme van de scènes was elk elan verdwenen, waardoor alles erg *langweilig* werd en indikte tot een trage brij. Ik keek naar Erik, maar herkende hem nauwelijks. Zijn altijd bevlogen en dominerende aanwezigheid leek verdund tot een schimmige persoon. Zijn stem klonk mat, zijn bewegingen misten de expressiviteit die ik van hem gewend ben. Daarenboven ergerde het mij dat een aantal spelers zat te roken of met elkaar te smoezen. Ze weigerden te zingen, iets wat bij Goldoni in Eriks versie een van de grootste charmes was. – Daarvoor ben ik niet ingehuurd, zeiden ze. De muziek vonden ze bovendien afschuwelijk en ze konden onmogelijk hun tekst zeggen wanneer daaronder, hoe zacht ook, muziek klonk. Ze wilden niet op de vlotten in het water stappen, bang om nat te worden. Hun stugheid verbijsterde mij. Ook viel me op dat de dramaturg, Wolfgang Wiens, zich een air gaf alsof hij het was die de repetitie leidde. Om de haverklap interrumpeerde hij de acteurs om *gründlich* tekst en uitleg te geven. Op gegeven moment greep Erik in: 'Nee, Wolfgang, ik wil dit niet zo want Goldoni is geen Ibsen, hij maakt geen psychologisch drama.' Wiens liep beledigd de zaal uit en kwam niet terug.

Begin september

De zomer plaatste zich in zijn volle glorie tussen ons en de Berlijnse perikelen. Maar begin deze maand moest Erik zonder pardon terug naar Berlijn om de repetities voort te zetten.

Amper twee weken later kwam het onverwachte bericht dat hij op Schiphol was geland. Alexander, die hem van het vliegtuig had afgehaald, meldde dat hij behoorlijk was aangeslagen.

Opnieuw waren de conflicten met volle kracht opgelaaid. Een actrice die Erik goedgezind was had hem raad gegeven hoe de moeilijkheden het hoofd te bieden. – Laat je niet overvleugelen, had ze gezegd. Je moet met straffe hand regeren. Je moet schreeuwen, commanderen. – Dat is mijn stijl niet, had Erik geantwoord, ik wil met plezier werken en de acteurs inspireren, zodat ze het ook fijn vinden.

Fijn vinden? Daar keken ze van op. Repetities waren in hun ogen altijd zwaar en ellendig, dat hoorde zo (typisch voor zelfkwellende *grübelende* Duitsers). Erik vroeg aan Wolfgang Wiens: 'Wat kan ik in de komende weken verwachten?'

'Die Hölle...' antwoordde Wiens.

'Ik heb geen zin in die Hölle,' zei Erik.

Hij pakte zijn spullen in de Seesenerstraße en nam het vliegtuig naar huis. Nooit eerder had hij een voorstelling in de steek gelaten. Einde Berlijns avontuur.

In memoriam Lodewijk de Boer

Hij zat aan het water met het kind naast zich. Er hing een lichtgroene schemer in het park, het leek of miljoenen vlinders met nog gesloten of deels uitgevouwen vleugels op de naakte takken waren neergestreken. Daartussen stonden de zwarte taxussen en de blauwe coniferen.

Ze keken naar de eendenkuikens die als pingpongballetjes door het geringste rimpeltje in het water omhooggekaatst werden of plotseling in paniek over het oppervlak heen naar het kwakende moederlijf raceten. Hij zat daar met zijn zwarte gleufhoed op zijn hoofd, lijkend op een rebbe, zijn diabolische ogen zwervend onder de rand vandaan – die hoed was een affectatie, iets om zijn image mee te versterken – en zijn gepunte zwarte laarzen lagen voor hem uitgestrekt in het gras. Onder de bomen door kon hij aan de overkant van het water het terras van Stockheim zien, waar consumerende mensen zich in de behaaglijkheid van de eerste lentezon koesterden. Hij zag het helblonde hoofd van Charlotte daartussen oplichten, het haar geknipt à la garçonne. Ze zat met de brede schouders opgetrokken alsof ze het koud had – een tic van haar, een handicap voor een actrice – en haar ellebogen op het tafeltje geleund met twee acteurs te praten. Die drinkt natuurlijk weer sekt, dacht hij met iets van schuldgevoel.

Het kind had hem het park in getroggeld, wilde hem voor zich alleen, dacht hij, geamuseerd door de rivaliteit tussen moeder en dochter, de volwassen vrouw en het kindvrouwtje.

'Is dat ver, New York?' vroeg Viola, met een stok in het water roerend. In het gebogen witte nekje zag hij de haartjes glinsteren tussen de paardenstaartjes. Ze droeg een roze jurk met een brede sjerp om het middel die op haar rug in een neerhangende strik uitmondde – een feestjurk voor het afscheidsetentje dat hij hun beiden beloofd had, een jurk uit het kostuumatelier, veronderstelde hij, een beetje verflenst al.

'Héé,' zei ze ongeduldig, 'is het ver?'

'Ja, je moet met een vliegtuig over zee.'

'Ik ben ook in een vliegtuig geweest,' zei ze, 'naar Mallorca. Ik had daar een eigen zwembadje...'

Hij zag een strak geknepen mondje in haar bleke gezicht. Dat is het mooiste, dacht hij, een kind, een kleine vrouw die haar emoties probeert te verbergen. Kinderen zijn trots, onmogelijk trots, ze weten niet van concessies doen, van huichelarijen, nederigheid, alles is nog elementair aan ze, zoals zomer en winter, hitte en kou. Hij wist dat ze nu koud was, als een ijspegel.

'Zo ver is het niet, 's avonds stap je in het vliegtuig, je gaat slapen en de volgende ochtend ben je er.'

'Heb je daar een huis?'

'Nee.'

'Waarom ga je dan weg?'

'Omdat ik nergens woon. Ben je wel eens in een circus geweest? Ja? Nou, dan heb je daar misschien een man gezien met een beer die kunstjes maakt. Die man woont nergens, die reist de wereld rond met zijn beer om geld te verdienen. Ik reis ook rond. Dat is mijn leven.'

Zij had hem nu haar gezicht toegewend, hij zag haar blik introvert worden, tastend naar dat visioen van rondreizen over de wereld. Nu zit ik haar weer op te vrijen met mijn mooie praatjes, dadelijk wil ze ook met een circus mee. Zoals ze al eerder actrice had willen worden en toen weer balletdanseres.

'Waar is die boom nou?' vroeg ze, plotseling van onderwerp veranderd. 'De boom met die voeten?'

'Oké, daar gaan we naartoe. Kijk eerst naar de voetjes van de eenden. Die zijn net zo gevormd als de blaadjes van de ginkgo, dat is de eendenvoetenboom. Op die voeten is die boom helemaal uit China komen wandelen...'

Wat een rotstad, dacht hij, wat een frigide koude bierzuipende rotstad, een wirtschaftswunderstadt die geen eigen gezicht heeft. Jezus, wat heb ik me hier misdragen, al dat doorzakken, al die verleidingskunsten. Hij zag het opgeblazen betraande gezicht van Fräulein Gött voor zich, de secretaresse van de intendant, en de bleke knaap in het roze jasje van de discountplatenzaak op de Bilkerallee – met jongens was zijn verhouding toch altijd poëtischer, probleemlozer – en dan had je natuurlijk de moeder van Viola. Armetierig eigenlijk, die behoefte om je altijd te willen bewijzen. Of had hij zich willen wreken op die rotstad?

'Dat kan niet,' zei Viola, 'een boom kan niet wandelen.'

Ze pakte opeens de hoed van zijn hoofd, verbaasd neerkijkend op de kale schedel die als een ei gebed lag in het flauw krullende, iets vettige haar (zijn zwakke punt), hij liet zich achterovervallen om haar bij een been te grijpen, de koele lentewind viel op zijn schedel, maar ze holde weg. Lachend. Zij had nu al diezelfde onverhoedse invallen, dezelfde grillige omslagen in haar stemming als haar moeder. Ze maakte een uitdagend gebaar alsof ze de zwarte hoed in het water wilde gooien, ze was kwikzilvervlug. Hij krabbelde stuntelig overeind. Belachelijk: zevenenveertig jaar oud, zijn benen wit en behaard, zijn kalende hoofd in de wind. (Huilebalk, zeiden ze tegen hem. Hij huilde urenlang, of deed alsof, toen hij voor de militaire dienst gekeurd moest worden, tussen zijn vingers en lange haren door loerend hoe zij het opnamen. Ze hebben mijn hele familie uitgemoord. Moet ik nou soldaat worden? Ik kan het niet. Ik kan niet doden. Slimmer zijn dan zij, geraffineerder, je eruit weten te draaien en tegelijk te moeten lijden onder hun minachting: een Joods ventje dat zat te snotteren. *Was mich nicht umbringt, macht mich nur stärker,* zei Nietzsche. Hij had van zijn zwakte zijn kracht gemaakt, hij had leren liegen, dat was een voordeel. Je kreeg op den duur een surrealistische kijk op de waarheid, het was een spel van verbeelding geworden.)

Hij draafde achter haar aan, tussen de verliefde paren door en de zwarte zwanen die op de wandelpaden kuierden, naar de fontein met de cupido's en de triton. Schuin daarachter lag het roze Goethe-

Museum – sereen, alsof die tijd er nooit geweest was: de tijd van het *ausrotten*.

Hij ving haar, ze stribbelde tegen met zijn hoed tegen haar borst geklemd, maar hij tilde haar op in die malle jurk met de sjerp om het middel. Een middel was het eigenlijk nog niet, dat lijfje wist nog niets van de verlokkende rondingen die het zou gaan voortbrengen, alles was nog plat onder dat jurkje met kantjes en pofmouwen. Lachend probeerde zij hem de hoed op het hoofd te drukken die achterstevoren terechtkwam, gaf zich toen opeens gewonnen, zwaar hangend in zijn armen, één handje om zijn nek geklemd. Hij zag de schaduwen die haar glanzende wimpers op haar ronde wangen wierpen. Kleine meiden kunnen verschrikkelijk verleidelijk zijn, dacht hij, ze zijn de Verleidelijkheid zelf... Vooral kinderen van actrices konden dat hebben, misschien omdat ze de behaagziekte in hun bloed hadden meegekregen. Toch was het niet zo dat zij hem seksueel opwond, het betrof erotiek van een andere orde, het was eerder de belofte van erotiek, de illusie.

Hij liep een paar passen met haar in zijn armen. Ook met dit kind was hij te ver gegaan, had hij beurtelings de rol van vader, minnaar en magiër gespeeld, dacht hij. Altijd die behoefte om te charmeren... Zij wandelden hand in hand door het park en zochten de ginkgoboom. Hij had zijn hoed weer op en zijn ogen waren tot rust gekomen onder de zware oogleden, de beenderen van zijn gezicht onder de huid leken plotseling fijner en ouder terwijl hij omhoogkeek

144

naar het lichtgroene dak van bladeren.

'Kan ik niet mee naar New York?' vroeg ze.

'Het is geen stad voor kinderen, er zijn daar geen scholen, het is een vreselijk grote stad met ontzettend veel auto's en hoge wolkenkrabbers. Er zijn daar helemaal geen kinderen, het is een stad voor grote mensen.'

'Hebben de mensen daar geen kinderen?'

'Nee, het is een stad om te werken.'

Een werkfreak, dat ben ik in weerwil van alles, dacht hij. De ene theaterproductie, de ene film na de andere had hij gemaakt, hij gunde zich nauwelijks rust. Waarom? Je vecht voor jezelf. Of tegen jezelf? Tegen je herinneringen?

'Hier heb je de eendenvoetenboom.'

Het kind naderde plechtig, met gespannen verwachting op haar gezicht. Ze blikten omhoog naar de gestileerd aandoende luchtige boom waarvan de gelobde blaadjes op korte stelen op de stijve takken zaten. Hij plukte er een paar van en liet die plat op de grond voortbewegen. 'Zie je wel dat ze op de voetjes van een eend lijken? De over-overgrootvader van deze boom staat nog in China, op een hoge berg. Miljoenen jaren geleden, toen er nog geen andere bomen op aarde waren, bestonden de ginkgo's al, het zijn de alleroudste bomen op aarde.'

Hij strekte zich in het gras uit, terwijl zij onder de groene koepel liep waar het lentelicht doorheen siepelde. Zij bukte zich om een kniekousje op te trekken dat in palingrimpels rond haar kuit hing.

Plotseling leek het of een oud filmfragment in zijn hoofd werd afgedraaid. Een klein meisje stond bij een muur. Zij hield de handjes op de rug. Ze stond te wachten, een beetje wijdbeens zoals de wachtposten deden. Auschwitz in de zomer. Het kind keek niet in een bepaalde richting, de blik was eerder naar binnen gericht. Iemand had kennelijk gezegd: Wacht op mij bij de muur. En zij vervulde die opdracht, zij nam die opdracht serieus zoals kinderen dat doen die volwassenen niet imiteren maar in zich voelen, alsof ze willen beantwoorden aan de onzichtbaar groeiende persoon binnen in zich, hun toekomstige volwassenen zelf.

Het kind ging afwisselend van het ene been op het andere staan, toen bukte het zich om haar kniekousjes op te trekken. En stond weer stil, handen op de rug, het motregende een beetje. Er kwam een ss'er. Hij zei iets tegen haar en zij knikte en draaide zich met haar gezicht naar de muur, hij verwijderde zich een paar stappen en haalde een pistool tevoorschijn. Op dat ogenblik keek zij naar hem om. Hij draaide haar gezicht weer naar de muur en streek even over haar haren. Toen gaf hij haar een nekschot.

Een schot als een liefkozing, een logisch gevolg op het strelen van het haar. Doodt een mens wat hij liefheeft? Om het voor zichzelf te behouden? Dat kinderbeen met dat kousje, de vingertjes die naar de elastieken band tastten. *Vecht je tegen jezelf? Tegen je herinneringen?* Hij voelde opeens haar twee handjes die zijn hoofd heen en weer schudden in het gras: 'Hé, slaap je?'

DEEL III

Een huis in de Drôme

EERSTE WINTER IN DE RENARD

Winter 1970-1971 was een recordhouder. Als ik aan
die winter terugdenk zie ik ons als donkere vliegjes
argeloos in een spinnenweb van ijsdraden lopen.
Claude Augier bracht met de tractor onze koffers
naar boven omdat onze auto halverwege de weg,
dicht bij de Augierhoeve, was blijven steken, en wij
liepen achter elkaar in het spoor van de tractor in de
almaar neervallende sneeuw; dikke vlokken die de
kinderen in hun open monden lieten vallen en op-
hapten als suikerspin op de kermis. Al die sneeuwvlokken zogen zich vast aan de boomstammen en
legden zich naast en achter en boven elkaar alsof ze
exact hun plaats wisten, zodat er binnen de kortste
keren een dik tapijt was geweven over de velden. We
liepen in een wollige wereld waarin ieder geluid ge-

dempt werd, zelfs het gegrom van de tractor. Ik zie ons sjokken in zo'n aflopend rijtje, de grootste voorop tegen de wind en de sneeuw in, precies zoals Vitalis en Remy met de honden achter hen in *Alleen op de wereld*.

Claude spoorde ons aan met geschreeuw, hij had een hoofddoekje van zijn vrouw rond zijn hoofd geknoopt, waar aan alle kanten zijn witbesneeuwde krullen onder uitstaken. Ik denk dat hij ons stommelingen vond omdat wij uitgerekend in zulk weer Kerstmis kwamen vieren in de Drôme.

Toen wij uit Holland vertrokken had het geregend en liepen de mensen in de donkere straten met kerstbomen te sjouwen, maar wij dachten: wij gaan naar het Zuiden. Over de Route du Soleil. Het kwam ons voor dat dit alles een gigantische grap was van een of andere goochelaar die het hele zonnige Zuiden onder een witte deken had weggestopt. Toen ik de volgende morgen de luiken opendeed, die hun ochtendzang aanhieven, draaiend over de roestige pinnen in de buitenmuur, was het of ik een stoot tegen mijn borst kreeg. De wolken waren naar beneden gekomen en hadden zich op de aarde neergevlijd, terwijl de opkomende zon roze en gouden vuurtongen op de sneeuw schilderde met blauwe schaduwen in de plooien, de winter had de oude kersenbomen bruidsjurken aangetrokken en naar boven toe rukten de witgehelmde legers van bomen naar de bergtoppen omhoog.

Mijn oren vingen een enkel geluid in de glasachtige

lucht zoals het kloppen van een bijl, de verdoolde sjirp van een vogel. Mijn ogen daarentegen leken vér-ziend geworden en ik zag het oude Château Neuf op zijn berg boven Bégude alsof ik het onder een water-helder vergrootglas hield, ik kon de besneeuwde ruï-nes zien liggen onder het vierkante lapje van het in onbruik geraakte kerkhof dat wit oplichtte tussen de cipressen. Ik voelde me perplex door de strengheid van deze glorieuze wereld, die terug leek te zijn ge-gaan naar een tijd zonder mensen.

Op een dag zonder wind graven wij een pad naar Au-gier. We planten er eikentakken naast om het terug te kunnen vinden voor het geval dit weer dichtstuift. Overal zien we vossensporen in de sneeuw. De vossen zijn zo licht dat ze over het dunne bevroren boven-laagje kunnen lopen zonder erdoorheen te zakken. 'We roken ze uit,' zegt Claude, 'ze stelen de kippen. In het voorjaar is dat het beste, dan heb je meteen de hele worp. Soms komen ze hun hol nog uit, maar dan gaan ze toch dood, dan springen de longen.'
    Met een geweer staat hij op de loer om lijsters te schieten die nu, overvallen door de kou, in grote zwermen zuidwaarts trekken. Verstijfd en uitgeput laten zij zich in het eikenhout neer. VOGELMOORD. Vogelmoord in Italië, vogelmoord in Frankrijk, steeds minder vogels, steeds minder dieren.
    Later eten we zelf ook lijsterpaté: *paté de grives*, die Odette zo lekker weet te maken, in de warme keuken waarin ze ons met opgetogen kreten heeft binnenge-

haald, de handen verbaasd ineenslaand over ons sneeuwpad van zeshonderd meter lengte. 'C'est très bon,' zeg ik tegen Odette wanneer ik beleefd de lijsterpaté door mijn keel wring (ik eet een lied op) en zij snuift zelfverzekerd, terwijl ze mijn jasje van schapenvacht bij de kachel hangt. Wij zitten in die warme waterdampkeuken, waar iedereen naar het tv-scherm zit te kijken. Het blijkt dat er een ramp aan de gang is. Op het schimmige scherm zien we bedolven auto's, ingestorte daken, sneeuwruimers over de Autoroute, soldaten. Een stem deelt ons mee dat de Drôme een noodgebied is. Verbaasd kijken wij naar die bedrijvigheid, dat gevecht dat zich ergens moet afspelen, ergens ver weg aan de extremiteit van ons onmetelijke sneeuwveld.

'Als de mistral gaat blazen,' zegt de oude Augier, 'dan komt het hele sneeuwveld naar jullie huis. In de winter van '44 lag de sneeuw in het dorp zo hoog dat ze een tunnel groeven naar de bakker. Dat is wat jullie moeten doen als de mistral gaat blazen: een tunnel graven naar ons toe over het lavendelveld, dat is korter dan over de weg. Je volgt de lavendelbollen, dan kun je niet verdwalen, daarna kom je bij de wijn en die volg je weer tot aan de hokken van de parelhoenders...'

Een tunnel naar de bakker kan ik me nog voorstellen, maar een tunnel van zoveel honderd meter? Misschien heeft ons sneeuwpad hem reden gegeven ons onbegrensde krachten toe te schrijven. De tongen komen los. Het is erger dan in '44, maar toen is ons

muildier doodgevroren, maar in achttien zoveel, toen
was het nog erger, toen kon je met paard-en-wagen de
Rhône oversteken.

Het huis ligt nu als een mammoet op zijn knieën in
de sneeuw, in een drukkende zwijgzaamheid blijven
de vlokken naar beneden komen. Allerzonderlingst
gezwollen komen de velden in grote opgeblazen golven op ons af, ze hebben het dorp al verslonden en
de boerderij van Augier, en nu komen ze naar ons
toe, dreigend met bevroren draaikolken, de stekel-
hoofden van de bijna manshoge kaardenbollen steken daar nog net boven uit. Erik komt terug van zijn
hongertocht naar het dorp, zijn benen lijken onder
de knie geamputeerd terwijl hij stilstaat om een ver
signaal naar ons te zwaaien. Een tocht van vele uren,
been voor been hoog heffend in de lieslaarzen van
Claude, een boer uit de Siberische steppen, een jute-
zak met een touw over de rug gebonden. Er zijn mensen dood gevonden, zei de oude Augier, mensen die
van de weg afraakten.

Samen met de kinderen zit ik als in een oude reis-
koets met een deken over onze drie paar benen ge-
spreid, van onderen zijn wij één wezen, met van boven drie koppen. Ik alleen heb handen waarmee ik
een boek vasthoud, zij hebben die van hen tussen
hun kleine dijen genesteld. Onder hun ijsmutsen
staren hun glimmende oogjes naar de vlammen van
het vuur. Ik vertel een verhaal. Over een prinses die

met haar matras in het water van de zee werd geworpen en zo lange tijd gedoemd was op de golven te
blijven dobberen. 'Die heeft het nog erger dan wij,'
zegt Celia.

Mijn woorden hebben een van hun alleroudste
functies teruggekregen, ze vormen een bezwering tegen de kou, de honger, ze zijn in-leven-houdertjes,
vonkjes waar we ons aan warmen, niet langer een
luxe, maar een noodzaak. Zo hebben miljoenen vrouwen vóór mij in een of andere hut gezeten, syllabes
sprekend van een mij onbekende taal om ziekte, honger, kou en het gehuil van wolven te bezweren: dit is
de alleroudste functie van het verhaal. Met woorden
probeer je de wereld begrijpelijk te maken, af te passen tot een aanvaardbaar geheel, voor de kinderen
eerst klein: Winnie de Poeh-formaat, en langzaam
groter, voor jezelf nog iets groter tot zo ver als je het
kunt bevatten.

De mistral begint te waaien. Langzaam geeft ons huis
de strijd op. Het gaat rondom ons steeds meer ver-
ijzen, je billen vriezen vast aan de closetpot, de afvoer
raakt bevroren, en het water dat altijd naar ons toe
kwam rennen via een aftakking van de ondergrondse
bron, weigert dienst. Wij hebben een aftakking van
die onzichtbare stroom door ons huis geleid, gevangen in een plastic buis. Even wordt dan dat onzichtbare water zichtbaar zolang het uit onze kraan klet-
tert, maar nu verstijft die ader. Het gas, samengeperst
in de butafles, geeft een laatste zucht. Ik houd een

vlammende lucifer voor het opengedraaide kraantje als voor de mond van een stervende: geen teken van leven. Butagas bevriest pas bij vijftien graden onder nul.

De kou wordt een aanwezigheid die alles stolt, witte dotten vallen in het zieltogende vuur, een onmetelijke muil hoor ik ademen tegen de luiken: jij, daar binnenin, ik maak je tot een kristal. Witte voeten komen onder de deur door, de zoldervloer deint spookachtig voor mijn ogen – iemand lijkt daar balen meel te hebben leeggestort, de zolderkast draagt een muts van sneeuw. Zoals de konijnen worden we ingegraven, glinsterend daalt het allemaal tussen de balken door omlaag. Onze zintuigen spitsen zich om toch maar iets op te vangen van leven, iets wat dit grote zwijgen doorbreekt.

Ik lig maar en voel me net een teek, blind en doof, die wacht op een signaal van buitenaf om verder te kunnen gaan met zijn levenscyclus. De wereld is ingekrompen voor mijn waarnemingen en bestaat alleen nog maar uit duisternis en kou. In Holland draait op dit ogenblik misschien *Sunset Boulevard* en zitten de mensen ijs te eten in warme stoelen.

Die hele dualiteit van mij: ik die de ontbering wenste, ik word nu plotseling bang door het onafgebroken razen van de sneeuwstorm. Mijn twintigste-eeuwse Hollandse lijf protesteert in zijn slaapzak, ik wentel mij slapeloos, luisterend naar het ademen van de kinderen en Erik, naar het ploffen van de sneeuw in de schoorsteen en het bulderen daarbuiten; als ratten in de val gevangen. Als een van ons nu ziek wordt, zijn we afgesneden van de wereld, kunnen we geen dokter halen, niet naar een ziekenhuis. Dat is in ons ingebouwd als in een computer: ziek, pak de telefoon, dan komt de dokter met zijn tas en zijn spuiten. Wij zijn zo gewend aan die automatische serviceverlening van de maatschappij aan haar burgers, het is een soort verlengstuk van onszelf. En nu opeens zijn we zonder dat verlengstuk.

Ik trek mijn arm uit de warme cocon van de slaapzak en steek hem in de aardedonkere ijskou. De kou bijt, prikkelt mijn huid, ik voel de haartjes rechtop rijzen, verrukkelijke sensatie van het contrast.

Het verscherpte bewustzijn fysiek aanwezig te zijn, pulserend aanwezig in de adembenemende werkelijkheid, dat betekent dat je niet dood bent. Misschien is dit alles wat we hebben, dit beetje warmte binnen dit vel. Ik lig zo met mijn arm als een antenne in de bijtende duisternis en hoor de binten van het huis kraken onder het gestage bulderen; een legioen van ijzige winden stormt over ons dak en suist verder de berghelling op, verder en verder weg tot de wereld een glazen stolp wordt van de stilte en ik lig te wachten tot er een nieuwe wind komt aanjakkeren.

Hier liggen we: vier smeulende vonkjes in onze slaapzakken met alleen dat gammele dak dat ons scheidt van de nachtelijke mistral, kilometers verwijderd van het dorp waarvan de lichten gedoofd zijn door het knappen van de elektriciteitsdraden. Een

zwarte hand heeft die lichtjes aan onze einder uitge-
drukt.

De woorden van de oude Augier die nu ook ergens
begraven onder het sneeuwdak zit, komen in mijn
oor fluisteren alsof de aarde ze ondergronds door-
geeft: dan moeten jullie een tunnel graven naar ons
huis. Ja, zeg ik en ik zie ons de deur openen en voor
die witte wand staan die tot aan het dak reikt, Erik
voorop, met de kinderen stijf tegen zijn benen gedrukt. Langs de lavendelpollen, dan kun je niet verdwalen, zegt de stem van Augier. Ja, adem ik terug
naar dat hol onder de sneeuw waar al die mensen samengepakt zitten: de oude Augier en de jonge, en de
vrouwen en kinderen, de honden, waar nog meel en
vet is en paté de grives op eigengebakken brood. Ik
zie ons kruipen en kruipen door onze tunnel daarheen. Met boven ons hoofd de gesloten formatie van
het witte vijandelijke leger, dat op zijn beurt weer
wordt voortgezweept door de wind. *To be or not to be,*
that's the question, mooie woorden, allemaal toneel.
Het is net alsof ik in een trein zit en door mijn dromen het denderen blijf horen. Maar nee, ik ben wakker, ik richt me op om door het spechtengat te loeren. Zeelieden op zee hebben ook door zo'n gat in de
zwarte nacht gekeken, maar iets wits zie ik ook, iets
gigantisch wits alsof Moby Dick, de legendarische
witte walvis, daar voor ons huis verankerd ligt.

Iemand heeft gekreund. Of kwam het geluid uit
mijn eigen mond? Is het een van de kinderen? Celia
klaagde vanmiddag over pijn in haar borst. Onmid-

dellijk gealarmeerd is een moederdier zodra maar iets dat kleine lijf bedreigt. Een sos uitzenden. *Save Our Souls*, een vuur maken op de sneeuw.

Onder de berg kleren, dekens en ouwe lappen die boven op haar slaapzak zijn gestapeld, kan ik haar zo gauw niet vinden. Ergens onderin, opgerold als een muis in zijn winternest, voel ik haar, raken mijn vingers haar kille wang. Ze murmelt iets. 'Ik heb het zo alleen.' Maar misschien bedoelt ze: zo koud; eenzaamheid of kou, die hebben eenzelfde greep op zo'n klein lichaam. Ik kruip naast haar onder de lappenberg en probeer haar versteende handen tussen de mijne warm te wrijven.

Opeens zon. Een onzichtbaar potlood lijkt een poppetje te krabbelen aan de einder van mijn sneeuwveld, eerst zie ik de muts verschijnen en dan volgen lijf en benen. Daarachter ontstaan nog twee poppetjes. 'Wat zijn het?' vragen Alexander en Celia, 'kinderen?'

Onze redders, mannen uit het dorp, op ski's, verschijnen in onze deuropening; Claude heeft ze gewaarschuwd omdat hij geen rook meer uit onze schoorsteen zag komen. Celia's redder is een blonde jongen – later zal zij dromen dat die jongen haar vader is en dan weer dat ze met hem gaat trouwen, eerste verliefdheid van een klein meisje dat weggedragen wordt in een paar jongemannenarmen. Op zijn rug suist ze de helling af naar beneden.

Het potlood tekent verder: een huis verschijnt in

beeld en honden die in de sneeuw staan te blaffen, de Augiers geven ons hete wijn te drinken om ons kracht te schenken voor de volgende etappe. Claude sleept onze koffer, of het een geit is, aan een touw over het sneeuwdek achter zich aan. Beneden aan de weg komt de bulldozer uit Bégude ons ophalen. Meer huizen verschijnen, mijn wereld vult zich weer.

Juli 1979

Soms wanneer wij aankwamen uit Holland in de late
avond in zo'n zachte aprilregen, of op een zomeravond
als de grassen aan de zuidkant zo hoog stonden dat
ze tot je navel reikten, kon het gebeuren dat er aan
het huis een zucht ontsnapte, een zucht die in een
oogwenk was weggesmolten in de nacht. Dat was de
wiekslag van onze kleine uil, onze *chouette*, zoals hij
hier genoemd wordt. Door de gaten die de specht in
het vermolmde hout van de luiken op de zolderver-
dieping had geboord, kon hij gemakkelijk in en uit,
terwijl de haak die het luik vanbinnen vasthield hem
tot roestplaats diende. Dikwijls vond ik veertjes als
billets doux op de trap, in de plaspot van de kinderen
of verdwaald in een spinnenweb dat van de zoldering
afhing. Op een avond ontdekten wij hem rondzwal-
kend in wat wij het onderduikerskamertje noemden
vanwege een geschiedenis in de oorlog. Blijkbaar
was hij via de schoorsteen binnengekomen en kon de
uitgang niet meer vinden, verblind als hij werd door
het licht toen wij onverhoeds met een petroleumlamp
binnenkwamen. Ik pakte hem beet toen hij zich in
de hoek van de vensterbank weggedrukt hield, met
de rug naar ons toe alsof hij meende zo onzichtbaar
te zijn. Wanneer je denkt: ik raak een uil aan, dan
verwacht je zachte veren, niet de ijzeren ring die zich

rond je vinger knelt. In de afgrond van zijn zwarte pupillen kijkend was het of ik een diepe krater binnenkeek. Wat zie je helemaal in een dierentuin? Enkel
het visuele plaatje volstaat niet. De warmte ervaren
tussen je handen, smeulend, maar door het fragiele
maliënkolder heen brekend, de koele gladheid voelen
van de vleugels, die ondoorgrondelijke nachtogen op
je gericht te zien, dat is iets van een andere orde. Twee
paar ogen, de mijne en de zijne, die van de dagwereld
en die van de nachtwereld, ontmoeten elkaar op een
gelijk plan.

Maar dan besef ik wat ik tussen mijn handen houd,
een kleine vogel, een uil. We deden het raam open, ik
lanceerde hem de nachtlucht in en in een oogwenk
was hij tussen de zwarte bomen verdwenen.

Een jaar later hield ik de chouette opnieuw tussen mijn handen, maar toen was zijn lijfje plat, zijn
dons niet langer opgeblazen door vibrerende warmte.
Dood lag hij in de kolenkist waarin hij een laatste
toevlucht had gezocht.

Toen wij het huis betrokken beseften wij niet dat het
al bewoond was. Zo had een zwaluw haar nest boven
de zoldertrap gebouwd. Gedurende enkele dagen
vloog zij nog heen en weer om haar jongen te voederen, maar op een dag keerde ze niet terug. Wanneer
wij in het nest keken zagen we een kluit wriemelend
leven waaraan dunne stengels omhoogschoten met
begerig opengesperde bekken. Maar iedere volgende
dag ontbloeide de kluit trager tot zich ten slotte nog

een laatste stengeltje moeizaam omhoogrekte, tot ook dat zich moedeloos neerlegde.

Dikwijls hoorden wij in de vroege ochtend onder het dak de stappen van iemand die thuiskwam en met geestdriftig gepiep werd begroet: dit was moeder steenmarter die haar jongen kwam voederen. Zij was proper van aard want ze gebruikte een stapeltje oude kranten op de vliering om haar uitwerpselen op te deponeren. Enkele jaren hebben wij haar gehuisvest tot Augier – kennelijk bang voor zijn kippen – een dodelijke val voor haar zette op de toegangsweg naar de vliering. Hij had haar sporen gezien in de sneeuw. 'Zij had dikke tepels,' zei hij tevreden, 'ze moet jongen hebben gehad. Die had ik meteen ook in één klap.'

In die dagen kwam er een bioloog de berg op klimmen om te vertellen dat hij altijd naar onze ruïne kwam om de slangen te bestuderen. Er waren er in vele soorten en maten: een vuistdikke goedaardige *couleuvre* (ringslang), en talloze van geringere omvang: groene en bruine met zigzagtekening – runentekens – op hun huid. Wij probeerden hun kenmerken te onderscheiden: adders bezaten een kop die driehoekig in het slangenlijf overging en hun zwarte pupillen waren verticaal en smal terwijl die van de ringslangen rond waren. Soms boog ik me voorover om in het slangenoog te kunnen kijken, maar deze poging tot identificatie werd mij door de bioloog ten stelligste afgeraden: 'Weet je niet dat slangen bliksemsnel omhoog kunnen schieten?'

De koninkjes van de muur, de muurhagedisjes, waren overal terwijl de smaragdhagedissen, groene juwelen draken, de mannetjes met blauwe keel, lui lagen te zonnen op de stenen rondom. Maar in de loop van de tijd werd hun aantal geringer. Van onze laatste couleuvre hebben wij nog lange tijd ieder jaar de afgeworpen huid, als een stoffige bruidstooi, in de schuur over een balk zien hangen.

Alleen de relmuizen hebben onze verovering van hun leefgebied niet betreurd. Ik moet bekennen ze lange tijd te hebben gekoesterd omdat hun aanblik mij vertederde: hun wollige lichtbruine lijfjes met witte bef, de ronde oortjes die zich luisterend richten naar mijn stem en hun bolle nachtdierogen werden mij dierbaar. Ze huisden voornamelijk onder het dak, bewogen zich over de zolderbalken en klauterden langs de muren, iets waarin ze wonderbaarlijk behendig waren. Bijna overal elders in de boerderijen en zomerhuizen werden deze dieren bejaagd en vergiftigd, vandaar dat wij het onze taak achtten ze te beschermen.

Op een dag bleek de klok zwanger, de eeuwenoude staande klok die niet meer bij machte was zijn taak als tijdmeter te vervullen en waarvan de fraaie wijzers niet meer konden bewegen, begon op een avond te sidderen terwijl de koperen slinger stroefjes heen en weer ging. 'Hij leeft!' riep onze Celia verrukt uit. Gebiologeerd bleven wij naar het fenomeen kijken tot we een kleine gedaante achter het klokkengezicht vandaan zagen komen en over de wijzers wandelen. Hij vervoerde wit pluis in zijn bek, dat wij herkenden als materiaal dat tussen dakspanten en pannen als isolatie dienstdeed... Steeds opnieuw zagen wij hem komen aansjouwen met nieuwe pluizen die hij ergens achter of in het uurwerk opborg. Hij bouwde daar kennelijk een nest, klok en muis waren een merkwaardig huwelijk aangegaan.

Behalve dat ze een bondgenootschap gesloten hadden met de Tijd, bleken de relmuizen ook muzikale genoegens te kennen. Na het Jaar van de Klok volgde het Jaar van de Balk. Erik studeerde een suite van Bach in en ik zat te luisteren in mijn schommelstoel toen ik opeens boven op de balk een relmuis zag zitten. Die verdween in een gat in de muur en even later kwamen er één voor één kleinere exemplaren van het relmuizengeslacht op de balk zitten, op een rij als gehoorzame leerlingen van de muziekschool. Je zag hun ronde oortjes heen en weer bewegen alsof zij de muziek terdege in zich opnamen.

Maar in de beginjaren was er weinig tijd voor contemplatie, toen ondergingen wij hitte, mistral, beesten en afbrokkelende muren als een vloedgolf waarin wij worstelden om het hoofd boven water te houden. Onze geëxalteerde gevoelens kantelden van verrukking naar wanhoop, onze voortdurende opwinding die zich op alles richtte wat onze zintuigen prikkelde, werkte vermoeiend. Wanneer wij in de ochtend de piepende luiken opengooiden zogen we gulzig de lucht in, lieten we onze ogen feesten over de goudgele vlammen van de bremstruiken. *Fallen in love*, dat waren wij. Niettemin was die verliefde staat vermoeiend en het lichamelijke werk uitputtend. We voelden onze spieren als trekkabels door ons vlees lopen, mijn haar werd kurkdroog en stijf van het stof, we hadden geen douche, geen afvoer voor de wc. De wc-pot stond er al wel, die had onze loodgieter in de winter neergezet in de houtopslagplaats en daar stond hij als een troon, als een zinloos zij het blinkend symbool van beschaving.

Er viel een zondvloed uit de hemel en het water kwam rechtstreeks van de berg naar de zuidkant van ons huis, stroomde onder de keukendeur door om de benedenverdieping blank te zetten. De kinderen vonden het hilarisch en gingen op een hoger gelegen trede van de trap zitten om het schouwspel gade te slaan, terwijl Erik en ik verwoed bezemden om het water aan de noordzijde van het huis weer naar buiten te werken.

Het had gelekt in onze slaapkamer en mijn hoofdkussen was zeiknat. Nadien sliep ik wanneer het regende onder een paraplu, maar toen ik de kinderen vertelde van de paraplu van Ole Dromenman, waaronder je de mooiste dromen kon dromen, wilden zij ook onder de paraplu.

1980

Drie jaar geleden stapte hij uit de bestelauto op zwarte tapdanshoefjes. Tussen zijn wollig jeugdhaar staken de eerste purperkleurige haren van zijn volwassenheid. Hij draaide met belangstelling zijn kop naar alle windrichtingen om de omgeving in zich op te nemen en boog vervolgens zijn witte neus tot aan de tip van zijn naar voren gestrekte linker voorpoothoef. Alsof hij een buiging maakte. Hij wist toen nog niet dat die vijftien letters in de advertentiekolom – *Petit âne à vendre* – zijn lot gewijzigd hadden.

Hij was geboren in Malataverne en opgegroeid in een bos van zes hectaren, waarin hij liep samen met zijn moeder, een troepje schapen en een merrie met haar veulen. Hij kwam dus regelrecht uit het ezelparadijs. Hij deed mij denken aan David Copperfield die weggestuurd werd naar een kostschool, ook iemand die men op zeker ogenblik kwijt wilde. Blijkbaar had hij voor het eerst in zijn leven een leren riem rond zijn hals met daaraan een ketting die over de grond sleepte. Onze kinderen waren verrukt en wij allen streelden en beklopten hem, onze betoverde prins. We brachten hem naar een boom om hem daaraan vast te binden. Op het midden van dit traject bleef hij opeens staan om achterom te kijken naar het bestelautootje, waarnaast zijn voormalige eigenaar met zijn zoontje aan de hand stond toe te kijken. Hij staarde naar die twee figuren op de weg met iets van verbazing, iets van argwaan ook – of interpreteer ik dat maar zo? – alsof hij besefte dat hij voorgoed gescheiden ging worden van die twee daar, en van zijn bos in Malataverne. 'U moet hem veel aandacht geven, de eerste dagen,' had de eigenaar gezegd, 'hij is gewend met andere dieren samen te zijn.'

Claude schudde het hoofd terwijl hij onze aanwinst bezag: 'C'est trop têtu, un âne – een muildier dat zou nog gaan, maar een ezel... Een ezel is net een haan, die balkt bij het opgaan van de zon.' Er krulde een onmiskenbaar spottend lachje rond zijn lippen. Dat vonden wij geen bezwaar, zeiden we, nee, dat vonden wij juist aardig, landelijk. Maar nacht aan nacht zou ik om vijf uur dromen van het reutelend hijgen van iemand die gewurgd werd en wakker schrikken om de laatste aria van onze nachtelijke zanger op te vangen. Op een nacht droom ik dat wij een leeuw aan een ketting hebben liggen en dat hij is losgebroken en Alexander heeft verslonden. Wakker schrikkend zie ik Alexanders ledematen nog uiteen nevelen – hoewel ze merkwaardigerwijs veel weg hebben van partjes van een appel.

En nu zie ik hem staan, mijn stille vriend in het groen. Ze herkauwen niet, ezels, ze kunnen zo staan in een subtiel evenwicht met een achterhoefje rustend op één teen, in een geduldige versmelting met hun omgeving, een zonderling schepsel met korte houten pootjes, met trieste sluik afhangende billen – nee, daar heeft de Schepper niet veel aandacht aan besteed, daar zit niet veel erotische verlokking in – en met een buitenproportioneel groot hoofd: koning Midas met de ezelsoren. Het lijkt alsof zijn Goddelijke Maker, nadat hij alle dieren had geschapen, de onderdelen die nog resteerden aan elkaar heeft geplakt en hem tot slot die reutelende blaasbalg gaf om daarmee zijn gebalk ten beste te kunnen geven.

Een ezel in je leven integreren, dat was een opgave die wij nog niet eerder in studie hadden genomen; een ezel kalm, aangepast en gelukkig maken, daar is ook niet veel studiemateriaal over bekend.

Odette Augier kwam naar onze aanwinst kijken met Patrick hangend aan haar rok. Twee paar gitzwarte ogen monsterden onze ezel die veilig aan een boom stond vastgeketend. Odette knikte kort met het hoofd en zei: 'Hij verveelt zich.' Het valt mij altijd op hoe zij met enkele woorden de spijker op de kop tikt.

Dus begonnen wij vol ijver aan de taak Picotin, onze ezel, vertier te verschaffen, genegenheid te schenken, iets bij te brengen wat van nut zou kunnen zijn, bijvoorbeeld ordentelijk op het pad lopen zonder links of rechts de berm in te schieten. Dit temwerk nam Erik voor zijn rekening, die daartoe zijn 'vechtjas' aantrok (een oud jak van schapenvacht) zodat de ezeltanden en -hoeven niet in direct contact konden komen met zijn huid. Het nut van 'op het pad lopen' ontging Picotin ten enen male. Hij bleef protesteren door als het even kon een pas geplant boompje uit te rukken, of door zich met klievende voorhoeven op de achterpoten te verheffen. De kinderen hadden iedere ochtend hun wildwestvertoning. Zij waren er wel steeds minder van overtuigd dat ze op Picotins rug wensten te rijden.

Toch waren er ook ogenblikken waarop Picotins gezicht een zachtaardig verlangen uitdrukte, dan hield hij zijn grote kop tegen je borst ten teken dat hij op zijn wollige kruin gekrauwd wenste te worden, en dan stonden wij onbeweeglijk om de harmonie niet te verstoren.

Ik volg het holle pad binnendoor naar het gehucht Portes-en-Valdaine. De eerste zomer dat wij de Renard bewoonden, klom hierlangs een oude geitenhoedster naar boven. Naar mijn weten was zij de laatste weggebruikster; oude vrouwen met geiten zijn uitgestorven in ons departement.

Ik sla met mijn sikkelvormig handzeisje de bramen weg die zich rond mijn enkels en armen willen wikkelen. Waar vroeger de dieren liepen, de herders en jagers, langs die weg die zij hebben ingeslepen, daar loop ik nu, langs de oude wildsporen, de wissels die al eeuwen in gebruik zijn.

Wanneer ik bij de laatste stammen van het bos kom, waarachter de vlakte ligt als een koperen braadpan, deins ik achteruit en zoek een laatste toevluchtsoord onder de struikjes. Bomen en struiken schijnen te beseffen dat hun enige overlevingskans bestaat uit dit doodstille staan met een minimum aan verdamping, zij trekken zich diep in zichzelf terug, stoten hun bladeren af. De geuren zijn weg, van alle levende dingen is de kleur verbleekt, poeierfijn stof is overal neergedaald.

Een ezelsbuik vullen, dat is een opdracht die plotseling moeilijk is te volbrengen. De boeren verkopen niet graag voer meer omdat zij het nodig hebben voor hun eigen dieren, dus ga ik zelf foerageren met een zak op mijn rug: aren lezen op de akkers, luzerne snijden in de berm, mijn oog speurt naar een disteltje, naar een pluk nog enigszins sappig gras.

De aarde onder mij lijkt een lichaam in koorts, met koortsige lippen in- en uitademend, ik kijk recht de bleekblauwe lucht in. Stel dat het nooit meer zou regenen, dat een ongeregeldheid in de ozonlaag de ademhaling van de aarde zou doen ophouden, die grote long zou stilleggen.

Ik leg mijn oor tegen de grond, een fijn geknister is hoorbaar, een binnenbrand onder gras en kruiden. Je weet het nog niet, maar je gaat dood, jij, aarde, door toedoen van dat wonderbaarlijke dier: de mens, die jij tot leven hebt gewekt, gedood en herboren doen worden, een bloot vertederend gedierte, niet bestand tegen Siberische kou of extreme hitte. Zelfs ratten hebben nog nooit een stad verwoest, maar dit gedierte zonder tand of klauw vernietigt jou, aarde. Misschien zul je als een kale biljartbal blijven ronddraaien rond de zon en *the rest is silence...*

'God was een Ezel en hield veel van mij,' schreef Gerard Reve. Daar is indertijd een hele storm over opgestoken, over die verwachting van hem dat God op aarde zou weerkeren in de gedaante van een ezel, miskend, verguisd en geranseld, maar Gerard zou hem herkennen en één worden met God, zich in liefde met hem verenigend.

Gerard bezit een woning hier niet ver vandaan, in het gehucht Poët Laval. Wanneer wij naar het zwembad of de markt in Dieulefit rijden komen we langs zijn huis, waarop een emaillen straatbord is bevestigd met de aankondiging *Place Gérard Reve*, het Gerard Reveplein, ongeveer twee meter in het vierkant, waarop een rustiek bankje met knoestige armleuningen altijd leeg in de zon staat, terwijl boven het bankje slipjes hangen van hem en de opvolgers van Teigetje, als vlaggen die verkondigen dat de volksschrijver op honk is, maar hemzelf heb ik nooit gezien.

Toch zijn de tekenen van zijn aanwezigheid onmiskenbaar en ik zou erheen kunnen gaan en de ezel aan de deurknop binden met een briefje erboven vastgeprikt: 'Je God is gekomen, Gerard.' Dat zou een mooie manier zijn om van onze ezel af te komen, een zinvolle poëtische manier, passend bij de volksschrijver.

Er knappen takjes en het groen wijkt – alsof hij wordt voortgedreven komt Picotin naar mij toe stappen. Hij leunt met zijn hoofd over onze weinig deskundig aangebrachte omrastering en beroert met zijn lippen mijn haar. Ik weet niets van je af, Picotin, niets van je raadselachtige ziel. Over mensen zijn dikke boeken geschreven, maar over jou is niet veel bekend. Toch was je eens een volksheld, een fabelfiguur, je spuwde gouden dukaten, je was de geschopte en gemartelde, je was de Prins in Ezelshuid, je droeg Jezus op je rug – zo innig deelde je het leven van de mens. En op hete zomerdagen droeg je een strohoed.

Picotin buigt zich dieper. Zijn ogen zijn precies gesneden edelstenen, door een juwelier gezet in ringen van witte huid.

Drie jaar geleden ben ik voor wat papiergeld de bezitster geworden van een prins, een blaasbalg. Van de God van Gerard Reve.

1980-1983

Vannacht droomde ik over Alexander, hij was nog klein. Hij was zacht gestemd maar nogal monosyllabisch. Alle kinderen van zijn klas, zo bleek, hadden een oorkonde gekregen met hun naam erop, maar de onderwijzers waren Alexander vergeten. Ik bezat nog een zilveren armbandje met een naamplaatje met kleine krullen versierd. We keken naar het armbandje – het naamplaatje was leeg. 'Zal ik daar jouw naam in laten graveren?' vroeg ik. Dan heeft hij toch nog een soort oorkonde, dacht ik. Hij knikte aarzelend, meer om mij een plezier te doen.

Zojuist kwam het gele postautootje onze berg op geklommen om een epistel van Alexander af te leveren. Per expresse. Ook hij beschreef een droom. Dat hij de Tortellaan had opgebeld en op een antwoordapparaat de stemmen van Joma en Grootvader – mijn ouders, al jaren dood – had gehoord. Hij had een belangwekkend gesprek met ze gevoerd, hoewel dat bij een antwoordapparaat onmogelijk is, maar aan zulke futiliteiten stoort een droom zich niet. Opeens, klik, was de band afgelopen. Naar aanleiding van die droom maakte Alexander een schema van de generaties, de verandering van cultuurpatronen en de diverse ideologieën. In een heldere filosofische brief zoals we wel vaker in de zomer van hem krijgen.

Hij is gebiologeerd door de ontwikkeling van de techniek, de opkomst en ondergang van idealen en van religie. Na de teleurstelling van zijn generatie van idealistische krakers, vechters tegen racisme, zoekt hij nu naar een plaats in het geheel. Ik, die dikwijls pessimistisch ben over de komende ontwikkelingen, leer van hem. Soms ben ik een doemdenker omdat ik mijn wereld waarin ik geboren ben, een wereld van individuele vrijheid, vooruitgang en met een nog goeddeels ongeschonden natuur, zie verdwijnen. Vooral waar het de natuur betreft ben ik rancuneus en wanhopig soms, maar Alexanders geest is soepeler, waagt zich aan allerlei alternatieve perspectieven. Hij verwacht spannende ontwikkelingen: een nieuwe religie misschien, of de aarde als Global Village, waarin weliswaar de persoonlijke bewegingsvrijheid ingeperkt en alles aan strikte wetten onderhevig zal zijn, maar waarin men toch op een rechtvaardige wijze niet onplezierig zal kunnen leven. Zijn beschrijving doet me denken aan de wijze waarop de Inca's hun maatschappij hadden ingericht. Niemand leed honger, iedereen had een dak boven zijn hoofd, elke volwassene moest in bepaalde mate werk voor de gemeenschap verrichten. Alles was doelmatig ingericht en aan strenge controle onderworpen. Maar dat was een kleine hanteerbare maatschappij, bestaande uit mensen van min of meer hetzelfde ras. Hoe zou men zo'n model kunnen toepassen op een hele wereld met zoveel verschillende rassen en volkeren, zoveel uiteenlopende belangen?

Relmuis te water

In het voorjaar aangekomen vanuit Holland en bezig de keuken een schoonmaakbeurt te geven, viel er opeens een opgerolde relmuis uit een waterkan in mijn afwasteiltje – blijkbaar had hij de kan als schuilplaats uitgezocht om zijn winterslaap te houden. Ik vreesde dat hij dood was, maar de rel stak zijn besnorde snuitje uit het zeepsop waardoor hij op een besneeuwde miniatuur-Kerstman leek die te water was geraakt. Godzijdank was het water niet heet. Ik riep Erik en samen spoelden wij de zeep van hem af en droogden het slappe lijfje met een theedoek. Ik legde hem in een warme lap gewikkeld in een doos in de hoop dat hij bij zou komen.

Na een uur ging ik kijken. 'Ach, Erik, de relmuis is dood,' riep ik. IJskoud en verstijfd lag het beest in zijn doos, zijn oogjes stonden glazig half open. Terwijl ik hem in mijn hand hield zag ik opeens een pootje een trekkerige beweging maken. Een ingeving flitste door mijn hoofd: misschien is het mechanisme van de hibernatie in werking getreden door het koude water waarmee we hem hebben schoongespoeld.

Ik ging in een stoel bij de kachel zitten en hield de relmuis in de holte van mijn handpalm tegen mijn buik aan. Na een kwartier zag ik een oogje wijder opengaan en een snorhaar trillen. – Blijf nog maar zitten, zei ik, tot je door en door warm bent.

Dat ijskoude vodje van een beest met zijn verzopen vachtje tegen zijn lijf gekleefd veranderde geleidelijk weer in het voormalige gracieuze diertje, de rosse haartjes kwamen overeind, de oogjes begonnen weer te glanzen. Ikzelf was het warme moederlijf, de lente die hem wakker riep uit zijn droomloze winterslaap.

Novemberdagen

Voor het eerst na twaalf dagen ingespannen werken zijn we uit ons hol gekropen om het verblindende herfstlandschap binnen te rijden op weg naar Comps waar onze aartsvaderlijke *châtaigniers* staan. Door de nevels die tegen de bergflanken dwalen, doemt een vormloze zwarte gestalte op als een onheilssignaal, de vorm transformeert zich in een gemutileerde boomstronk waaruit nog enkele twijgen een wanhoopspoging doen te overleven. Overvallen door een beklemmend voorgevoel rijden wij verder, zien overal gedrochten met gekapte armen, andere tot op de stomp geveld.

Dit is wat er rest van onze reuzen met hun diepgroene pruiken en gegroefde schors die hun honderden jaren groei liet zien. Wij tellen elke lege plek langs de weg, bij de gespaarde bomen groeit onze hoop, maar op de plaats gekomen waar we zo vaak hebben gepicknickt in de schaduw van onze vriend, uitkijkend over de lieflijke velden, treffen wij zijn restant aan, zieltogend met zijn laatste uitspruitsels nog reikend naar de zon. Niets blijft hetzelfde, de wereld draait verder en wij blijven achter in onze droom van hoe het was.

Om troost te zoeken gaan wij naar een ander dierbaar oord: de ruïne van de Prieuré, die wij twintig
jaar geleden ontdekten, gelegen in volstrekte eenzaamheid in een plooi van de vallei achter Aleyrac.
Nu heeft zij al een zekere faam gekregen, gezien het
bord met pijl om de richting aan te geven waar zij
zich verborgen houdt.

Eeuwen geleden moeten hier nonnen hebben gewoond, in complete afzondering, tot een of andere
calamiteit – een epidemie, watergebrek of roversben-
den – hen hebben gedood of verjaagd. Omspeeld
door licht staan haar afgebrokkelde muren nog overeind en boven hen uit rijst de klokkentoren omhoog,
leeg, zonder stem waarmee ze vroeger haar getrou-
wen opriep om te komen bidden. Het is stil, afgezien
van het ritselen van het beekje dat in de diepte zijn
prevelement houdt.

Via het roestige hek betreden wij het schamele kerk
hofje dat tot onze verrassing onverhoeds in bloei is
geschoten. Het is *Toussaints* geweest, beseffen wij,
Allerheiligen. Zelfs de gebarsten zerken, waaronder
knekels van vergeten boeren liggen, zijn met bloemen getooid. Ik hoor de bijen zoemen die van bloem
naar bloem dwalen alsof zij met hun gezoem troost-
rijke draden weven van de ene dode naar de andere.
Ik ga op een zerk zitten, ingesponnen door dat gezoem, het gepraat van het water, de stilte.

Winter in 1983

Ik besef dat ik hopeloos romantisch ben. Ik houd van passie, van het exclusieve, het niet inwisselbare. Zeker, ik zal mijn best doen, ik zal acrobatische oefeningen doen om deze nieuwe wereld te begrijpen, om mijn kinderen toe te rusten met de noodzakelijke organen voor deze tijd; ze moeten kieuwen krijgen waar ik geen kieuwen heb, ik zal me inleven, ik zal me kronkelen om mijn geest van een nieuwe slangenhuid te voorzien. Alleen zijn mijn instincten verward, ik weet niet goed waar de gevaren dreigen en waar de kansen tot overleving liggen. Vroeger – in de tijd van onze moeders – waren onze instincten afgestemd op de rustige voortgang van de ontwikkelingen. Nu zijn de omstandigheden zo ingewikkeld geworden dat niemand ze meer kan overzien, laat staan dat onze instincten nog zouden weten wat ze moeten doen. Er is verdeeldheid. De ene groep roept: Voorwaarts met de technologie, voorwaarts naar een toekomst vol mogelijkheden, reizen door de ruimte, genetische manipulatie, laten we kiezen voor de mens die evolueert. De andere groep roept: Rem de dolgedraaide locomotief af, we verstoren het evenwicht in de natuur, maken onze planeet onleefbaar.

Toen ik in de jaren zestig in Amerika woonde, zag ik de flowerpowerkinderen op blote voeten over het asfalt van de steden lopen, ik zag hun haren een weelderige groei beginnen. Het leek of zij doende waren om daar, tussen de betonblokken, van zichzelf planten te maken, planten van jong bloot vlees en haren die in de wind waaiden. Ik zag de Tokio-kids dansen en de bloot-aanbidders, zij die een nieuwe lichaamstaal probeerden uit te vinden, naakt achter hun kantoormachines zitten; ik hoorde het juichen van de Woodstock-jeugd. Nu is er de videoclipgeneratie, de computergeneratie. Hoe moeten die kinderen de razend voortstormende locomotief besturen?

Ezeldans

De bergen – stomend in een Turks bad omdat het eindelijk heeft geregend – drijven als schepen op een nevelzee. De aarde blaast stoom af, haar hete droge huid kan het water niet zo snel opnemen en retourneert het als waterdamp. Waterdampgordijnen hangen over het pad en de maan verzilvert het geestenspel van bomen en struiken die gewichtloos boven de aarde lijken te zweven. Ik ruik de geuren die zijn losgebroken: van hars, lavendel, rozemarijn, van jeneverbes en tijm – alsof die hele berg met duizenden geuren staat te praten.

Ik doe met mijn hond de avondronde, hij voelt het als zijn plicht om in een wijde cirkel rondom het huis zijn merktekens uit te zetten, signalen voor die onzichtbare, niet als hond ruikende wezens die zich overal in het donker ophouden, ten teken dat zij de grens van zijn erf niet mogen overschrijden. Hij is nerveus in dit nachtelijk geurenland, onderneemt aanvallen op verdacht uitziende struikjes alsof al dat onbetrouwbare gezweef in die nevel zijn zelfvertrou-

wen ondermijnt. Toch blaft hij niet, blijkbaar besef-
fend dat geluid iets zou kunnen verstoren, een subtiel evenwicht, alsof al die drijvende bergen en bomen
op ons neer zouden kunnen storten door de vibratie
van een enkele blaf.

Wanneer wij langs het ezelveld komen, blijf ik staan
om in de schaduwpartijen naar mijn droefgeestige
Iejoor te speuren. Ook hij laat zijn gebalk achterwege en komt geluidloos aandraven over een grond die
van wol lijkt. Voor ik het besef staat hij voor ons,
zijn neus een stukje maanlicht, en weg zwenkt hij alweer met die geluidloze draf, snel, steeds sneller. In
ellipsen en achtvormen over het veldje, achter het
eikenhakhout, onder de steeneik door in een goo-
chelachtig verschijnen en verdwijnen in die dikke
maanlichtdampen. Vol ontzag is mijn hond op zijn
zitvlak neergezegen, kijkend naar deze... wat is het:
liefdesdans, regendans? De driften van de zomer, het
verlangen van de maan plotseling losgebroken in dit
nutteloze bijna vergeten beest? Dat zonderlinge wiegelen van zijn kop, met de neus op een haarbreedte
scherend boven de grond, het lenig wenden en de
gooi omhoog van die blikkerende hoeven – mijn ezel
danst. Op de muziek van een voor mijn oren on-
hoorbare Tangerine Dream, een supersonisch zingen van licht. Dat archaïsche beest danst voor mij en
voor Akke. Wat beteken ik voor hem zoals ik daar
voor zijn hek sta? Een substituut voor zijn moeder,
de ezelin in het bos van Malataverne? Waar houdt

een mens op en begint een dier? Ik zie ons voor me als een Chagall-plaatje: Vrouw met ezel in maannacht. Het mankeert er nog maar aan dat we door de kruin van de steeneik zweven. (De hele wereld een Chagall-wereld, ik klap in mijn handen en vlieg op als een kip samen met alle gevederde hanen, alle mensen, de Nixons, de Mao's en de oude madame Augier met haar kakelende lach dwars door de lucht.)

De schaduwen van jeneverbessen en eikenbomen houden elkaar omstrengeld in een mengeling van zwart en wit, zo ver het oog reikt. Picotin steigert. Bleke vormen drijven om hem heen als witte ezelinnen die verlangend de hals strekken. Hij slaat met de voorbenen in de lucht alsof hij los wil komen van de grond om samen met die ezelinnen weg te vliegen.

De steeneik

Ik heb het gras gemaaid met de handzeis. Tolstoj maakte daar altijd zo'n ophef van, van dat maaien, die hield zichzelf daarmee fit tot op hoge leeftijd. De gele postauto is de berg op geklommen en terwijl ik daar nog sta, op de zeis geleund, krijg ik een brief in de hand gedrukt. Niet van de kinderen, maar van Eriks moeder. De bevende letters die een sint-vitus-dans uitvoeren over het papier geven mij een signaal door, een signaal uit het rijk van de schimmen. De oude vrouw is negentig, maar er zit nog geen sterven in.

Mijn ogen schampen de letters, de woorden nemen vanzelf klank aan in mijn hoofd omdat ik ze al honderdmaal heb horen uitspreken. Wat doet die schim hier tussen mijn artisjokken en geurige onthoofde grassen? Ik zie haar zitten in haar kamertje twaalfhoog in de verzorgingsflat – en in al die kamertjes zitten grijze hoofden en die buigen zich naar het doorgeefluikje waardoor het voedsel naar binnen komt – precies als in een legkippenbatterij.

'De spinazie is zoutloos,' prevelt haar stem, 'terwijl ik juist veel zout moet hebben voor mijn bloeddruk; alle bridgeclubs zijn opgehouden, behalve die club waar dat Belgische mens in zit die altijd vals speelt, daar wil ik niet mee spelen. Mevrouw Rozeman is dood, ik zag de kist in de grote zaal staan, iedere dag denk ik eraan hoe ik in die kist zal liggen, ik verlang naar de dood, maar ben er ook bang voor. In Den Helder waar ik als kind woonde, kwamen altijd begrafenisstoeten langs ons huis met paarden met rouwkleden omhangen en oogkleppen voor als blindemannen. Mijn moeder haalde mij altijd weg van de ramen, dan moest ik in de achterkamer spelen, maar ik hoorde toch de hoeven van de blinde paarden en het gekners van de wielen over de keien. Morgen zal ik de dokter laten komen, mijn darmwerking is niet in orde, dat je zo lang moet wachten tot het allemaal voorbij zal zijn, dat hou ik niet uit.'

Ik laat de brief uit mijn vingers vallen, hark het gras bijeen tot een grote berg, ik laat me voorover in die berg zakken, hoor hoe daarbinnen knisterend gepraat aan de gang is van insecten en sprietjes die buigen, breken.

Ik denk: ik wil doodgaan zoals de dieren doodgaan, dicht bij de aarde. En vanuit mijn aromatisch geurend bed til ik mijn hoofd op om de bomen in ogenschouw te nemen, zoekend naar welke de meest geëigende zal zijn om mij onder neer te leggen als mijn uur is geslagen. De oude steeneik, denk ik, met zijn koepel van altijd groen leerachtig blad.

De ooievaars

Ik veeg de dorre bladeren van het terras die daar door de mistral zijn opgehoopt. Het huis is leeg. Alexander is met zijn nieuwe Oegandese vriendin naar Berlijn afgereisd, Celia vaart met haar zeeman over de oceaan, de hond is dood. Op de bovenverdieping houden we de luiken voor de ramen gesloten. Erik en ik hebben met ons beiden maar weinig ruimte nodig.

Opeens zie ik twee ooievaars over het dal zeilen, zonder geluid alsof tussen hen en de aarde elke verbinding verbroken is. Zonder met de vleugels te slaan leggen zij in luttele seconden kilometers af langs een onzichtbare lijn, zo recht als langs een liniaal getrokken: twee meesterzeilers, thermiekbeheersers.

Die hebben het nog weer een keer gehaald, denk ik, de lange gevaarvolle tocht vanuit Afrika – alle listen en lagen, alle vervuiling, giftige dampen, hoogspanningsdraden, geweerkogels, insecticiden ten spijt.

Over de landerijen, over het gebroed van het mensenras heen zeilen die twee lankmoedige luchtreizigers, in een vreemde zelfvergeten superioriteit, de lange halzen rustend op de lucht, de ogen op oneindig, de poten achter hen aan zwevend in het kielzog van het lijf. Kenners van de onnaspeurlijke luchtwegen, begaafd met talenten die voor ons een mysterie blijven. De laatste van een uitstervend ras, in de lente, over het uitspruitend geweld van de groene akkers, het koolzaad dat in volle bloei staat, de botergele wilgen die de loop van de rivier volgen. Lijnentrekkers. Ik voel dat er tranen in mijn ogen springen, maar die zijn van eenzelfde irreële natuur als de vogels zelf. Ik zie ze vervagen achter slierten van wolken, één worden daarmee, onttrokken worden aan mijn oog.

DEEL IV

De wereld verkennen

IK BELEEF DE TIJD

Kenia, augustus 1974
Ik zit op een oude grafsteen in Gedi, met mijn rug
tegen een hoog opgericht fallisch monument geleund, de Fluted Pilar genaamd, een fluit waardoorheen de adem van de dood blaast. Op de graftombe
naast de mijne, die met een grote ovale steen is afge-
dekt, staat nog leesbaar een datum gebeiteld: 1399
A.D. Het oerwoud en de afgebrokkelde, half opge-
slokte ruïnes van de verlaten stad vormen een dicht
ineengeweven maar toch lichtend gobelin om mij
heen, licht omdat zoveel bomen hun bladeren hebben laten vallen om de lange droogte te overbruggen,
wachtend op de regentijd. Sommige lijken al afgestor-
ven, zo papierachtig wit zien ze eruit. In de verte
klinkt de schreeuw van een vogel of een aap, voor de
rest heerst er diepe stilte.

Ik ben alleen. Dit is wat ik wilde: alleen zijn in de vroege ochtend. Ik heb Ali, de moslim, mijn taxichauffeur die mij vanuit Malindi hierheen bracht, weggestuurd, ik heb hem zien weglopen met zijn pezige blote benen onder zijn shorts, met iets nukkigs, aangetast in zijn eer van gids. Misschien is hij nu een uiltje aan het knappen in de schaduw van zijn oude Chrysler, waarin op de achterbank zijn versleten gebedskleedje ligt waarop hij vijf keer per dag de knieën buigt, waar hij zich ook bevindt. Fantastische uitvinding, dat tapijtje, je hebt je eigen geheiligde grond altijd bij je. 'Heb je een vrouw, Ali?' vroeg ik hem toen we hierheen reden. Hij schudde het hoofd. 'Misschien later, een vrouw kost geld. Je mag vier vrouwen hebben, dat is geoorloofd. Maar als je zo rijk bent moet je ook naar Mekka gaan. Dat moet je doen als tegenprestatie. Dat is moslim. Ben je rijk, moet je naar Mekka gaan, moet je de armen te eten geven.'

Hij leerde mij de namen van de bomen: de mangoboom, de popoboom, de kapokboom met dikke grote peulachtige vruchten aan kale takken. Hij plukte een papaja voor mij. En nu heb ik hem weggestuurd. Omdat ik iets wil betrappen, ik weet zelf niet goed wat: de tijd, de stilte, de stem van Afrika? 'Pas op voor de slangen, memsahib,' zei hij nog met een spottend lachje, als om mij op de proef te stellen. 'Zijn er hier veel?' 'Ja, veel, altijd veel in het oerwoud. Pofadders, dat zijn kwaaie slangen, heel traag, heel dik en opeens, paf, slaan ze toe.' Met deze woorden, die een subtiele wraakoefening inhielden, wandelde hij weg, zijn broek ophijsend waarvan de wijde pijpen boven zijn knieën fladderden.

Toch voel ik mij niet op mijn gemak zonder Ali. Maar doorzetten nu, niet jezelf in de kaart laten kijken. Luisteren naar de stilte...

Ik haal een zakmes uit mijn schoudertas en schil daarmee de groene papaja die Ali mij gaf. In het hart zitten glimmende ronde zaden, precies zwarte kaviaar, het vruchtvlees smaakt als flauwe meloen.

Ik hoor mijn hart kloppen in mijn suizende oren, dat hart klopt door, loopt met afgemeten pas door de tijd, ik ben een levende klok. Terwijl alles om mij heen gestold lijkt, de seconden, de uren, alles ingedikt tot trage modder. Alleen ikzelf tel de tijd af: mijn papaja-eettijd, mijn grafsteen-zittijd, mijn Afrika-reistijd, mijn levenstijd, al die partikeltjes tijd passen als Chinese doosjes in elkaar. En daaromheen weer vouwt zich de veel grotere, tragere tijd: de tijd van de bomen, de tijd van de ruïnesteden, de tijd van de civilisatie, van de langzame omwentelingen. De Tijd, in de oudheid al bekend als de Schepper en de Verslinder van alles wat bestaat.

Ik heb het grootste gedeelte van mijn leven achter mij, je kunt min of meer aan mij zien hoe oud ik ben. Bij kinderen is de tijd het meest aanschouwelijk, je ziet de verticale groei, ze komen rechtop, de lucht in. De tijd vormt de huid, het haar dat uit de schedel groeit, bouwt de botten en stuwt ze omhoog. Een kind is de verzichtbaarde tijd.

Bij bomen wordt het al moeilijker, daarbij kun je na een aantal jaren hun leeftijd al niet meer schatten, ze vormen hun geheime jaarringen in hun donkere binnenste. Sommige bomen die hier staan zijn ouder dan de ruïnes; van de baobabs wordt gezegd dat zij duizend tot tweeduizend jaar oud kunnen worden. Links van mij drukt een baobab zijn grijze mammoetpoot in de aarde, zelfs de kale takjes op zijn schors lijken op de schaarse beharing van een olifantshuid. Een legende vertelt dat de Schepper op een goede dag zo vertoornd op de baobab raakte dat hij hem uit de grond rukte en omgekeerd met de kruin weer in de aarde plantte. Zijn takken lijken op gladde kronkelende wortels die vertwijfeld op zoek zijn naar houvast in de ijle lucht. Wat kan zijn misdrijf geweest zijn dat hij zo streng werd gestraft?

Ik gooi de papajaschillen weg en loop langzaam door de ruimtes die ooit vertrekken van huizen en paleizen zijn geweest, onder poorten door die toegang gaven tot moskeeën, nu slechts opgetrokken uit schaduw en zonlicht. De grillige sculpturen van de oerwoudbomen spelen mee om een nieuw concept van de stad te maken. Een vijgenboom die half vergroeid is met de ruïnes vormt een wonderlijke symbiose. Hij is ontkiemd boven op een muur en heeft later zijn wortels naar beneden gezonden, zijn zijtakken vormen nu samen met de afgebrokkelde muren poorten en doorkijkjes van een ongewilde architectuur.

Een verloren stad: Gedi. Eeuwen hebben haar toegedekt, niemand wist meer van haar bestaan. In de twaalfde of begin dertiende eeuw moet zij gesticht zijn door vluchtelingen uit Oman die overal langs de kust nederzettingen maakten zoals ook Lamu en Mombasa. Maar waarom werd ze vier eeuwen later overhaast verlaten, wat bedreigde haar of moordde haar inwoners uit? Een vijandige stam? Of die andere, heimelijk rondzwervende afgezanten van de dood: de malariamug, de tseetseevlieg of nog kleinere onzichtbaarder doodverspreiders? Want de insecten hebben duizenden jaren hun territorium verdedigd, in de warme tropische kustlanden heersten altijd epidemieën die zich als vuur voor de wind verspreidden. Maar deze stenen vertellen niets meer van het komen en gaan van mensen, van hun tragedies; de sporen zijn uitgewist, de dood heeft zich teruggetrokken in de diepste schuilhoeken. Toch hebben handen deze stenen losgehakt uit het prehistorische koraalrif waaruit de kuststrook is opgebouwd, door handen namen ze vorm aan en werden ze samengevoegd tot deze liefelijke bogen, tot muren met kleine ramen als ogen die uitzien op de vergetelheid.

Op de luchtstroom glijdt een blad voorbij, rondgebogen als een kleine droge boot varend op de lucht, schijnbaar doelgericht, maar de aarde zuigt het aan, de kleine dorre boot begint uit koers te raken, te draaien, te kantelen en strandt uiteindelijk op de grond.

Ik ben klein, een atoom in de ruimte, met een mysterie aan iedere elleboog. Waar is mijn Fluted Pilar? Het grijze labyrint strekt zich verder en verder uit. In

Knossos was een labyrint. Een labyrint ging je binnen om jezelf te testen, het was een symbool voor de moeilijke weg die je moest afleggen alvorens je doel te bereiken, je moest een weg zoeken naar een geheim, iets wat inzicht moest verschaffen in het raadsel van je leven. Alleen een ingewijde kon straffeloos een labyrint binnengaan. En wat ligt hier in het hart van dit labyrint?

De Tijd – ik zag een lege klok voor het in onbruik geraakte station in Kansas City. Alleen het frame stond er nog, met de lege klokkenkast en de beide ronde glazen waarachter de wijzerplaten hadden gezeten waarop reizigers een blik hadden kunnen werpen in de laatste minuten vóór hun trein vertrok. Twee kelkachtige lampjes op smeedijzeren steeltjes bogen zich van de top van de klokkenkast voorover om de tijd te verlichten die er niet was. Er was niets dan lucht tussen glas. Het niets ingelijst, de eeuwigheid ingelijst.
– Ik lag op de operatietafel in Griekenland met zo'n antieke chloroformkap over mond en neus, het mes moest in mijn buik omdat een vrucht, een partikeltje leven, per abuis buiten mijn baarmoeder was gaan groeien. Ze zeiden tegen mij: Je moet tellen. Als een kind in de schoolbank begon ik aan die taak: de tijd stuk tellen die mij scheidde van het niets; het was niet zeker of ik uit de narcose wakker zou worden, ik zag cijfers geschreven met krijt op een zwart vlak, ze rimpelden een beetje, werden een tunnel in gezogen.
Tellen bij verstoppertje spelen: ...negen tien, ik

kom. De tijd indelen in kleine vatbare deeltjes, ieder onderdeel met een eigen functie, een doel – de tijd opvullen en dan gevuld achter je laten. Altijd ben je bezig met het moment vol te maken en te fixeren.

Ik zoek mijn Fluted Pilar. Al die aangevreten zuilen rijzen als vingers uit de grond omhoog, vingers van stilte. Ik struikel over een liaan, de zon is weg, de lucht ziet er olijfkleurig uit. Dan vind ik mijn grafsteen terug, ik ga erop zitten, zweet kriebelt onder mijn haar, mijn hart bonst. Ja, ik ben een klok, een gecompliceerde westerse klok, mijn seconden worden afgeteld als voor een hardloper.

Ik voel me teleurgesteld in mezelf, ik wilde hiernaartoe komen om de duur van de dingen, de bijna eeuwigheid gewaar te worden, om even aan het Nirwana te nippen. Maar dat 'even' deugt natuurlijk niet, dat is het onrustige addertje onder mijn schedeldak. Paradoxaal genoeg heb ik tijd nodig om de Tijd te ervaren. Is het levensritme in Afrika anders? Hoe komt het dat een Afrikaan zo rustig voor zijn hut kan zitten, bij zijn vee of op de hoek van de straat, gewoon *kukaa-tuu*: zitten slechts, terwijl het lijkt alsof alles wat hij waarneemt samengeweven wordt met de overpeinzingen van zijn geest? Laat hij zich meeglijden als een strootje op een rivier? Leeft hij parallel met de tijd? Zonder verzet? Terwijl ik steeds bezig ben tegen de stroom in te zwemmen, steeds maar doende fragmentjes tijd te veroveren met de angstige wens het heden te fixeren om het niet te laten wegvloeien naar ouderdom en dood.

Voor de Afrikanen is Zijn misschien belangrijker dan Doen. Zij zijn Zijn-mensen, vertrouwd met het stromende, voorbijgaande. Wij zijn Doe-mensen, altijd in de weer om iets te bereiken, veranderen, regelen, onderzoeken, bewerkstelligen. Wij zijn Moment-mensen.

Onze westerse symbolen voor de tijd: de klok, de zandloper, de zeis van de Maaier, zijn allemaal beëindigers, afsnijders van het leven. Het Oosten daarentegen kende van oudsher de cirkel en de opgerolde slang als symbolen voor de kosmische cycli. De cyclische tijd heeft me altijd aantrekkelijk toegeschenen en me een gevoel van geborgenheid gegeven, alsof ik veilig omsloten werd door een ontzaglijke bol waarbinnen al het levende opnieuw geboren wordt.

Mijn papaja-eettijd is voorbij, en mijn grafsteen-zittijd is bijna voorbij. Ik zou graag een sigaret opsteken, maar dat kan ik niet maken, de bomen zijn strenge toeschouwers.

Opeens valt er een druppel uit de verdikte wolken, iets als een nerveuze föhnwind licht het stof van de grond. Ik blijf nog op die zes eeuwen oude grafzerk zitten en voel hoe de kleren aan mijn lijf gaan plakken. De regen valt harder, warm, een tropische sauna, damp komt uit de grond zoals bij vulkanische geisers. Een lang hinnikend geluid in de lucht, een windstoot. Ik begin te hollen, bubbels springen in de plassen als borrelende lava, boven mij de wild geworden pruiken van groen. Regen recht als gekamd

haar, het bos fabelachtig vreemd opeens alsof duizenden monden spuwen en slurpen, de aarde antwoordt het hemelgeweld. Salvo's van de donder, ik
passeer een kleine akker met een groeisel dat misschien gierst kan wezen. Ten slotte kom ik bij de nederzetting waarvan ik de daken al door het oerwoud
heb zien schemeren toen we op weg gingen naar de
ruïnestad: grote hutten, met grasdaken die bijna tot
op de grond reiken, druipende hoofden van reuzen.
Iemand wenkt mij en ik mag naar binnen gaan in
een van die enorme, naar riet geurende naaimanden
waarin zich allerlei ondefinieerbaar gereedschap bevindt: bolle spoelachtige voorwerpen, kookgerei en
driepotige krukjes, een enorm vierkant bed van bam-
boe en een van palmblad gevlochten matras. Overal
om me heen oplichtende ogen en gebitten die in de
diffuse ruimte schijnen te zweven.

In de opening van de hut zit een oude vrouw met
een ingewikkeld netwerk van rimpels over voorhoofd
en wangen en een strakke mond als van een geprepa-
reerde mummie. Haar hoofd knikt lichtjes op en
neer – een onwillekeurige beweging of een teken van
goedkeuring? Dat maakt geen verschil want haar ge-
moedsrust lijkt oneindig terwijl haar roodachtige
pupillen door de hutopening naar het somber ge-
druip staren en naar de nevels die omhoogstomen.

Het onweer trekt voorbij, de lucht verheldert. De
regen heeft een ander geurgordijn neergehangen,
alsof zon en regen gezamenlijk de grond aan het bewerken zijn. Ik pak de hand van de oude vrouw om

die te schudden. Haar hand is koud, de mijne heet, zij beantwoordt de druk van mijn vingers niet. Ik voel me opeens afgewezen.

Op het moment dat ik afscheid heb genomen om mijn weg te zoeken naar de Chrysler klinkt er geschreeuw achter de hutten. Een aantal jongens staat in een wijde kring, met de lijven iets gedraaid en steunend op één been alsof ze klaarstaan om weg te sprinten. In hun midden ontwaar ik iets wat op een dikke zak met oogjes lijkt, een padachtig dier, half verborgen in het hoge gras, dicht bij een holle boomstam, het lijf is getekend met groene en donkerbruine vlekken als een gecamoufleerde legerwagen. Het beest doet alles om op een stukje beschaduwde grond te lijken. Een van de jongens is gewapend met een lange stok, de anderen rennen weg. Ze pikken hier en daar iets op van de grond, en keren terug met stenen in hun handen. Ik zie de ogen van de dikke zak aangloeien, de kop komt als een telescoop uit het lijf gegleden en de slangenstaart wordt zichtbaar. 'Dat is hem, de pofadder,' zegt Ali.

De adder is kennelijk van zins terug te glijden in haar schuilhoek, een holle boomstam, maar voor ze die bereikt ketst een steen tegen het hout en treft haar tegen de flank. Opeens lijkt ze in omvang te verdubbelen, zo sterk blaast zij zich op, haar kop doet een razendsnelle uitval en haar tanden slaan in de steen die opzij gerold is. Zij twijfelt, ze weet kennelijk niet wie haar aanvaller is en schuift naar de zwarte dansende benen die haar omringen. Zij richt zich op uit haar uitgedijde lijf, met de hals heen en weer zwaaiend, gesis ontsnapt haar als lucht uit een ventiel.

Steeds meer stenen hagelen nu op haar neer, haar lijf begint in convulsies te kronkelen en geel vocht breekt uit haar schubben. Haar kop lijkt half ingedrukt, maar nog steeds, hoewel zwakker, tast de gevorkte tong naar de luchtstromingen, de bewegingen en lichaamswarmte van haar vijanden.

Alsof het lot hem heeft aangewezen voor deze speciale taak maakt de jongen met de stok zich los uit de groep. Het gejoel verstomt nu om plaats te maken voor een geëlektrificeerde stilte. Achter mij hoor ik het bonzen van blote voeten over de lemen grond, waaruit ik opmaak dat er meer toeschouwers komen aanlopen. Het slangenlichaam ligt in een vreemde knak alsof het inwendig is gebroken, maar de ogen lijken op te lichten met een intense gloed alsof de adder beseft dat haar een ultimatum is aangezegd en zij het laatste restje van haar levenskracht moet samentrekken om nog één keer haar kans te berekenen om haar doodsvijand te treffen. De jongen is in het strijdperk getreden – twee schepsels, uitdelers van de dood tegenover elkaar. Opeens spert de slang haar muil wagenwijd open met de glinsterende giftanden ontbloot, maar op hetzelfde moment zwiept de stok neer, precies achter haar kop. Zonderling, zo snel als ze leegloopt, plat en onaanzienlijk wordt, zelfs haar schubben lijken doffer te worden naarmate de onzichtbare vitaliteit haar ontsnapt.

Later stoken ze een vuur, tillen de slang zonder haar aan te raken, over twee takken bengelend omhoog (de staart kronkelt nog even, enkele cellen hebben de boodschap nog niet doorgekregen dat het einde gekomen is) en leggen haar in de vlammen.

De vlammen likken langs het reptielenlijf en even lijkt het of dit tot nieuw leven wordt gewekt, want de adder zwelt weer, krinkelt een beetje als ontwakend uit een slaap. Ze knapt en knalt als kastanjes die gepoft worden.

1980

Het is nu winter en ik blader mijn dagboek uit Alaska door, drie notitieboekjes dichtbeschreven met klein schrift, hier en daar gekleurd door oude water- of koffievlekken: de litanie van de reis, onderbroken door een met rood viltstift geschreven adres van iemand die we onderweg ontmoet hebben, of door getekende kaartjes van wegen die ergens heen leidden, naar een bushalte, een vliegveld of een gehucht door slechts enkele zielen bewoond.

Ik zie onderstreepte trefwoorden, de lijfspreuk van een kluizenaar: *Die, but not yet*, de naam van een berg in de Rocky Mountains die genoemd is naar een verpleegster die in de Eerste Wereldoorlog werd doodgeschoten: Mount Edith Cavell (zou die ooit gedroomd hebben dat zij zo'n gigantische gedenksteen zou krijgen?), namen van planten: *beargrass*, familie van de lelie – een foutieve benaming want beren lusten het niet en evenmin is het gras –, het adres van een jonge onderwijzer die Eskimokinderen lesgaf op Kodiak Island, de naam van een messenmaker op de weg tussen Dawson en Tok.

Herinneringen aan een reis hebben dikwijls iets irreëels, want je ziet je eigen lichamelijke aanwezigheid niet daartussen, je retrospectieve oog speurt nog de beelden af, je hersens hebben de feitelijkheden opgeslagen evenals het besef van ontberingen, van kou, nattigheid of honger – maar voelen doe je die niet meer.

Terwijl ik blader dringt het tot me door dat al die namen en notities levende schepsels vertegenwoordigen die – hoewel aan de andere kant van de aardbol – ook verder zijn opgerukt in de tijd. Over Barrow moet nu de duisternis van de poolnacht liggen, Charlie Quinhagak rijdt uit met zijn hondenslee en Nick Kujus, de jonge Eskimo in Anchorage, trapt zijn snowmobile aan om naar zijn werk te gaan, zijn babyzoon is inmiddels de kunst van het lopen machtig geworden en de Arctische eekhoorns slapen hun winterslaap aan de voet van de berg Denali. Misschien kijkt de oude man in Dawson op ditzelfde ogenblik naar zijn geliefde noorderlicht, of mogelijk ligt hij al in zijn graf dat hij voor zichzelf besteld had op het pionierskerkhof onder de Dome.

Hoe fascinerend zou het wezen, bepeins ik, wanneer ik nu weer dáár zou kunnen zijn om het land en zijn bewoners in hun winterleven te bespieden. Want het frustrerende van reizen is dat de draad afgebroken wordt omdat jijzelf weer uitstapt uit dat zich voortbewegend stuk leven, als uit een trein die met zijn passagiers verdwijnt.

Ik herinner me hoe wij de wegenkaarten uitspreidden om onze route te bepalen, met al die op onze verbeelding werkende plaatsnamen: Hudson's Hope, Pink Mountain, Johnson's Crossing, namen die klonken als een sirenezang. Hoe zou het er daar uitzien? Wat voor mensen woonden daar langs de dunne streepjes van wegen, de kronkels van rivieren of op de richels van bergkammen?

We zouden van Kansas City in Missouri naar de noordpoolcirkel gaan, een afstand van zesduizend kilometer. We stelden vertrouwen in onze tweedehands Plymouth Volare en de bruikbaarheid van de weg. Al wel waren er waarschuwende stemmen opgeklonken toen we van ons voornemen vertelden om via de Alaska Highway te gaan: neem reservebanden en wielen mee, bescherm de benzinetank met een metalen plaat, laat een *bugscreen* tegen muggen en opvliegend gravel voor je bumper monteren, neem een spuitbus tegen insecten mee. Het waren echter de stickers van de AAA met de in rode letters geschreven alarmkreet: SEND HELP, bedoeld om op je auto te plakken in geval van nood, die ons iets deden voorvoelen van de ruigheid en verlatenheid van het gebied dat wij binnen zouden gaan.

Vertrekpunt: Kansas City. Van de hitte gingen we naar de kou. Een hitte die iets claustrofobisch had, die als een laag plafond op je hoofd drukte – zelfs de olifant in de dierentuin moest ieder uur worden natgespoten om te voorkomen dat hij zou bezwijken.

Erik had evenwel moeite zich los te scheuren van het Missouri Repertory Theatre waar hij twee maanden had gewerkt. Met de Plymouth al volgepakt voor de reis wilde hij per se nog langs het gebouw om de acteurs te groeten en even rond te kijken. Een gebouw als een termietennest met airconditioning en een labyrint van gangen en werkruimten, alle kunstmatig verlicht door tl-buizen. 'Wanneer je er binnengaat zie je de hele dag geen daglicht meer,' zeiden de acteurs, 'er zijn hier alleen kunstzonlicht en kunstbomen met kunststofbladeren.'

Nog even keken we de zaal binnen waar het schuin oplopende podium onder werklicht lag in afwachting van het moment dat de schijnwerpers zouden aangloeien en de illusie geboren zou worden. Over enkele uren zou Medea, de kindermoordenares uit de Griekse oudheid, weer gestalte krijgen zoals iedere avond. Wonderlijk bedrijf, die kunstmatige wereld waarin levens en passies worden nagespeeld, illusies opgeroepen, haat en dood worden geacteerd. En van hier, vanuit deze onnatuurlijke wereld, gingen wij op weg om de natuurlijke te zoeken aan het einde van de Alaska Highway.

Toen we bij de Plymouth terugkwamen lag er een ruikertje bloemen op de motorkap – een afscheidsgroet. Die kon van niemand anders zijn dan van Sach'Hyra Kur, een van de actrices die in het koor had meegespeeld. Sach'Hyra liet altijd als een kabouter kleine liefdesgaven achter: een stuk eigengebakken honingkoek of een paar perziken in een mandje op de drempel van je deur.

Sach'Hyra, ook zo'n momentopname van leven die ik terugvind in mijn dagboek. Daarin staat ze opgetekend: witte tulband rond het hoofd, witte jurk van ruwe katoen, witte windsels om haar benen, witte gymschoenen. Zij hoorde bij de sekte Healthy Happy Holy, vandaar die non-achtige kledij. In haar oriëntaals gesneden gezicht stonden de lichte ogen van een noordelijk volk, steppe-ogen onder blonde wimpers – een kind van twee volken in een vreemd land. Haar vader was een Rus die in Perzië werd doodgeschoten, haar moeder kwam uit Jemen. Zij wilde ergens bij horen, vandaar die witte jurk van de orde van de drie H's.

In de toneelwereld, en bij uitstek in de Verenigde Staten waar zoveel vreemdelingen zijn aangespoeld, kom je wonderlijke mensen tegen. Er speelde in het muziekensemble van *Medea* een drummer mee die uit Mexico afkomstig was en Spaans sprak tegen zijn eenjarig zoontje dat hem geregeld op de repetities vergezelde.

Toen dat kind geboren werd had hij een lied voor hem gezongen. Hij was bij de verlossing aanwezig in de *delivery room* van het hospitaal, vertelde hij, en hield de baby in zijn handen met de nageboorte er nog omheen hangend. Hij wreef erover met zijn handen en zong het verjaardagslied van de Mexicanen uit Chiapas: 'Muchas buenitas'. Dat waren de beginwoorden van het lied, want het was zijn verjaardag, zijn eerste dag op de aarde. De verpleegster zei streng: 'Er wordt niet gezongen in de delivery room.' Maar de hoofdzuster kwam tussenbeide: 'Dit is een vader die zingt voor zijn kind,' en ze legde haar vinger op de lippen. 'De woorden betekenen: ik wens mijn kind vele goede jaren,' zei de drummer. 'Mijn zoon kwam heel snel, met zijn hoofd stootte hij zich een weg naar buiten, hij wordt een echte slagwerker.'

Wij bonden het ruikertje van Sach'Hyra aan de antenne van de auto, en nog dagenlang zou het met ons meereizen, ritselend van droogte, steeds stoffiger en meer en meer uiteengerukt door de wind tot alleen het touwtje nog aan de antenne hing.

Bij White Horse slaan we af naar Dawson City. Nog steeds houdt de Plymouth zich kranig, hij heeft een schutkleur aangenomen en lijkt op een olifant die modder over zich heen heeft gespoten, totaal grijs. Maar voorbij White Horse wordt hij roodbruin door het rode stof dat, nu het niet langer door de regens wordt neergeslagen, in wolken met ons meetrekt – ook de bomen opzij van de weg zijn rood gekleurd.

Dit is het dus, het legendarische stof waarvoor men ons heeft gewaarschuwd, dat naar binnen dringt door de kieren van je auto om zich te nestelen in je kleren, je neusgaten, op je stembanden. Je moet door de stofgordijnen heen turen naar speldenknoppen van licht die een tegenligger aankondigen. Vooral lege houttrucks slingeren met halsbrekende vaart door de bochten, hun achterdeel opgeklapt op het voorstuk. De Plymouth heeft zijn muilkorf voor van fijnmazig gaas om koplampen, radiator en luchtfilter te beschermen, maar hoog opspattend gravel slaat kogelgaatjes in de voorruit. Echte kogelgaten zie je hier ook, in de verkeersborden langs de weg die als doelwit worden gebruikt door scherpschutters. Modderklonten aan portieren en onderzijde van de carrosserie vormen ingedroogde karbonkels en stalactieten, de ondoorzichtig geworden achterruit is een surrealistisch schilderij van bewegende stof- en modderformaties. Tenten, slaapzakken, alles in de achterbak van de auto voelt stroef en korrelig van het stof. Hoe noordelijker we komen hoe meer de nacht inkrimpt; we merken opeens dat we zitten te picknicken om halftwaalf 's avonds.

Onenigheden bij het kamperen. Wij blijven amateurs. We komen laat aan bij de schaarse campings en hebben dan nog kapsies ook. Alexander wil zijn tent niet opzetten op grind want dan gaan je haringen eraan, Celia wil niet op stenen of boomwortels liggen. Ma wijst een mooie zachte kuil aan, maar die zal volgens pa vol water lopen, Celia wil het liefst een douche of op z'n minst een wc dichtbij, ma vindt de atmosfeer unheimisch en Alexander wil het liefst in het wild kamperen.

Praten in de tent. Ik kijk naar de kinderen, hun lichamen van adolescenten, zij moeten het straks gaan maken, onze plaats innemen. Zij moeten die ontdekkingsreis beginnen en zich een plek zien te veroveren in de dichte mensenkudde, die plek inschuren, zich zien te handhaven, een rol spelen – zoveel onzekerheden.

Alexander zegt: 'Al die oude politici zouden moeten

oprotten, er zou een wereldrevolutie moeten komen van de jeugd, want jullie hebben er niks van terechtgebracht.'

Hij zegt: 'Ik denk dat er eerst een aantal rampen zal plaatsvinden, dat we door schade en schande wijs moeten worden. Misschien komt er een atoomoorlog en zal er een aantal holbewoners overblijven die zich langzaam weer zullen ontwikkelen.'

Ik zeg: 'Had Einstein maar nooit die vervloekte atoomsplitsing uitgevonden.'

Hij, redelijker, zegt: 'Het gaat erom wat de mensheid ermee doet. Met een houweel kun je de grond bewerken, stenen kapot bikken, maar ook iemands kop inslaan.' Hij houdt zijn hand voor mijn ogen en zegt: 'Hiermee kun je alles, het gaat erom wat je ermee doet.'

Dawson City, eens de fabelstad van het goud, is nu verlaten, slechts bewoond door enkelingen die daar zijn blijven zitten als teken die zich hebben vastgebeten. Misschien omdat er nergens ter wereld een plek voor hen is waar ze zouden kunnen aarden, waar ze niet gekweld zouden worden door heimwee naar de rivier, het krankzinnige wilde licht, rood boven de heuvelruggen, en de hemel zonder grenzen.

We lopen door Dawsons Frontstreet, een straat met meer open plekken dan huizen. De houten kavaljes die nog overeind staan hellen naar alle kanten, voor de rest slijk, grind, bemodderde trucks en bulldozers die wormstekige planken opstapelen opzij van de weg. Dawson lijkt op een kadaver waarin de maden bezig zijn. Toch, als je op de houten trottoirs verder loopt zie je nog een glimp van vergane glorie, een aan weer en wind overgelaten Hollywooddecor. Hier staat het Flora Dora Hotel en de Red Feather Saloon met een scheefhangend bord boven de deur waarop in verbleekte letters: ALL KINDS OF WHISKY, GIN, BRANDY. Ergens anders: GOLD DUST SOLD.

De stad met haar haaks op elkaar staande lege straten ligt erbij als een schaakbord waarop nog enkele pionnen overeind staan van het *Spel om het Geluk en het Goud*. Zo rijk als Croesus kon je worden, zo rijk als het water van de zee diep is, maar gelijk het water van de zee spoelde het goud weer weg.

Dawson City werd niet oud en haar bewoners werden niet oud, veel mannen verdronken in haar ijskoude rivieren, bevroren 's winters bij zestig graden onder nul en het merendeel trok weg met de *paddle wheeler* – de raderstoomboot – naar het zuiden; iedere herfst voor de Klondike dichtvroor was er een uittocht naar wat ze noemden *outside. Inside* bleven alleen de oude mannen met hun husky's.

Maar nooit ging ze helemaal dood, Dawson City; 's zomers druppelde er altijd nog een stroompje toeristen binnen en keerden enkele hotel- en restauranteigenaars terug. Vorig jaar leek het einde nabij, toen in het voorjaar het ijs in de rivier ging kruien en de schotsen zich hoger opstapelden dan de daken van de laatste resterende huizen om vervolgens een vloedgolf te produceren die de krotwoningen aan de kade weg-spoelde. Dat leek Dawsons laatste snik. Maar toen greep de Canadese regering in, want de legendari-sche goudstad mocht niet verloren gaan. Zij zette een vijfentwintigjarenproject op om de wormstekige plan-ken stuk voor stuk weer in elkaar te zetten, maar nu op een fundament van beton, een meter boven de kiezelgrond. Want Dawson was gebouwd op kiezel dat de goudzoekers hadden uitgegraven en als waar-deloos achtergelaten. Mijlenver in de omtrek zie je de littekens in het landschap liggen.

Goud, de illusie. Er waren vele manieren om je doel te bereiken. Je moest de bergpas over trekken om bij Dawson te komen, daarbij kon je je sleden laten trekken door honden, indianen, paarden, geiten en zelfs kamelen – maar dat laatste was een experiment dat spoedig mislukte. En dan eenmaal ter plekke: de grond in met karretjes en honden of naar de rivier-oever met *gold pans* en zeven, 's zomers met je be-nen in het ijskoude water, belaagd door muskieten, 's winters moest je een vuur stoken zodat de beton-harde bevroren grond ontdooide en je er emmer voor emmer modder en grind uit kon halen – alles om dat goud maar te vinden.

Oude mannen zitten te praten met mottige kekke petjes op hun kop en honden aan hun voeten. Dit moeten echte *sourdoughs* zijn. Je wordt een sour-dough wanneer je de rivier in de herfst hebt zien dichtvriezen en in de lente zien stukbreken.

Ze bieden mij een tonnetje aan als zetel.

'Hoe is het hier in de winter?' vraag ik.

'Midden november verdwijnt de zon achter de bergen,' zegt de achtenzeventigjarige James Milmer. 'Als kind ging ik naar school in het schijnsel van de maan en je kwam terug in het pikkedonker. Op koude nachten vlamt het noorderlicht, dat is nooit stil, dat danst en vlamt en hangt soms van de hemel af als een gordijn. Er zijn weken dat de zon niet boven de bergen uit komt maar dan zie je hem weer over de rand gluren, rood en violet. De wind maakt bouwsels van sneeuw met kommen vol schaduw. Vreemd geel licht. Een slapend land in de winter, geen activiteit.'

Ik kijk naar zijn gezicht onder de morsige pet. De echte goudkoorts heeft hij niet meegemaakt, maar hij is een van de laatsten die nog een glimp gezien heeft van die crazy stad vol avonturen, honden en dance hall girls.

'Als het kouder wordt dan min veertig,' zegt hij, 'valt er een dikke deken van mist over de Yukonvallei. Dan kun je de huizen een blok verder niet meer zien. In de winter gaan er meer mensen dood dan in de zomer, veel halfbloeden en indianen en ouden van dagen. De graven moeten in de herfst al gegraven worden, je ziet altijd een aantal open graven, wachtend op nieuwe bewoners, en dan vraag je je af wie van ons daarin zal liggen als de winter voorbij is.

Ik heb mijn graf al besteld,' zegt hij, 'ik wil op het oude pionierskerkhof liggen, schuin achter de Dome.'

Huwelijk met een adelaar

De oude man, de messenmaker, scharrelt rond in zijn werkplaats die half in de berg is gebouwd. De achterwand is van rotssteen waarin een vuurplaats is uitgehold; stof vermengd met ijzerslijpsel bedekt als een grijze deken de aarden vloer. Overal liggen herten- en elandgeweien in dozen en in stapels op de grond, lijkend op dood drijfhout. 'Geen twee zijn gelijk,' zegt hij, 'het is levend materiaal.'

Hiervan worden de heften gemaakt, de lemmets maakt hij van oud metaal. Langs de zwartige glimmende muur hangen zijn hamers, beitels, tangen en zagen – het geheel heeft iets van een middeleeuwse martelkamer. Hijzelf heeft een grauwe baard waarin je ijzerslijpsel ziet glinsteren.

Aangezien Erik en Alexander aspirant-kopers blijken gaat hij ons voor door een volgestouwd gangetje waar sneeuwschoenen en hondentuig aan de wanden hangen, naar een tweede ruimte die kennelijk zijn winkel, eet- en slaapruimte in één is.

Terwijl wij achter hem aan stommelen klinkt er opeens een snerpende kreet – van een hond die op zijn staart getrapt wordt, denk ik, maar ik moet dat denkbeeld onmiddellijk herzien. Want in het licht dat door de stoffige ruiten valt staat, midden op de tafel, een kolossale zwarte vogel. Elektrisch geladen lijkt het, de veren dreigend uitgezet en de kop op de lange hals vervaarlijk heen en weer wiegelend, terwijl de ogen, geel met felle zwarte pupil, naar ons loeren alsof we muizen zijn.

'Dat is haar manier om jullie welkom te heten,' zegt de oude man. 'Zij is de vrouw des huizes.'

Hij praat tegen haar op licht bestraffende toon en zij schudt haar glanzende mantel alsof ze de schouders ophaalt en zegt: Oké, als jij zegt dat het in orde is... Haar veren schuiven in elkaar zodat ze beduidend kleiner wordt.

Op haar geklauwde voeten hupt ze naar hem toe en nibbelt met haar gele snavel aan zijn jasje, waar overal de draden uit hangen vanwege deze kennelijk vaak herhaalde liefkozing.

'Nu zegt ze tegen jullie: Hij is van mij,' zegt de messenmaker. 'Ze is een jaloerse feeks. Mijn vrouw gaf haar vijftien jaar te eten, toch bleef ze haar veren opzetten zodra zij haar de werkplaats zag binnenkomen. Nu heeft ze rust, want mijn vrouw is dood. Wij zijn nu nog maar met z'n tweeën. We gaan samen jagen. Dan vangt ze een konijn of een haas en brengt die naar me toe – dat zijn arenden gewoon te doen: hun prooi delen met hun partner, dan geef ik haar een stuk rauw vlees en stop het konijn in een zak.'

Onderwijl heeft hij een doos met messen tevoorschijn gehaald, in alle maten, sommige fijn als pennenmesjes. 'Om de drie, vier maanden ga ik naar Dawson City of naar Tok om ze te verhandelen. Ik ruil ze tegen koffie, meel of bonen. Voor de rest krijg ik alles van het bos: honing, wilde appels, eendenbout, vis. In de zomer gaan we erop uit, verzamel ik mijn materiaal voor de messen. En 's winters, wanneer de dagen kort en donker zijn, dan snij ik ze.

Nee, ik heb geen elektriciteit, ik werk bij het licht van een petroleumlamp.'

Ik kijk naar de oude messensnijder. Waarheen zouden zijn gedachten gaan, al die honderden eenzame dagen? Converseert hij met zijn gevederde geliefde?

De arend is tegen de muur gaan zitten waar de steen glad is gesleten door het veelvuldig contact met haar veren, ze heeft de nek ingetrokken, haar ogen zijn half door een vliezig lid bedekt, soms opent ze haar snavel even alsof ze praat in haar droom, donsveertjes vibreren in de luchtstroom die door de ruimte circuleert van de deur naar de brandende houtkachel.

'Is ze nooit weggevlogen?' vraag ik. 'Is ze nooit op zoek gegaan naar soortgenoten?'

'Nee, ze wil niets te maken hebben met andere arenden, want ze beschouwt zichzelf als getrouwd met mij. Arenden blijven hun leven lang bij elkaar. Ik ben haar partner... it is an imprint. Ze kan wel zestig jaar worden.'

'Maar wat zou ze doen als u er niet meer was? Zou ze nog in vrijheid kunnen leven?'

'I am going to live a hundred,' zegt hij grijnzend.

Zijn zwarte bruid met de ronde gele ogen, de warmte onder haar borstveren, haar vlucht in de ochtend, omhoogcirkelend in het blauw en altijd terugkerend van haar mysterieuze vluchten, zijn huis terugvindend in de groene deken van het bos – zo ongelijk gepaard, zijn vogelvrouw. Zij moet menen een kreupele partner te hebben gehuwd, log en ongevleugeld, maar de band die haar met hem verbindt – tegen elke redelijkheid, elk instinct in – is sterker. Zonderlinge vergissing van de natuur. Hij heeft mijn blik gevolgd, laat ook de zijne op die roerloze gestalte rusten.

Hij zegt: 'Ze hebben mij gevraagd haar naar Montana te sturen. Er is daar een researchcentrum – ze kunnen haar daar kunstmatig insemineren zodat ze jongen kan krijgen.'

'Voor dierentuinen?' vraag ik.

'Nee, die jongen willen ze terugbrengen in de natuur. Aan de hand daarvan doen ze allerlei onderzoeken, naar hun gedrag, ook waarom hun aantal achteruitgaat.'

Ik denk: als hij niet meer met haar op jacht kan gaan, als hij voelt dat zijn einde nadert, dan zal hij haar misschien naar Montana sturen. Maar niet eerder.

Hij zegt: 'It gets lonely out here, living alone... 's Winters hoor je alleen de wind of het huilen van de wolven. Maar er zijn niet veel wolven meer, in de jaren dat ik hier woon is het bos steeds stiller geworden. Ik hou niet van die stilte, die heeft iets onnatuurlijks. En ook zij, zij heeft moeite haar kostje bij elkaar te zoeken, soms blijft ze een hele dag weg en valt dan nog hongerig aan op een stuk vlees dat ik haar toegooi.'

Erik en Alexander hebben hun messen uitgezocht en leggen het geld op tafel, dat hij met geen blik verwaardigt. Wanneer hij ons naar de deur brengt strijkt met een vliegsprong de arend op zijn schouder neer,

die met dik leer bedekt is en vol gaten zit waar haar
poten zich vastklauwen.

Ze doen ons uitgeleide. Terwijl we wegrijden zien
we hen kleiner worden: een tweekoppig wezen aan de
rand van het bos.

Fairbanks

Hier in Fairbanks aan de oever van de Chena loopt
de Alaska Highway dood. Hij geeft zich gewonnen en
legt zich neer bij een stenen mijlpaal – je hebt 2283
kilometer afgelegd vanaf zijn beginpunt in British
Columbia. Van hieraf strekken nog slechts toendra's
en eeuwig met sneeuw bedekte bergketens zich uit
tot aan de Poolzee.

Een onderdak voor de nacht: een golfplaten loods
vol piloten, prostituees en berenkoppen. We zijn zo
moe dat we het voor lief nemen, die loods vol rumoer, vol scherven van leven, afgedankte rommel,
een aftandse ventilator die een hels kabaal maakt,
kerels gekleed in samenraapsels van dierenvacht, geruite shirts en scheefgelopen laarzen – alles getui-
gend van heftig fysiek leven. Een man met een houten been stampt door de smalle corridor om op
deuren te bonzen met het onduidelijke doel mensen
uit hun slaap te wekken of juist tot stilte te manen.
Ook gebons op onze deur, een hese vrouwenstem
roept: 'Curly, you there?'

'No Curly here!' roepen wij terug en we horen haar
een deur verder gaan, bons, bons, Curly, you there?

Geronk van vliegtuigen over het golfplaten dak, we zitten dicht bij het vliegveld. Gedurende alle uren van de nacht zitten er in het kantoortje vliegeniers te drinken en te grommen. Geur van koffie. Ik vang flarden van pilotenverhalen op: The prop would not respond – I could not climb out of the canyon – far from anywhere. *Far from anywhere*, dat is het leitmotiv. Kerels altijd in de lucht, lijnen trekkend van speldenknop naar speldenknop, 's winters ski's onder de toestellen, altijd een gokspel met het leven. Je kunt voor een grijpstuiver een vliegtuig opkopen dat ergens in de wildernis is gestrand; wanneer je een handige jongen bent en je krijgt het weer de lucht in heb je een mooie duit verdiend.

In het waslokaal staan twee antieke wasmachines die als je ze een quarter en een dime toestopt bonkend en waggelend aan het werk gaan. Wij voederen ze onze highway-kleren om er de ergste modder uit te laten spoelen. De wc bestaat uit een rij plees naast elkaar zodat je conversaties kunt voeren met je buurman zoals dat gewoon was ten tijde van de Zonnekoning. Ik houd een jas omhoog om Celia aan indiscrete blikken te onttrekken.

Alex van Bibber en Houten Been zitten te kaarten wanneer we in de ochtend het kantoortje binnenkomen om de rekening te betalen voor het niet-slapen. Ik verdenk die twee ervan dat ze net zomin als wij uit de kleren zijn geweest (wij hielden die aan als bescherming tegen de vieze dekens en eventuele luizen). Het

raamloze kantoortje lijkt op een kombuis, alleen verlicht door een naakt elektrisch peertje, ik struikel bijna over het houten been dat onder de tafel uitsteekt.
Er staat koffie te pruttelen. Daar kun je tegen betaling
van vijftien dollarcent een bekertje van tappen, we
drinken het om onze levenskracht op te peppen, onze
bleke slaapgezichten te doorbloeden. Alex van Bibber
zit in een fauteuil van kaalgesleten rood leer, de leu-
ningen zwart van zijn handen, hijzelf een massa uitge-
dijd vlees met dubbele onderkin en een buik die over
zijn broekriem hangt. Een spreuk boven zijn hoofd
maakt duidelijk met wie we van doen hebben:

> *The boss is always right.*
> *If you think he is wrong,*
> *Just look at the first line.*

Zijn gestalte wordt geflankeerd door twee coryfeeën:
links boven hem een buffalokop en rechts de kop van
een zwarte beer, beide gemonteerd op een rond houten bordje. De beer draagt een vuurrode carnavals-
muts met een elastiekje onder zijn kin vastgemaakt,
de buffalo houdt boven zijn patriarchale baard een
pijp tussen de lippen. – Of hij weet hoe we goedkoop
naar Barrow aan de Poolzee kunnen vliegen, vraagt
Erik hem. We hebben de indruk dat die vliegtuigjes
als taxi's dienstdoen. *We will fly anywhere there is
air*, is hier de slogan.

  'Er is niks in Barrow,' bromt Alex van Bibber, 'alleen olie en kale huizen. Vijftig procent van de Eski-

movrouwen is geslachtsziek, maar ik pikte er een uit die oké was. Maar als je wilt vissen, dan kan je daar terecht. Voor de rest is er niks te beleven.'

Hij pakt de pijp uit de bek van de buffalo en begint die te stoppen. Hoe lang hij hier al in Fairbanks woont, vraag ik hem.

'Ik kwam hier dertig jaar geleden,' zegt hij, 'toen stonden er misschien twintig huizen. Er was ruimte, vrijheid voor iedereen. Maar de stad groeide naar mij toe. Het wordt me hier nu te vol.'

'Waar zou u heen willen?'

'Naar Nieuw-Zeeland of Australië.'

'Is dat gemakkelijk?'

'Ja hoor, ik ga zwemmen.' De lepe oogjes in die enorme bulk vlees glimmen spottend.

'Hij drijft op zijn vet,' zegt Houten Been.

Barrow aan de Poolzee

'Er is niks in Barrow,' had Alex van Bibber gezegd.

Dat 'niks' geeft me een shock. Een melkige bleekgroene zee waarin de ijsbergen zich achter de einder hebben teruggetrokken, vlak water zonder branding, die hele zee: één grote tamme kom water met een zon die daarboven heen en weer gaat als een weversspoel, vierentachtig dagen lang zonder ooit onder te gaan. Maar bovenal de bleekheid van alles, de gammele optrekjes van verveloze planken, de vale kust vol stenen en drijfhout en de platte eindeloosheid beklemmen mij het meest.

Eskimo betekent rauwvleeseter, een naam die naburige indianenstammen hun gaven en die later door ontdekkingsreizigers is overgenomen. Zijzelf noemen zich de Inuit, de Mensen. Ze kenden alleen zichzelf en wisten niet dat achter de horizon andere volkeren leefden. Nu weten ze wat blanken zijn. 'Die zijn groot,' zeggen ze, 'ze hebben een grote neus, je moet grote bedden voor ze maken,' en lachen daarbij. Zij daarentegen werden door de natuur klein en compact gehouden. De korte benen moesten gemakkelijk opgevouwen kunnen worden in de kajaks, de lijven soepel opgeborgen in de iglo's.

Oude mannen met pikzwarte zonnebrillen zitten als uilen naast elkaar op een rotsige richel, kijkend naar zee. Altijd kijken de mannen naar zee om te zien of er iets beweegt, een prooi, een boot, een ijsveld. Eeuwen hebben ze zo gekeken van de daken van hun huizen, van ijsbergen, van alles wat hen optilde om van hoog af te turen naar de geheimzinnige bewegingen, de stromingen van water en zeedieren. De oude mannen lachen met tandeloze monden, behaaglijk zittend in hun geslonken lijven in de lage zomerzon. Ze wijzen elkaar iets aan, leveren commentaar.

Op deze kuststrook liggen nog *umiaks*, boten gemaakt van walrus- of zeehondenhuid. Het is nog niet zo lang geleden dat in zulke boten hele Eskimofamilies voor een maand wegtrokken om te vissen, de vrouwen gingen mee om de gevangen dieren te villen en de huiden te prepareren. Nu hoor je het tjoektjoek van gemotoriseerde boten.

'Wat wordt er in de zomer gevangen?' vraag ik aan een visser die bezig is zijn buitenboordmotor te repareren. Hij heet Charlie Quinhagak. Ik vraag hoe je zijn naam spelt en schrijf die op in mijn notitieboekje.

Hij lacht: 'Blanken zijn nieuwsgierig als robben, ze willen alles weten. Wat er gevangen wordt? De zomer is de mooie tijd: zalmen en eenden en zeehonden. Walrussen ook, die komen in juli en augustus hier langs de kust, nee, ze zwemmen niet, laten zich meedrijven op ijsschotsen, ze zijn lui.'

'Wordt er meer gevangen dan vroeger nu er gemotoriseerde boten zijn?'

'It's kind of easy,' zegt hij. 'Als we op walvis af gaan hebben we draagbare radio's aan boord. We hebben nu automatische harpoenen en geweren. Vroeger gingen er meer jagers dood. Mijn vader was veertig toen hij verdronk...'

'Zal het vak uitsterven?'

Hij haalt zijn schouders op, zijn ogen glijden van ons weg naar zee. 'Er zullen altijd wel jagers blijven, maar niet veel. Kijk, vroeger begon je al te leren als je vijf was, je moest de slee opladen, de honden eten geven. Daar was je verantwoordelijk voor. Als de kinderen van nu van school komen hebben ze niets geleerd, meestal hebben ze geen zin meer om het beroep te leren, ze nemen een job in de stad bij de Health Service, bij het onderwijs of de Oil Company. Ze willen meer verdienen, hebben geen liefde voor het vak.'

Maar hij spreekt toch Engels, is hij niet naar school geweest? vraagt Erik.

'Ik heb Engels geleerd van mijn kinderen,' zegt hij, 'ik heb ook als gids gewerkt.'

'Wat is het grootste verschil met het leven van vroeger?'

'We had absolutely nothing,' zegt hij, 'je stond er niet bij stil dat je arm was, we wisten niet beter. We hoorden pas dat we arm waren toen de blanken hier kwamen. We maakten gebruik van alles wat de natuur ons bood, verspilden niks. Het werd als een schande beschouwd wanneer je het karkas van een walrus op het ijs liet liggen en alleen de slagtanden meenam, zoals ze nu vaak doen.'

Charlie Quinhagak nodigt ons uit om in zijn boot plaats te nemen. We ruiken de vissige lucht van de schoongeboende planken. De zwarte brillen van de oude mannen houden ons constant in het vizier. Een roedel witte donzige huskypups stuift over het strand als een jacht sneeuwvlokken, opgewonden gillend en in elkaars staarten happend.

Charlie Quinhagak haalt een leren zak met pruimtabak uit zijn spijkerbroek en biedt Alexander en Erik daar iets van aan, die beleefdheidshalve een plukje tussen hun vingertoppen nemen en daarop gaan zitten kieskauwen. 'We kennen het niet,' zegt Erik verontschuldigend.

'You smoke cigarets eh...? Die zijn waardeloos op zee, worden nat of de wind blaast ze uit. Things were different in the old times. Wij kenden geen sigaretten of koffie of suiker. De kinderen kregen de ogen van vissen, dat was hun snoepgoed. We gebruikten alles, lieten niks verloren gaan. Er was een man in Prudhoe Bay, die maakte laarzen en regenkleren van zeehondendarmen, die man was een vakman. Nu hebben we rubberlaarzen, je kunt alles krijgen in de winkel: plastic regenkleding, hengels, je hoeft niks meer zelf te maken.'

'Was er dikwijls schaarste, hongersnood?'

'Tegen het eind van de winter, dan had je soms niet te eten omdat je moest wachten tot het water open zou zijn, eind april. De huiden van watervogels waar we kleren van hadden, daar plukten we de veren uit. We kauwden op de huiden om onze maag te sussen. Maar we namen de dingen zoals ze kwamen, honger en kou, die waren onderdeel van het leven. Je wist niet dat het anders kon zijn...'

Ik vraag hem of er nog iets bestaat van het oude geloof, van de oude rituelen.

'We are civilized now,' antwoordt hij met een ondoorgrondelijk lachje. 'Way out there...' zijn versleten hand wuift naar de verte, 'in geïsoleerde dorpen, daar zitten nog oude mannen die de tradities in ere houden. Maar het sterft uit. Toen ik jong was had je hier nog jagers die een lied zongen voor het prooidier om hem vergiffenis te vragen. Toen waren er ook al niet veel meer die dat deden.'

'Waarom zongen ze dat lied?'

'Omdat ze hoopten dat het dier niet boos zou zijn en wraak zou nemen. Zijn ziel ging terug naar Sedna, de godin van de zee, om herboren te worden. Er woonde een oude vrouw niet ver van De Punt vandaan, en wanneer haar man met een zeehond of meerval thuiskwam, bracht die oude vrouw water naar de afgesneden kop. "Thank you for coming," zei ze tegen de kop en ze besprenkelde die met water, "you must be thirsty." Dat moest allemaal correct gedaan worden want dan was de dierenziel tevreden. Dan zou het dier later in een nieuw lichaam terugkeren om zich opnieuw te laten doden. Ik heb haar dat zien doen toen ik een jongen was. Mijn vader zei dat iedereen dat vroeger deed, dat het gebruikelijk was.'

'Is het leven beter geworden?'

'We hebben een hele hoop dingen waar we vroeger het bestaan niet van kenden.' Hij lacht opeens schaterend: 'Tandpasta! Ik heb in mijn hele leven nooit tandpasta gebruikt, we picked our teeth with a piece of bone... En whisky, en radio's. Maar Barrow wordt te groot, je kent niet meer iedereen, er komen te veel vreemdelingen die werken bij de Oil Company, ingenieurs en zo. Vroeger was het gezelliger, vooral in de winter, dan hielden we *potlatches*. Nu zitten we bij de tv.'

'Wat waren potlatches?'

'Dorpsfeesten. Dan werden de inwoners van alle dorpen in de omtrek uitgenodigd en die kwamen hiernaartoe met hondensleeën, je zag ze in lange rijen over de sneeuwvelden aankomen onder de sterren van de poolnacht, en de honden blaften dat horen en zien je verging. Soms hadden we wel zeshonderd honden te gast van veertig verschillende teams... En dan gingen we zingen en dansen in het gemeenschapshuis. We hielden wedstrijden. I was a good singer in my time...

Er wordt ook nu nog gezongen en gedanst in Barrow,' zegt hij en hij geeft ons de raad om vanavond te gaan kijken. 'Er zijn overal activiteiten in de stad. Maar het is niet meer hetzelfde, ze dansen nu voor toeristen en de meeste jongeren kennen de oude dansen niet meer.'

De hele nacht blijft die stad aan de Poolzee wakker, kinderen slapen niet op vastgestelde tijden maar alleen als ze omtollen van vermoeidheid – het is een ander ritme, besef ik, als van dieren die 's winters een winterslaap houden en 's zomers optimaal actief blijven.

In een houten barak hoor ik een zangerige, slepende stem die me van een oude vrouw toeschijnt. Er wordt steeds gelachen maar anders dan ik ooit hoorde, lijkend op geritsel van schelpen als er een golf overheen spoelt, hoog van toonaard maar niet schril, alsof het door dat mollige Eskimovlees wordt getemperd.

Ze zitten op banken of op de grond, de korte benen soepel onder zich gevouwen. In het midden staat een bejaarde man met oren zo groot als halve borden en een diep litteken over zijn neus. Hij beeldt mimisch iets uit, hij roeit met grote gebaren alsof hij het water doorklieft. Enkele meters van hem verwijderd staat een toerist te filmen. 'We hooked him,' zegt de oude man en wijst op zijn wangen. Hij mimet het sterven van de vis, buik omhoog, doodgaan op de rug. Kijkt naar de cameraman, zegt: 'Well, now I am in the movies.'

Iemand slaat op een drum gemaakt van rondgebogen drijfhout. Oude vrouwen zitten op een bank tegenover mij, ze missen tanden maar zijn wel voorzien van brillen en ritssluitingen. Opeens staat een van die Eskimovrouwen op haar dikke sloffen midden op de vloer, haar stem spreekt onverwacht snel met een oplopende toonhoogte naar het einde van de zin. Een oud geworden kind in een lange soepjurk, met ponyhaar tot aan haar ogen die daaronder glinsteren als water in een diepe put. 'I think I dance,' zegt ze. De lijven op de banken beginnen te wiegelen en uit de kelen klinkt een murmelend en toch melodieus gezang, de voeten bonzen op het ritme van de drum.

De oude vrouw danst traag, met handgebaren als van een Balinese – opeens zie je de verwantschap met Aziaten, ze hebben diezelfde soepele gewrichten, zelfs deze oudevrouwenklauwtjes wentelen elastisch rond de polsen. Dat kussenachtige lichaam met voeten in lompe pantoffels schuifelend op de grond, dat lichaam wordt vermooid door een concentratie van binnenuit. De versleten stem die zingt, de bewegingen die in elkaar overvloeien vormen een soort hypnotiserend ritueel.

Een jonge man springt op de vloer en zij opent haar ogen even om de zijne te begroeten. 'Sing me this same dance...' zegt zij.

De filmcamera die deze twee gestalten opzuigt snort ijverig. Op welk projectiedoek in Seattle of Washington of ergens in Europa zullen deze twee nog jaren later dansen?

Hij danst hoekiger, met strijdbare en abrupte gebaren, zijn handen staan loodrecht op de onderarmen. Hij doet me aan een kabukidanser denken. Zij komen nauwelijks van hun plaats, niet alleen door plaatsgebrek, want ze dansen op een stukje vloer van twee bij twee meter, maar ze hebben niet meer nodig, gewend als ze zijn aan kleine ruimten.

De oude vrouw zegt: 'You dance the second verse alone. I have become an old lady,' en gaat tussen de anderen zitten.

Ik zie een glimp van een verdwijnende wereld. Ik zie die oude vrouw nog dansen zoals niemand ooit meer zal dansen: een lichaamstaal, een schepping, niet vastgelegd of neergeschreven, maar ontsprongen in de tijd en even onachterhaalbaar vervluchtend met die tijd. Dit gezicht dat nog geboetseerd werd door de poolwind, de middernachtzon, de traanlamp in de iglo, dit gezicht waarin de elementen hun sporen hebben achtergelaten, dat verdwijnt.

De toendra

Ik staar over de toendra waarin kettingen van kleine meren en poeltjes liggen, soms omzoomd door een donzig wit gewas: *baby's breath*. Geen zucht wind, nul decibel. Het komt me voor of we ons buiten de tijd bevinden, dit landschap moet er vrijwel eender hebben uitgezien zo'n tweeduizend jaar geleden.

De poeltjes liggen op verschillend niveau in het landschap, hun bodem is gemaakt van glazig ijs door de eeuwige permafrost. Sommige zijn volmaakt rond, als stille magische spiegels waarin niemand zich ooit gespiegeld heeft. Je ziet de gelaagdheden in het landschap, strook achter strook, steeds meer vervagend in nevels. Langs de rivierarmen rijgen zich de spitse toppen van armzalige sparretjes aaneen alsof daar behekste dwergen staan, gedoemd niet te groeien en niet te sterven.

Wij praten niet meer, een haast ontstellend gevoel van leegte, van ruimte overvalt ons, verlamt onze tongen, het is alsof we hier lopen als geesten en onze lichamen ergens hebben achtergelaten in de steden waarin wij vroeger woonden. Ons pad loopt verloren – wie of wat het ook gemaakt heeft, is hier niet verder gegaan. We kijken terug, als om steun, geruststelling te vinden, naar het hooggelegen plateau waar ons kamp moet liggen.

's Nachts is het ellendig koud, de tenten zijn beijzeld. Alexander is warmbloedig, die slaapt even warm in zijn twintigjarig dungesleten slaapzakje als Erik in zijn nieuwe donzen Noordkaap. Het bloed van de jeugd stroomt heftig. Ik trek eenvoudig alles over elkaar aan en leg alle handdoeken en truien die we bij ons hebben over me heen. De schuimrubber lapjes die zich bevinden tussen ons en de tien centimeter dieper gelegen bevroren grond isoleren wel enigszins, maar zijn onaangenaam hard. Erik zegt: 'Wanneer je in je doodkist ligt, lig je ook hard, je kunt beter alvast wennen, want dan heb je toch niets meer in te brengen.'

Omdat we niet kunnen slapen vertellen we elkaar onze dromen. Raar zoals we in de tent liggen en lachen en praten en een eigen wereldje opbouwen tussen een paar katoenen lapjes terwijl daarbuiten de stilte van eeuwen heerst. Tegenover onze tent: Denali, de met ijs bemantelde reus met rondom zijn voet de vossen, de wolven, de beren, en wij ook, wij zijn hier ook – één met hen. Ik hoor de wind aankomen, voel hem even het tentzeil aanraken op zijn doortocht naar andere hellingen, andere valleien – wij zijn vlooien op de huid van de aarde.

Het is vier uur in de ochtend en ik kruip de tent uit. In de vroegte is de berg het duidelijkst zichtbaar, want overdag hult hij zich in nevels.

Dit is mijn confrontatie met Denali, de Geweldige. Aan zijn zijde staat een kleinere berg die door de indianen Denali's vrouw wordt genoemd, en aan weerszijden van die twee doemen de toppen van de Alaska Range op, wit in de violetblauwe ochtendhemel. Ze kijken als gigantische toeschouwers over de schotel van de toendra naar ons, mensen. Zo moet de Himalaya eruitzien, zo ongewoon van proporties en eenzaamheid. Maar Denali, zoveel noordelijker gelegen, is de koudste, meest onbarmhartige berg ter wereld.

Ik zit daar en het licht verandert, Denali's top wordt gekroond met zalmkleurig gouden licht dat geleidelijk langs zijn flanken naar beneden afvloeit en lagere regionen aanraakt tot aan zijn rotsige basis van donkerpaars. De zon komt op. Voor wie is die wilde onaanraakbare schoonheid, deze schittering? Voor wie wordt die uitgestort? Hoe komt het dat er schoonheid bestaat die nauwelijks ooit aan mensenogen wordt geopenbaard? Waartoe dient die? Is het niets dan een toevallig spel van licht en vormen en is het enkel onze geest die dat vertaalt in termen van schoonheid? Ervaren dieren ook schoonheid? Is die hun aangenaam?

Een zwarte vogel is naast mij neergestreken in de top van een sparretje. – Ben jij een raaf? Ik kijk in zijn diamanten oog. Een raaf, een welhaast uitgestorven verschijning, een vogel die wegens zijn zwartheid en onwelluidend stemgeluid werd gezien als aankondiger van de dood en daarom op het platteland op de staldeuren werd gekruisigd in de hoop dat de Maaier met de Zeis zich daardoor zou laten afschrikken.

Hij zit op dat spichtige boompje als op een totempaal en ik hoor hem gedempte gutturale geluiden maken alsof hij iets murmelt in zichzelf. Ik praat terug en hij houdt aandachtig zijn kop scheef, schudt zijn blauwzwarte veren. Jij, fabelraaf. In dit deel van de wereld werd je tenminste naar waarde geschat, werd je vereerd als de schepper van de wereld, de schenker van water. De raaf uit de legende morste water uit zijn mand op de aarde en het lijkt of dat

water hier nog precies zo ligt sinds onheugelijke tijden.

Even lijkt het of ik daar deel van uitmaak, van die
onheugelijke tijden, of ik als een levend atoompje
daar word ingepast. Maar ik weet het: ik zal hier
nooit meer zitten, nooit meer op deze wijze de buiging van de aardkorst ervaren, de duur van de dingen, de bijna-eeuwigheid. Misschien is dit het waarom ik hierheen heb willen gaan, om één keer in
mijn leven de aarde te zien alsof het de eerste schep-
pingsdag is.

Sumoworstelen, *1983*

Terwijl ik door een stroom medereizigers word voort-
gestuwd naar de uitgang van de ondergrondse zie
ik, boven de mierenmassa van het publiek, een gigantische stripfiguur omhoog torenen. Een ogenblik later duiken een tweede en een derde van deze
buiten proportie uitgedijde figuren op. Dit zijn de
elitevlees-jongens, de sumoworstelaars op weg naar
het halfjaarlijkse toernooi in het Kokugikan Stadion.
Moeizaam wankelen ze voort op hun houten sandalen, gekleed in hun traditionele kimono's, in de
richting van de wapperende vlaggen van het stadion.
Ieder van hen wordt omringd door verzorgvolk, want
elke vleesmassa vertegenwoordigt niet alleen een
geldwaarde, maar heeft ook de functie van totem, van
religieus aanbedene.

Overal gonst het van leven. Steeds meer stoetjes
vormen zich in het kielzog van de stripfiguren die
door de ingangen binnenkomen, kleine jongens jagen op handtekeningen, de sumo's worden als pop-
sterren belaagd, want zoals altijd zuigt het uitzonderlijke onweerstaanbaar aan.

In de wandelgangen die rond het amfitheater lopen, paraderen de bezoekers, naar elkaar buigend als
parkieten. Hun geluiden lijken uit een volière met
uitheems vogelvolk te komen. In de zaal, die nog half-

leeg en onbezield is, ligt de sacrale cirkel waarbinnen het treffen van de mastodonten moet plaatsvinden, klein en oplichtend in de immense ruimte, en daarboven is het dakje van een Shintotempel opgehangen, want dit hele gebeuren heeft zijn wortels in oude religieuze riten. Een priesterlijke man schildert witte Japanse karakters in het zand van de piste.

In een toevoersluis, lijkend op die voor de leeuwen in het circus, staan de aspiranten op hun beurt in de voorrondes te wachten. Ze dragen schortjes van dunne staafjes die van hun middel tot even boven de knie reiken. Ik hang over de leuning van de trap die langs het amfitheater omhoogloopt: onder mij is een gewiegel van vlees aan de gang, worstelaars verplaatsen hun gewicht van het ene been op het andere, blote bleke babylijven van Gargantua's, zo uit de wieg, golvend naakt vlees met hier of daar een pols, teen of enkel omzwachteld en boven op die vleesmassa's balanceren de gedegenereerd aandoende hoofden met de sumo-haarknot op het achterhoofd. Want hun haar mag nooit worden afgesneden tot het moment gekomen zal zijn dat zij zich uit de vechtsport moeten terugtrekken. Dan wordt het, net als het haar van de stierenvechter, ceremonieel afgeknipt. De schijnwerpers gloeien aan, er klinkt een ouverture van muziek. Is dit sport of is het theater? Hoezeer verstrengeld liggen deze twee hier? Het ceremonieel lijkt op dat van het Noh-theater: het zingen van de aankondiging, het galmend oproepen van de twee opponenten om in de ring te verschijnen. De grensrechters, aan vier kanten van het podium gezeten, zijn in het zwart gekleed met een wit en zwart gestreept onderkleed. Daarboven wuift zachtjes, vanuit de nok van de zaal, de Japanse vlag met de vuurrode cirkel van het land van de Rijzende Zon.

In de aanvoersluis kletsen de jonge worstelaars zich op de blote buiken, op de borstspieren en wangen. Hun dijen zijn zo dik dat ze wijdbeens moeten lopen op hun in verhouding gedeformeerde klompvoetjes die hun gewicht amper kunnen torsen. Het ziet eruit alsof ze daartussen een struisvogelei moeten vastklemmen. Hun billen lijken versierde paaseieren door de strik van de *mawashi*, de brede zijden ceintuur waaraan zij elkaar in de ring kunnen vastgrijpen.

Wat gebeurt er met de hersenen? Van deze gladiatoren, slaven van het publiek, in afzondering levend? Van deze spierdienaars, gewichtsontwikkelaars, gefokt als dikbilvee? Brengt misvorming van het lichaam ook misvorming van de hersenen met zich mee? Hun ogen zitten haast helemaal dicht alsof ze in het donker zijn opgekweekt als kistkalveren; de lippen staan meestal iets open, want lucht moet kunnen ontsnappen uit die ballonnen.

Waar komen ze vandaan, deze buiten proportie uitgegroeide elitevlees-jongens? Hun opleiding krijgen ze in geheime kloosters, kazerne-achtige bouwsels die 'stallen' genoemd worden. Ontzagwekkende hoeveelheden vetmakend voedsel nemen zij tot zich. De afzondering waarin ze leven en hun verschijningsvorm

doen aan honingmieren denken, die door hun soortgenoten in de ondergrondse duisternis van het nest
aan de zoldering worden gehangen en zo overdadig
gevoederd dat hun achterlijf opzwelt tot een voor-
raadvat vol honing. Eeuwig tot onbeweeglijkheid gedoemd worden zij van tijd tot tijd gemolken.

Ik word gesommeerd om mijn zitplaats op de tribune in te nemen: zo dadelijk zullen de coryfeeën
aantreden. Met autoritair gebaar wuift een ex-sumo
met afgesneden haarknot mij weg van mijn staan-
plaats bij de trap. Sumo's zijn monosyllabisch, het is
alsof ze het praten verleerd zijn, autistisch zijn geworden. Ook emotioneel lijken ze gehandicapt; geen
blijdschap, trots, woede, verstandhouding met tegenstanders of ploeggenoten – niets valt er van hun gelaatstrekken af te lezen. Ze vormen een kaste, zoals
ook de Kabuki- en Noh-spelers een kaste vormen, afgesloten van de wereld.

Na het sluiten van de kantoren komen de *salary-
men* het stadion binnenstromen en de tribuneblok-
ken vullen zich met witte overhemden en stropdas-
sen. Dit is de witte-overhemdencultuur, een Brave
New World-maatschappij. Hier zitten ze, starend achter hun brillenglazen: de uitverkorenen, zij die het
geld voor dit worstelfestijn inbrengen, met gekruiste
benen in dure boxen en wachtend op de meest kort-
stondige krachtexplosie, dat samentreffen van vlees,
deze niet in het Guinness Recordboek voorkomende
kampioensexplosie van de korte duur.

Onder getik van xylofoonhoutjes en het galmend

zingen van de ceremoniemeester komen de *yokuzu-na's*, de grootmeesters, binnen. Twaalf van de oost-zijde en twaalf van de westzijde. Voor hen uit worden hun vaandels gedragen, die met draken, geisha's of de berg Fuji versierd zijn. Dit zijn de strijders waar-voor het stadion is volgestroomd. Iedere naam wordt uitgezongen: Grote Storm, Duiveluitbanner, Wind die van de Bergtop naar beneden komt gieren. Hun felgekleurde schorten zijn gedecoreerd met bliksem-flitsen. Ze stellen zich op in een kring rond de piste en werpen hun armen in de lucht om te laten zien dat zij geen wapens verbergen.

Een scheidsrechter van hoge rang is binnengetre-den. In zijn gordel steekt de dolk waarmee hij zich in vroeger dagen de buik moest openrijten wanneer hij bij de beoordeling een vergissing had begaan. Als pronkende kalkoenen struinen de kampioenen rond de piste – een heeft hangborsten die hem de bijnaam Uierborst hebben opgeleverd –, alles draagt bij tot de opbouw van een steeds indrukwekkender ceremonie. Twee tegenstanders maken zich gereed voor de con-frontatie. Elk van hen werpt een handvol zout in de ring – een antiek purificatieritueel – om zich vervol-gens met warme vochtige doekjes af te lappen. Drie, vier keer beginnen ze overnieuw, want hoe hoger je op de ranglijst genoteerd staat, hoe vaker je zout werpt. De witte zoutbogen van de twee opponenten doorkruisen elkaar glinsterend in de lucht en de zaal begint te joelen.

Wijdbeens gaan de bleke vleeslijven door de knieen, heffen beurtelings de benen gestrekt zijwaarts om daarmee vervolgens op de grond te stampen. Zo verplaatsen zij hun gewicht van links naar rechts. Ik zie de mawashi in de bilnaad tussen de bevende globe van hun billen. Op een schreeuw van de *yobidashi* installeren de beide sumo's zich tegenover elkaar, neerhurkend met hun vuisten op de grond, elkaar in het gezicht loerend als mopshonden om elkaar te testen en psychisch te imponeren. Aanvurende kreten van de yobidashi klinken en onverhoeds schieten die twee mastodonten snel als het weerlicht, alsof er springveren in hun dijen zitten, omhoog en stoten op elkaar met een klap die een rund knock-out zou hebben geslagen. Een van de kolossen kantelt, komt met één voet buiten de ring terecht en is verloren.

Iedere keer wordt het zand na de tweekamp met zachte brede bezems aangeveegd en vangt alles van voren af aan. Televisiecamera's slurpen het geringste detail op, straks zullen de kolossen via het beeldscherm miljoenen miniatuurkamertjes binnenkomen, want in geen land ter wereld wonen de mensen zo dicht op elkaar, als in stapels lucifersdoosjes.

Sommige gevechten duren slechts seconden, andere enkele minuten, soms storten twee verstrengelde sumo's van het podium naar beneden boven op een grensrechter, maar als Michelinmannetjes veren zij overeind terwijl de grensrechter laconiek zijn kimono in de plooi trekt en zijn plaats op de bank weer inneemt. Opnieuw de ceremonie van het zout strooien en ik zie de bleke lijven die zich moeilijk bukken, als giraffen met de benen uit elkaar, stampend heen en weer schommelen. Zo stampten zij vroeger bij het rijstplantfeest de kwade geesten onder de grond.

Grote Tiet en Diepe Spleet

Drie dagen later neemt sumo-liefhebber Kaiki Kirishima mij mee naar een nachtclub in Osaka waar een show van vrouwensumo te zien is. Hij brengt mij naar de wijk van de hoerenkasten, tussen de Love Hotels die je via een verborgen achteringang die discretie waarborgt, binnen kunt gaan. In een klein zaaltje zitten we in het duister opeengepakt, zoals ik jaren geleden in San Franscisco naar een optreden van dragqueens zat te kijken. Het half-verbodene, het perverse heeft zo zijn verlokkingen, nachtvlinders schroeien zich hier aan een hete lamp. Spiegels zijn als in een bordeel tegen de zoldering en de achterwanden van het podium aangebracht. 'All will be revealed...' zegt Kaiki hoffelijk. Op affiches aan de muur staan vrouwengestalten afgebeeld, met Japanse lettertekens overdekt. Wat betekenen die woorden? Eerst schudt hij het hoofd, maar op mijn aandringen antwoordt hij: 'Het zijn hun artiestennamen, persiflages op de namen van de mannelijke sumo's, dikwijls zijn ze erg erotisch... Chichigahari betekent Grote Tiet, Kaigazato: Waar de Venusschelp woont, Anagafuchi betekent Diepe Spleet... Vroeger worstelden de vrouwen met blinde mannen, dat was een populair vermaak, maar dat werd in 1873 verboden...'

Gekleurd nachtclublicht met sensueel strelende vingers strijkt over de huid van Grote Tiet. Het lijkt een onderwatergevecht door de talloze reflecties in de spiegels. Ze bewegen als poliepen, waterplanten op de golfstroom. Het roept associaties op met moddergevechten tussen naakte vrouwen bij ons, waarvan de ingesmeerde vormen, glibberend van de natte klei, tegelijkertijd verhullend en onthullend werken. Diepe Spleet bedwingt Waar de Venusschelp woont.

Wonderlijk blijft de draad van schizofrenie die door het hele Japanse leven loopt, door deze 'schaamtecultuur', waar één onvertogen woord of gebaar de harmonie kan verstoren, waar een man nooit in het openbaar een vrouw zal kussen, terwijl zich onder de gepolijste buitenkant een uitgebreide en gecultiveerde sensualiteit verbergt. Hoe moet ik de plompe vleselijkheid van de sumo's rijmen met de sierlijkheid van de geisha's en de verfijning van de bloemschikkunst?

De volgende ochtend regent het. Ik bezoek de zentuin van Kishuga, een van die kuise grindtuinen rond een tempelcomplex. De aarde is hier ontvleesd, teruggebracht tot het naakte gebeente – want zo zien de Japanners het: gesteente symboliseert het skelet, water het bloed, en plantengewas het vlees van de planeet aarde. Te midden van het aangeharkte, licht golvende grind liggen groepen decoratieve rotsblokken. En bij deze miniatuurtuin, deze scherf van een buitenaards maanlandschap, knielt een Japanner neer om te mediteren. Want hier moet de geest zich oefenen in discipline. Het grind dat iedere ochtend opnieuw wordt aangeharkt verbeeldt de Oceaan van Eeuwigheid, terwijl de rotsblokken daarin de Eilanden van Gelukzaligheid voorstellen.

Lente 1984

Kan een vorm, een lege huls op zichzelf blijven voortbestaan? Waar ligt de grens tussen meditatie, droom
of zelfs slaap? Is het Noh-drama een hypnotisch middel om aan stress te ontkomen, te ontspannen en in
te slapen? Zeker is dat ik zelden in een theater zoveel
mensen heb zien slapen als in het Ginza Noh-theater
in Tokio, terwijl ook ikzelf van tijd tot tijd de ogen
sloot.

Breekbare heren en dametjes, de benen onder zich
gevouwen, het antieke Noh-script voor zich, maar ook
studenten vallen sereen knikkebollend in slaap. Noh
brengt je halfweg naar de spirituele wereld, wordt
beweerd, maar op mij heeft het de inwerking van een
versteend museumstuk.

Gedurende eindeloos uitgerekte minuten komen
de acteurs (vrouwenrollen worden eveneens door
mannen vertolkt) in kimono's aanschuifelen over een
gangpad dat naar het podium van glimmend cipres-
senhout voert; hun loop is macaber als een onhoor-
bare marche funèbre, uitgevoerd door witgesokte
voeten die bij iedere stap met de voorvoet een beves-
tigend klapje op de grond geven.

Het zijn massieve gestalten, zelfs de lieflijkste vrouw
wordt door een gespierde – dikwijls bejaarde – man
vertolkt. Stramme botten sidderen wanneer de oude

Noh-spelers hun evenwicht trachten te bewaren. Aanvankelijk vind ik de klank van hun stemmen afschuwelijk. Het lijkt alsof zieke of gesmoorde ganzen geluiden uitstoten.

De intrige is op het simpele af: een engel uit de hemel bezoekt de aarde, laat haar gewaad aan de tak van een dennenboom hangen, een visser vindt het en als de slordige engel terugkomt om haar kleed te halen, voert zij een uurlange dans uit om de visser te bewegen het kledingstuk terug te geven. Maar geen been komt van de grond: de hele dans bestaat uit niet veel meer dan een manipuleren van de waaier en een schuifelen met de voeten.

Het podium is leeg op enkele rekwisieten na. De karige belichting, de glans van de vloer als van een vijver, het krijtwitte masker, dat alles doet aan een maanlandschap denken. De trage gestalten lijken schimmen die uit een dodenrijk tevoorschijn komen omdat zij geen enkele relatie hebben met ons huidige twintigste-eeuwse bestaan. Als niet-ingewijde zit ik te kijken naar iets wat tot mij schijnt te komen als het licht van een lang uitgedoofde ster. Het Noh-theater lijkt een bevroren rivier waarin het allergeringste gebaar, de futielste adempauze, het patroon op de kimonomouw van de held of de grijns op het masker van de demon voor eeuwig opgesloten liggen.

Gedesillusioneerd loop ik van de ene voorstelling naar de andere. Afstandelijk kijk ik naar die antieke theaterkunsten die – als mosselschelpen – hermetisch voor mij gesloten blijven en het enigma in hun binnenste niet willen prijsgeven. Verveling voert de boventoon.

De geisha-marionet

Tot ik in het Bunraku-theater een stokoude zanger op een kussen zie zitten met een gezicht als van een Japanse houtsnede: de smalle ogen geloken, de expressieve onderlip neerhangend. En uit dat gezicht wellen de meest extravagante geluiden op: schor, kikkerachtig kwakend, zwiepend als zweepslagen, hoge vogelkreten, onverhoeds afgewisseld door de lieflijke stem van een vrouw. Er komt een paardje opdraven, roetzwart, met een samoerai-ruiter op zijn rug, de pootjes slap neerbungelend, maar de manen trillend en wuivend: essentie van een paard in galop.

De hoofdrolspeler heeft een witbeschilderd gezicht, fosforescerend door een mengsel van lijm en gemalen schelpen – deze acteur is niet behept met zwaarlijvigheid of bejaardheid, zijn elegante benen maken loopbewegingen als een volbloed die driftig de hoeven heft. De fragiliteit van zijn gestalte paart zich aan een overweldigende présence en tiranniek gedrag: deze theaterheld is een marionet.

Achter de held beweegt zich een merkwaardig escorte van drie in het zwart gehulde gestalten, waarvan er twee soortgelijke kappen als die van de Ku Klux Klan over het hoofd dragen. Alleen van de 'meester' is het gezicht onbedekt, maar zijn gelaatstrekken lijken bevroren terwijl hij zijn blik strak op de pop gericht houdt; via minuscule spiertrekkingen in oogleden en mond of een licht schudden van het hoofd, geeft hij iets van zijn betrokkenheid en emoties prijs. Hij is de horige van de pop, het is de marionet die de handeling dicteert en samen vormen man en pop een dubbelpersonage: de mens die zijn eigen beeltenis draagt, een tot leven gekomen etherischer exemplaar van zijn geslacht, maar behept met dezelfde passies.

Sommige poppenspelers lijken blind, zozeer is hun blik binnenwaarts gericht, hun gevoel zit in de vingers, in het inwendige van de marionet. Ik zie een hand uit een kimonomouw steken met het witte handje van de pop daar despotisch bovenop, de mensenhand helpt het handje een zwaard te hanteren of met een waaier te manipuleren. Wanneer de marionet een vrouw voorstelt lijken bespeler en pop een liefdespaar.

De steracteurs onder de marionetten kunnen hun wenkbrauwen fronsen, hun ogen laten rollen of sluiten, grijnzen, met de wimpers knipperen, kortom het hele scala van menselijke gemoedsbewegingen zichtbaar maken; zo zijn er zelfs komische hoofden die in staat zijn hun neus op te trekken. Hun ivoorkleurige handen met skeletachtige vingerkootjes kunnen zich samenballen en de vingers strekken en spreiden.

Ze kunnen acrobatische toeren verrichten zoals door de lucht zweven, door vuur vliegen of met reuzenkracht een boom ontwortelen, ze lopen op luchtkussens, perfecte dansers zijn het en nooit word je geïrriteerd door acteurs-ijdelheid, vulgariteit of routine.

Ik zit in een donkere zaal toe te kijken, zo gefascineerd dat ik de aanwezigheid van de zwarte secondanten van de poppen totaal vergeet. Op het toneel ontrolt zich het epos van de opkomst en ondergang van de Genji's – een shakespeareaanse geschiedenis vol wreedheid, liefde, strijd om macht en dood.

Maar bovenal gaat het om de EER als hoogste goed, altijd verbonden aan dood en doodsverlangen.

Op het hoogtepunt van het epos pleegde de hoofdpersoon *seppuku*: met sidderingen van dronken wanhoop laat hij zich in zijn zwaard vallen, steeds weer met de ivoren hand grijpend in de buikstreek van het bebloede doodshemd. Op een rijstpapieren kamerscherm schrijft hij in Japanse karakters zijn afscheidsbrief aan de wereld, met zijn kwast strijkend over het inktblok.

Ik hoor zijn waanzinnige stem, zie zijn wankele pogingen op de been te komen om te gaan kijken of de landerijen rondom zijn kasteel onder water zijn gezet. Van zijn twee kinderen eist hij dat zij zijn hoofd zullen afhouwen om dat naar het hof van de vijand te brengen met een verzoek om vrede. Het dochtertje aarzelt en vol minachting verwijt haar vader haar dat zij niet een dochter van zijn bloed kan zijn, maar enkel van dat van haar zwakke moeder. Hij sluit zijn oren voor het pleidooi van zijn vrouw en stoot haar weg. Als zij niet wil dat de kinderen zijn hoofd van de romp zullen scheiden, moet zij het zelf maar doen.

Want altijd gaat in het leven van een samoerai de eer boven de liefde, boven de vrouw, boven menselijke gevoelens. Ik zie het lijf van de vrouwelijke pop op de rug, en het hoofd zich buigen als een bloem, rillend van afschuw, terwijl de handjes de leegte aftasten.

Vreemd: deze marionetten vertonen meer gevoels-uitbarstingen en subtiele emoties dan enige Japanner die tussen zijn miljoenen landgenoten in de straten van Tokio paradeert. Nooit zag ik in enig theater een enkel facet van leven zo uitzinnig vergroot tot een vulkanische eruptie van vreugde, hoon of verschrik-king. Over alle grenzen van het gangbare heen spat-ten de emoties om het bovenmenselijke en exempla-rische te tonen – hoewel het extreme altijd aan de wetten van de stilering gebonden blijft. Een symfo-nie van lachgeluiden, jammerklachten of doodsge-reutel wordt geboren.

Het waanzinnig hoongelach van de stervende sa-moerai wordt aangevuurd en ondersteund door de staccatoklanken van de *samisen* (de driesnarige luit) en de trom. Op dat ogenblik grijpen de beide kind-poppen het zwaard in hun handen en knikt de sa-moerai voorover, terwijl als een kleine voetbal zijn roodbebloed hoofd over het toneel rolt.

Tijdens de pauze word ik door de heer Tsukiyama, directeur van het Nationaal Theater, geïntroduceerd bij de meester, Tamao Yoshida, die in zijn kleedka-mer zit met achter zich aan de wand – levenloos als gehangenen – de hoofdrolspelers in het drama van de Genji's. De marionetten zijn half zo groot als hun

meester, maar hun hoofden zijn in verhouding kleiner – vandaar hun uitzonderlijke elegantie.

'Ik was veertien,' vertelt Tamao Yoshida, 'toen poppenspelers in mijn geboorteplaats Osaka mij uitno-
digden naar hun voorstelling te komen kijken en ik
zo gefascineerd raakte dat ik besloot mijn leven eraan
te wijden. Binnenkort werk ik vijftig jaar in Bunraku.
Als leerling deed ik er tien jaar over om de voeten en
benen van een pop te leren bespelen. Vrouwelijke
marionetten hebben geen benen, in plaats daarvan
moet je met je vuisten in de plooien van hun kimono
de knieën suggereren. Na tien jaar mocht ik beginnen aan het manipuleren van de linkerarm en -hand.

De moeilijkheid is dat de drie bespelers van één
pop volstrekt op elkaar afgestemd moeten zijn en gelijktijdig moeten ademen om een zelfde ritme te krijgen. Na nog eens tien jaar werd ik bespeler van het
hoofd en de rechterhand.'

Hij neemt een geisha-pop van de muur en legt die
in mijn armen, de pop weegt als een zwaar kind van
vier. Hij laat mij het inwendige mechanisme zien,
waarin handgrepen zitten en een massa touwtjes. De
vijf vingers van zijn linkerhand gebruikt hij om aan
die touwtjes te trekken – het heeft iets van het bespelen van snaren, zielensnaren van de pop – om via de
bewegingen van hoofd, ogen en mond de diverse
emoties op te roepen. 'Je hebt een goede gezondheid
nodig,' zegt hij. 'Je moet iedere dag op het podium
staan, iedere dag trainen, anders raak je achterop.
Ziekte is iets wat je je niet kunt permitteren.'

Hij neemt de geisha-marionet, die als een dode vogel in mijn armen ligt, van mij over en op dat moment gebeurt er iets miraculeus, bijna beangstigends. Een lichte schouderbeweging, een draaiing van de pupil: de pop komt tot leven. Ik bespeur haar opwinding, haar wanhoop, haar minachting; haar kleine witte hand strekt zich met een gebaar vol dedain naar mij uit, naar mij, westers vrouwmens.

'Wij zijn één,' zegt Yoshida. 'Mijn geest zit binnen in haar.'

India, 1984

Langzaam, alsof een sluier wordt opgetild, trekt het duister weg en zie ik de Ganges liggen, bleek in de schemer. Een schorre tempelklok begint te kleppen en een *moëddzin* heft zijn weeklagende oproep tot het ochtendgebed aan. Verspreid over de trappen van het *ghat* liggen menselijke bundels onder gore lappen, soms wordt er onder een lap geworstel zichtbaar, van copulerende gelieven...? Want ja, waar zouden anders al die kinderen vandaan komen? Onder biezen parasols hebben priesters plaatsgenomen, die het sacrale rood op het voorhoofd van gelovigen tekenen, of de hoofden kaalscheren van zonen die het laatste ritueel voor hun gestorven vader moeten volvoeren; de haren liggen op hoopjes bijeen. Lepralijders kruipen op hun stompjes nader en heffen hun weggesleten gezichten naar mij op, processies van mummies sjouwen naar de rivier met hun koperen potje in de hand om de godin Ganga iets van haar heilzame water te ontfutselen. Het lijkt één doorlopende voorstelling: het zondige, het sterfelijke vlees aan de oever van de rivier der Gelukzaligheid.

Uit alle windrichtingen komen nu ook de weduwen – in het wit gekleed, het haar afgeknipt ten teken van rouw en boetedoening – als dorre bladeren aangewaaid, zij die door hun familie verstoten zijn omdat

247

hun aanwezigheid ongeluk betekent en onheil brengt bij ieder feest. Overdag zie je ze op de straathoeken zitten, hun handen als lege kommetjes naar je opgeheven, de stemmen waarmee ze een aalmoes vragen zo dun gesleten dat ik ze nauwelijks kan horen. Wanneer het mogelijk is het lichaam in de droom of de dood te verlaten, dan is het misschien ook mogelijk dat in wakende toestand te doen om zo, los van alles, rond te dolen, naamloos, of met een naam die niemand meer kan thuisbrengen: een aan niets of niemand meer behorende ziel, voor alles onverschillig.

Varanasi is de beste plek op aarde om te sterven, zeggen de hindoes, en honderdduizenden pelgrims komen met dit doel hiernaartoe, want alleen de moedergodin Ganga kan het tirannieke wiel van de wedergeboorte een halt toeroepen.

Mijn bootsman heet Ganesh, naar de god met de olifantenkop.

'This is my job,' zegt hij, terwijl hij aan de riemen trekt en behendig tussen groepjes samengeschoolde schimmen door manoeuvreert, die tot hun navel in de rivier staan. Ik krijg een lichtje aangeboden, een oliepitje vastgestoken in het blad van een leerachtige plant. Ik plaats het vlammetje op de golfslag van de Ganges en zie hoe talloze soortgelijke vlammetjes scheep gaan op de stroom in de richting van de monding aan zee, de gebeden van de bewoners van Varanasi met zich meevoerend.

Zonsopgang boven de Ganges. Plotseling doorboort

een straal verblindend licht de nevel en vlamt over
de rivier, een profeet met een baard tot zijn navel
breidt zijn armen uit alsof hij de zon wil omhelzen
en blijft zo, tot standbeeld versteend, op de kade
staan. De lucht gonst van de prevelingen en Sanskriet-
gezangen, en al het vlees, het zondige, het wulpse,
het eenzame of aangevreten vlees duikt onder in de
stroom, lippen beven door de schok van de kou, je
ziet niet langer wie de woekeraar is, wie de bedelaar,
wie de advocaat of de sterrenwichelaar: oud of jong,
robuust of ziekelijk, allen nemen hun duik, terwijl ze
hun incantaties prevelen en het heilige water in hun
handen scheppen: elk gebed behelst een formule om
de ziel schoon te wassen, de geest te bevrijden van
zorgen en begeerten. Borstdiep staan de weduwen in
de stroom, sari's tegen hun ledematen gekleefd. Zij
schuiven dichter bij elkaar, murmelend, hun tongen
klikkend tegen hun gehemelte, ze scheppen water in
hun handen en heffen die naar de zon omhoog alsof
ze diens verschroeiende dorst willen lessen, ze raken
met bevochtigde vingers voorhoofd, lippen en borst
aan, ze vullen hun koperen keteltje met het heilzaam
elixer.

Ganesh lacht met betelrode tanden: 'Water van
Ganga is voedzaam. Je drinkt en hebt geen honger,
drie dagen lang.' Hij blaast zijn buik op: 'Het is zwaar.'

Een naakt persoon ligt op zijn rug op de stroom te
dobberen, met zijdelings gestrekte armen alsof ze
hem zojuist van het kruis hebben afgehaald. In die

houding mediteert hij gedurende wel tien minuten. Overal zijn pelgrims en bewoners van Varanasi zich aan het wassen. Op een gegeven moment zie je amper meer verschil tussen ritueel en gewoon badderen, vrouwen poetsen met hun wijsvinger hun tanden of wassen de haren van hun kinderen. Varanasi maakt ochtendtoilet. Onder gezang en tromgeroffel komt een bootje voorbij met achter elkaar gezeten silhouetten erin zoals in de Egyptische schepen die naar de onderwereld afvoeren.

Wij varen nu dicht onder Manikarnika Ghat, de heiligste plek van het waterfront, het lijkverbrandingsghat. Hier zijn de knechten van de lijkverbranders druk in de weer om met bamboestokken in de hoge bergen as te porren op zoek naar goud van kiezen of andere kostbaarheden. Lijkverbranding is het monopolie van de Doams, een speciale groep van de kaste van onaanraakbaren, waarvan de ongekroonde koning zich zozeer aan de menselijke as heeft weten te verrijken dat hij een paleis aan de Ganges bewoont met een bordes door twee heraldische leeuwen bewaakt.

Gewijdheid is een relatieve zaak. Terwijl er een in goudbrokaat gewikkelde dode over de trappen van het ghat wordt gedragen, keilen Doamknechten stukken hout en half verbrande troep naar beneden zodat ik bijna een gebarbecued stuk lijk tegen mijn hoofd krijg. Schijnbaar richtingloos komen de mensen met hun doden de trappen afdalen, als mieren die hun poppen versjouwen, hier talmend, daar een lijk neerleggend, zelf terugkerend in de schaduw om te wachten tot ze opgeroepen worden om de laatste handelingen te verrichten. In het zalmkleurige licht walmen de brandstapels, de hitte van het vuur doet de lucht voor mijn ogen beven. Ik zie de met bloemslingers versierde cocons, de met rood of wit lijnwaad of goudbrokaat omwikkelde doodscocons in series op de traptreden liggen; waterbuffels staan tot de schoften weggezonken in de modder onder de berg van as, dicht onder het vuur.

Aan het uiteinde van lange rietstengels wordt een vonk van de heilige vuurhaard in de tempel naar beneden gedragen, daarmee moet de kaalgeschorene, de oudste zoon, de brandstapel aansteken. Daartoe maakt hij een rondgang om de houtmijt waarbinnen de dode rust. Geen menselijke klacht is hoorbaar, want weeklagen zou ongeluk over de dode afroepen en zijn afreis naar het Nirwana verhinderen, dus hoor je geen geluid behalve het knisteren, het aanloeien van de vlammen, met daar tussendoor sinistere plofjes als van kastanjes die gepoft worden – de dromen worden uitgerookt, een leven van zonde, genade en berouw, dat alles ontvliedt.

Onder het wateroppervlak drijft iets voorbij, iets wittig blauws, de kleur van darmen, een klein gezicht nog herkenbaar aan de gaten van ogen en mond. Een rondploeterende hond geeft een duwtje tegen het babylijk, maar hoe leeg zijn maag ook mag zijn, dit hier is al te onappetijtelijk. Nog geen halve eeuw geleden dreven hele flottieljes van kadavers stroomafwaarts naar de monding aan zee.

Een gouden mummie, stijf ingewikkeld als een soort Toetanchamon, wordt door de nabestaanden de trappen af gedragen en driemaal in het water ondergedompeld om hem te reinigen van de smet van de dood. Terwijl de windselen uiteen waaieren zie ik een streng profiel zich in de dunne doek aftekenen alsof de dode nog een laatste maal zijn identiteit wil openbaren alvorens hij aan het vuur wordt prijsgegeven. Aan het vuur, de energie van transformatie. Ganesh, tegenover mij in de roeiboot, vangt mijn blik, grinnikt: 'Body's last swim. Then finish...'

Zomer 1985

In mijn handpalm ligt een klein menselijk hoofd van roodbruin gesteente. Het gezicht heeft zware, ietwat smalende lippen, de half toegeknepen ogen lijken speurend te kijken, niettemin ligt er een waas van melancholie over de gelaatstrekken. Zo'n klein hoofd en zoveel zeggingskracht... Op zijn schedel bevindt zich een stenen hoofdtooi, een muts of kroon? Dit kleine kunstwerk is afkomstig uit de aardlagen van de hellingen van Monte Albán, het oude ceremoniële centrum van lang verdwenen beschavingen. Monte Albán, de Hoge Plaats waar de goden woonden, ligt op een omhooggetild plateau omringd door de sombere Yagulbergen in hun kleuren van zwart, grijs en purper. Boven op het plateau ligt in een grandioze lay-out het complex waar ooit de tempels en piramiden stonden, nu alleen nog herkenbaar aan hun fundamenten onder de grauwe voortjagende wolken.

Hier komt mijn kleine Zapoteken-hoofd vandaan. Een arme indiaan die over de berghelling zwierf, bood het mij te koop aan voor een paar armzalige munten. Ik kon de verleiding niet weerstaan hoewel ik vermoedde dat er heling in het spel was en mijn indiaan de hellingen afstruinde om op archeologische vindplaatsen te speuren naar voorwerpen waarvan de verdwijning niet in het oog zou vallen.

Mijn kleine artefact kan als begeleider van een dode naar het hiernamaals hebben gediend, want Monte Albán werd in de loop van de eeuwen een ware termietenheuvel met talloze gaten en tunnels waarin doden begraven werden. Mijn stenen hoofdje kan het portret zijn van een priester of van een afgestorvene, dat zal voor altijd een raadsel blijven. Waarschijnlijk werden ook slachtoffers van de bloedoffers op het altaar hier aan de berg toevertrouwd. Want in vrijwel alle precolumbiaanse beschavingen – die van de Olmeken, Maya's en Azteken – werden mensenoffers gebracht aan de goden, vooral aan de zon die gevoed moest worden met bloed om iedere dag weer boven de horizon te kunnen verschijnen. De volkeren die hier woonden bezaten geen gedomesticeerd vee; paarden, koeien, schapen of geiten waren onbekend. Enkel de kalkoen leende zich voor een offerande, maar wanneer er hongersnood of andere rampspoed dreigde moest er toch iets substantiëlers geofferd worden.

Voor mij is Mexico het meest intrigerende van alle landen waarheen ik ben gereisd omdat in zijn aarde, laag over laag, de geheimzinnige sporen nog te vinden zijn van ten onder gegane beschavingen. In zekere zin is het een fossiel land en tegelijkertijd een gepassioneerd levend land omdat je door de bovenste laag heen, die van de westers georiënteerde bovenklasse, de sintels nog voelt gloeien van de oude culturen die hier duizenden jaren geworteld zijn geweest. De mythe is hier nog altijd voelbaar, er zijn krachten die ontsnappen aan de rede. Ondergronds smeult een heimelijk vuur.

Geografisch en klimatologisch gezien is het een dramatisch land. Woestijnen, bergruggen, vulkanen, diepe kloven en warme tropische jungles wisselen elkaar af.

'Hoe ziet mijn nieuwe land eruit?' vroeg de koning van Spanje aan Hernán Cortés.

Cortés nam een vel perkament en verfrommelde dat in zijn vuist: 'Zo ziet uw nieuwe land eruit, sire.'

De geschiedenis van de Mexicaanse mens is de geschiedenis van de oorspronkelijke bewoner en van de Spaanse veroveraar die hem tot knechtschap dwong en goeddeels vernietigde. Er woonden in Midden-Amerika 25 miljoen mensen van wie er tachtig jaar na de verovering nog maar twee miljoen over waren. Velen werden ter dood gebracht of bezweken onder de slavernij, anderen pleegden zelfmoord, ook ziekten die de veroveraar meebracht zoals influenza, pokken, tbc, eisten hun tol. Je zou kunnen zeggen dat Mexico geboren is uit een verkrachting, het oorspronkelijke volk werd verkracht en overmeesterd door de westerse mens, het is de versmelting van de verkrachter en de verkrachte.

De Azteken voelden zich door hun goden verlaten, de ondergang van hun wereld betekende voor hen het einde van een kosmische cyclus. Vandaar misschien dat hun verhouding tot de dood volstrekt anders is dan bij de christenen. Voor christenen is de dood een overgang, een salto mortale tussen twee levens, het tijdelijke en dat in het hiernamaals, met als tussenstop het vagevuur. De oude Mexicaanse volkeren geloofden niet in een vagevuur of hel, de reis naar de onderwereld was een reis die zij moesten maken om wedergeboren te worden. Daarom is de dag waarop je je doden herdenkt, niet enkel een droeve dag, maar minstens zozeer een vrolijke omdat je geliefden een kans krijgen gereïncarneerd te worden.

Voor de Mexicaan is de dood nog altijd een vertrouwde figuur. Vertrouwd zoals een makker, een broer, en soms ook een clown, een herkenbaar karakter zoals bij ons in de Middeleeuwen Pietje de Dood, of de Grote Maaier.

'De dood is hier een grappenmaker. Hij wordt niet weggestopt zoals bij jullie,' zei Roberto, een schilder die ik in Oaxaca ontmoette. 'Hij is een herkenbare medebewoner, altijd aanwezig in onze kunst, in ons dagelijks leven. Hij ontdoet het leven van zijn ijdelheid, zijn pretentie...'

Op de Dag van de Doden, 2 november, trekken families, kinderen en honden incluis, naar het kerkhof om met veel verve de oude riten voor het welzijn van de geesten van de afgestorvenen te vieren. De graven worden schoongemaakt, er worden kaarsen ontstoken en in aardewerkschedels of echte schedels als kaarsenhouders gezet.

Toen die dag naderde zag ik de winkels volhangen met skeletten van papier-maché, bij de bakker lagen stapels doodskoppen van suiker met namen erop en werd er speciaal doodsbrood verkocht, *pan de muerte*, dat gebakken wordt in de vorm van skeletbeenderen, en overal waren er bloemen, gele en oranje goudsbloemen die al sinds de Azteken de favoriete bloemen van de doden zijn. De families blijven de hele dag picknicken, feesten en drinken. Tot slot laten de feestvierders voedsel en drank voor hun doden op het graf achter. Dit is een van de fiësta's die de kern vormen van het Mexicaanse leven. Er worden optochten georganiseerd met muziek en dans, eveneens een erfenis van de Azteken want fluit en trom zijn van hen afkomstig, en iedere Azteek kreeg les in zingen en dansen.

In een winkel van *artisans* staan series poppetjes met doodshoofden, het hele menselijke gezelschap vind je daar bij elkaar: doodshoofdboksers, doodshoofdtennissers, bruidsparen in jacquet en witte sluier, paters die nog lezen in hun brevier, en allemaal met witte wiegelende schedels op spiraaltjes voor halzen. Doodskopmuzikanten achter een drumstel, doodskopgitaristen, breiende doodskopgrootmoeders met doodskopzuigelingen in de wieg, doodskoppolitieagenten en doodskopstierenvechters, één groot fiësta van doodskoppen.

'De Mexicaan kijkt de dood in het gezicht met ongeduld of verachting,' zei Roberto. 'De onverschillige houding van de Mexicaan tegenover de dood wordt gevoed door zijn onverschilligheid voor het leven. Het leven heeft hem dikwijls van zijn angst genezen omdat zijn leven miserabel is geweest. Een andere kijk op de dood is dat hij ons wreekt op het rottige leven dat we hebben gehad, de onbenulligheid daarvan. Daarom zijn we dol op fiësta's, omdat die ons verlossen uit onze zwaarmoedigheid, onze eenzaamheid, omdat die ons bevrijden van onszelf...'

In het archeologisch museum Rufino Tamayo
Ze komen op me af alsof ze tevoorschijn breken uit mijn dromen: bekorend, bedreigend, begoochelend, malicieus lachend om mijn twintigste-eeuwse existentie, uit gleufogen kijkend, dansend op een gebogen been, zij, de kenners van de dood. Met z'n duizenden hebben zij de schoot van de aarde verlaten, hun spel spelend, mij beheksend.

Dichters in steen hebben ze tot leven geroepen en nu staan ze hier verzameld in vitrines. Satirische beelden van vrouwen met buiken als kalebassen; dieren en mensen gaan in elkaar over, gebruiksvoorwerpen dansen op dunne beentjes, mensen worden getransformeerd in urnen en kannetjes, padden met trechters in hun kop dienen als vazen. Al die vormen tarten de zwaartekracht. De god van het vuur zit zorgelijk met gekruiste benen bij zijn vuurtest, de god van de dood uit El Tajín is klein, zijn ribbenkast een korfje, trossen vruchten aan zijn oren, hij spreidt zijn armpjes om je welkom te heten. Een kind springt over een ton, een trommelaar slaat op zijn trom – geluidloos dreunt die slag door de tijd heen. Sprekers staan te oreren op een platform, volksmenners niet groter dan mijn hand – alsof ze betrapt zijn en in één kort moment ingevroren, je voelt de spanning gevangen binnen hun gestileerde vorm. Alles net even uit proportie, voetjes soms absurd klein als aanhechtsels aan zeehondenlijven, handen kolossaal of juist weer minuscuul alsof alles expres uit balans is gebracht in een onaflaatbaar zoeken om de essentiële uitdrukking te vinden. Honderden anonieme Picasso's zijn hier aan het werk geweest, pogend de essentie van leven te vangen binnen een gestileerde vorm.

Ik wandel langs vrouwspersonen met de mond wijd opengesperd in een schreeuw, andere naakt, de venusheuvel gezwollen als een rijpe vrucht, de vulva een gespleten papaja. Tegelijk wordt er via al dat capricieuze, kleinschalige leven een verbinding tot stand gebracht met iets wat groter is en verder reikt: met de Regen, de Winden, de Maan en de Zon, de Jaguar en het Riet. Al deze uitbeeldingen van plantaardig, dierlijk en menselijk leven vormden een onderdeel van de filosofie van hun makers dat de mens zich moest identificeren met de kosmische elementen. Micro- en macrokosmos waren verbonden. Je kon geen water uit een kan schenken zonder de regen te vereren. Je kon geen jaguar doden zonder de sterren te raken. Je kon het suikerriet niet plukken zonder de jaren te plukken, je kunt niet lopen zonder dat je de tijd op je rug draagt, je kunt geen spel spelen zonder dat dat spel verbonden is met de dood.

In hun kunstvormen probeerden de Mexicanen greep te krijgen op de hen omringende raadselachtige wereld. Door een maan te maken met een mensengezicht identificeerde de maker zich met dat hemellichaam en verkreeg hij macht om het kosmische te bezweren en binnen zijn bereik te brengen.

In vergelijking met deze ongebreidelde vormrijkdom komt mij de antieke Griekse beeldenwereld opeens armoedig voor. Mijn met de paplepel ingegoten bewondering voor de Helleense kunst maakt plotseling slagzij. Want wat is de wagenmenner van Delphi anders dan een stijve pop met ingelegde ogen? Bij het mysterie van de gelaatsuitdrukking van het beeld van een Mayapriester, of zelfs maar bij de zorgelijke rimpels van de oude Vuurgod, moeten de geïdealiseerde koppen van de Olympische helden het afleggen.

Daar waar het riet staat
Op weg naar Acapulco, 1985
We rijden in de vroege ochtend langs de zeekust, langs uitgestrekte koffiefinca's, groot als kleine koninkrijken. Maar de koningen ervan wonen niet hier, die wonen in Mexico City, Florida of New York.

Ossen doorkruisen onze weg en nemen voorrang. Je ziet ieder onderdeel van hun lichaam onder de huid meebewegen, zo'n groot dier dat langzaam loopt lijkt in slow motion te gaan. In de blik van hun ogen, hun manier van staren, hangt stilte, als tederheid, maar ook een niet-menselijke wetenschap die aan mij voorbij reikt. Er ligt een doodgereden gordeldier op het asfalt, nog gaaf, het zilveren harnasje iets rozig, de

poten bedekt met schubben, de donzige buik blootgesteld, schijnbaar levend, maar straks tot platte pan-
nenkoek gereden. Alles nog perfect: zijn kelkvormige,
van binnen vieux-roze oren, de lange neus voor het
speuren naar insecten.

En steeds terugkerend: de junglerivier. Heimelijk
komt zij uit het oerwoud gegleden. In de verte een
kleine haven, immens blauw, waar vroeger kano's van
mahoniehout de bijeengegaarde producten van andere kustplaatsen aanvoerden – de kano's waren zo
sterk, zegt men, dat zij generaties lang meegingen.

Wij passeren Pinotepa. Ten noorden van deze stad
zie je veel Afrikaanse gezichten van afstammelingen
van ontsnapte negerslaven. Ik moet aan alle haat en
rivaliteit denken tussen de indianen en de negers,
want de laatsten waren sterker en brachten op de
slavenmarkt hogere prijzen op.

De weg is een dierverslindende slang en eist zijn
tol. Een das ligt vermorzeld op het wegdek. Vroeg in
de schemering langs zijn eeuwenoude route huiswaarts kerend werd hij gesnapt, en honderd meter
verder: een hond met zijn ingewanden eruit, zijn
maffe bastaard-oortjes nog gekruld. In de schaduw
van een schimmig palmbos ligt een omgekantelde
vrachtauto in de berm. Mensen duiken uit het groen
de weg op, plotseling zijn ze er vanuit het enorme
achterland: vrouwen en kinderen met dozen en bundels, op weg naar iets in de verte, open pick-upwa-
gens met dagloners erin of hele families met een
hondje erbij, altijd op weg naar de verte – over de

nieuwe snelweg naar de stad. Vrachtwagenchauffeurs keren terug uit het struikgewas na een plas te hebben gedaan, de hand nog peinzend aan de gulp, macho, ingetogen, opgelucht.

De brug over de rivier de Papagayo is in april ingestort, ondermijnd door de regens van vorig jaar. Auto's reden 's nachts gewoon de brug op en stortten naar beneden over die springplank naar de dood. Nu wordt hij gerepareerd. Met een veerpontje langs een kabel worden we door de felle stroom naar de overkant getrokken, schurend langs opstapelingen van takken en halve bomen die tegen de gebroken pijlers van de brug zijn samengedreven.

Nu zijn de rivieren laag, met glimmende stenen in hun beddingen. Een witte reiger staat op de uitkijk, paarden waden in de rivier, merries met veulens, ze rollen op hun rug en eten groene spullen op de drooggevallen rivierbodem waarop zaailingen ontkiemd zijn. Ze roepen naar elkaar, hinnikend, trekken verder, ze leven een eigen leven.

Overal terugkerend is er de zang van de rivier, de fiësta van het water. Vrouwen, tot de heupen in de rivier, spoelen de was, hangen kleren over struiken: talloze kinderhemdjes naast volwassen hemden. (De kinderen zijn als een muskietenplaag, een uitzwermend volk, begerig om te leven, vitaal, dansend, bedelend, de oogappels van hun ouders, maar een verstikkend gewas voor de mogelijkheid tot overleven.) Op de zandbeddingen liggen mozaïekwerken van gewassen kleren. In manden op het hoofd wordt de schone was in triomf naar huis gedragen. Honden en kinderen spelen tussen het hoge riet: Acapulco, Acatl-poloa-co betekende in de oude Nahuatl-taal: daar waar het riet staat.

Twintig kilometer voor Acapulco worden we bij een controlepost aangehouden, onze koffers en tassen worden opengemaakt, de auto, alles doorsnuffeld. Op wapens? Op drugs?

Acapulco. Tuimelhoge flats glijden aan ons voorbij. Borden verwijzen naar Crazy Lobster, Condesa Mundo, Acapulco Pacifico, Twenty-four Hours Dinner, Rent a Jeep. Acapulco, giftige orchidee, een paradijs voor de rijken, maar wel een stinkend paradijs want de riolering komt uit in de baai.

De neger uit Panama laat zijn eetgerei liggen en spreidt zijn handen bezwerend boven zijn bord. 'In deze stad kan ik niet eten,' zegt hij.

Wij zitten aan tafeltjes langs de boulevard waar een stroom gepaarde lichtogen van auto's voorbijglijdt op weg naar nachtclubs of fiësta's. De armoelijerspaardjes, voor iele wagentjes met toeristen gespannen, trippen tussen de auto's voorbij, bijna van de grond getild door de tritsen ballonnen die aan hun tuigage zijn vastgemaakt. Wij zijn reuzegroot geworden opeens, opgeblazen tegenover het vertrapte, dwergachtige hurken van de indianen en hun kinderen op de rand van het trottoir.

Wij drinken sangria, bloedwijn, met onze nieuwe

negervriend in Condesa Mundo. Jim is vrachtwagen-chauffeur geweest bij de theatergroep La Mama in New York.

Balancerend met doosjes koopwaar op het hoofd, schuifelt een bedelparade aan ons voorbij, kinder-handen bieden gardenia's aan. Een kind van een jaar of zes, een minivrouwtje, loopt langs de tafeltjes met spartelende salamanders van plastic. Met haar vrije hand prikt ze naar de piemel van een Amerikaan, de eters aan de tafeltjes lachen. Ze roept obsceniteiten met dunne vogelstem. Blasé mensen, volgegeten, aan de verlichte boulevard van het moderne Sodom en Gomorra, waar tussen stromen auto's witgeverfde ballonnenwagentjes voorbijwicgelen als een onaneer-droom van romantiek. De indianenkinderen lopen schreeuwerig zingend tussen de toeristen door, on-derwijl op een blikje slaand of op een kalebas ras-pend, hun stemmen klinken verveeld en automa-tisch.

Achter mij in de arena van de Plaza de Toros hoor ik tussen gelach en het hese loeien van de stier een kin-derstem die roept: *No lo mates.* Dood hem niet. Een jongetje met een zakje patates frites in de hand staart met betraande ogen naar de stier in het zand. Naast hem glimlacht zijn vader toegeeflijk. De jongen moet een man worden. De patates frites moeten de dood verzoeten, hij moet iets leren of beter: iets afleren – vader weet wat goed voor hem is.

De geharnaste, geblinddoekte paarden worden afgevoerd, het orkest geeft een klaroenstoot en het werk van de picadors is achter de rug. Met het vederlichte lopen en zwenken van de zwarte kolos is het nu gedaan. Houterig worden er nog een paar stapjes gezet. Na de stoot van de ijzeren priem in het ruggenmerg lopen de longen vol bloed en ontstaat er longcollaps.

No lo mates. Het kind blijft schreeuwen tegen alle olé-geroep en gelach in. De stier krijgt iets ridicuuls nu. Hij zoekt een uitweg, de deur waarachter het veilig was. Hij wordt uitgejouwd. Hij loeit met krakend hees geluid, de grijze tong hangend uit zijn bek, het doodsgereutel en het lachen van het publiek vermengen zich en wisselen elkaar af in een muzikale samenzang. Vlak voor de doodssteek zet het orkest een muziekje uit *Carmen* in, iedereen roept olé en klapt in de handen. Het jongetje achter mij kijkt al iets meer volwassen, er is een bouderend trekje rond zijn onderlip gekomen, hij wordt een man nu.

In de piste staat de stier te kijken naar de matador alsof hij iets van hem verwacht, zijn heil misschien, einde van de kwelling. Hij buigt zijn kop en *la hora de la verdad*, het uur van de waarheid, is aangebroken. De matador plaatst zijn degen vlak achter de kop in de nek. Een siddering trekt door het vel van de stier, maar hij stort niet neer. Hij staart dromend naar de grond, om hem heen wordt er nog wat met *capas* gezwaaid, nog even sjouwt hij op stijve poten voort met vier toreadors in een dom processietje achter hem aan.

Voor mij zit een horde Amerikaanse toeristen verbluft toe te kijken met foto's van de tribune waarop zij zichzelf zien zitten en met affiches waar hun naam op de plaats van die van de matador gedrukt staat, als overwinningstrofeeën in de hand.

De kussens op de tribunes worden opgeruimd en er is leegte. Alleen een bloedspoor in de arena herinnert aan wat geen tien minuten geleden nog leefde; opgewoeld zand op de plaats waar de stier met zijn voorhoeven heeft staan krabben, gehoorzamend aan zijn dierlijke gedragscode. De stemmen sterven weg, de laatste voetstappen over stenen trappen.

De galg met het touw waaraan de stier wordt opgehesen maakt een lichte beweging wanneer de huid wordt losgesneden. Ik sta aan de achterzijde van de Plaza de Toros, in het abattoir onder de blote hemel. De huid met de witte binnenkant, zijdeachtig glanzend, wordt van het karkas gesneden zoals je een vrucht schilt. Kleine meisjes staan giechelend in hun zondagse jurkjes toe te kijken. De slachters lopen op blote voeten door het bloed en het spoelwater. De opgehesen romp geeft de holtes van het lichaam prijs, de schouderwond is nog zichtbaar. Zes karkassen worden op een rij gehangen, opengespalkte lijven zoals Goya en Rembrandt die geschilderd hebben van mensen en dieren. Meisjes persen de darmen leeg, masseren de stront eruit, de boekmaag wordt geleegd, je ziet de damp er afslaan, je ruikt het walmende hooi. Een vrouw sorteert de lege darmen als

witte kralensnoeren en bindt ze in trossen aan elkaar.
Van spektakel tot markt: de stier, de koning van de
arena, wordt verwerkt tot hondenvoer. De kop wordt
afgeslagen, en het smetteloze witte vel wordt van de
schedel gestroopt.

Als van een clown ziet de kop van de stier er nu uit,
wit met rood bloed geschminkt en met een zwarte
behaarde mond. Zolang het nog een kop is, blijft het
oog kijken. De hoorns bekronen de witte stierclown
op de grond; een jongetje geeft een trap tegen die
huidloze kop met tanden. Het lijkt een visioen uit
Goya's *Los Desastres de la Guerra*, getransporteerd
naar de dierenwereld. Goya, die de schoonheid en de
verschrikking van de dood samenbracht door de verschrikking om te zetten in schoonheid. Zelf werd hij
doof en woonde in *Het huis van de dove*. Hij werd uit
Spanje verbannen en afgesneden van zijn vaderland
maakte hij de meest duistere schilderijen. Vanuit dat
dove hoofd schiep hij zijn doodsvogels, zoals hij eerder al tekeningen van *Chronos* had gemaakt, de Tijd
die zijn eigen kinderen verslond. Spanje en Mexico
verbonden in de tijd.

De kadavers worden schoongespoeld en gedroogd.
Een nieuw aspect is de efficiëntie van het kadaver-
opdelen: de edele delen worden systematisch uitgesneden volgens een eeuwenoud principe. Er gaat
fascinatie uit van dit bloedbad, dit uitbenen op de
snijtafel; ook van de hiërarchie die binnen het slach-

terskoninkrijk bestaat, van opperslager tot darmen-
knijpster, van darmsorteerster tot en met het jongetje
dat de ontvelde koppen op een rij mag leggen.

De oorlog met de kadavers is uitgewoed, het gevecht met de botten voorbij. Ook deze arena wordt
stil. De slager maakt een colaflesje open met hetzelfde mes waarmee de stier ontleed werd. De huiden
liggen netjes opgevouwen met de punten naar binnen geslagen. Met de eigen staart wordt het vel sa-
mengebonden en weggesleept.

De haan met de messen
Tuxpán, september 1985
Deze avond wordt er een Torneo de Gallos gehouden
in de hanen-arena op de jaarmarkt van Tuxpán. Uit
het inwendige van de tent klinkt een kakofonie van
stemmen, een gonzen als van een dicht opeengedron-
gen bijenvolk. Vanbuiten zie je de lichten door het
zeildoek heen. We worden gefouilleerd op drank en
wapens, want hanengevechten verhitten de gemoede-
ren en geven aanleiding tot messentrekkerij. Overal
tussen de tribunes staan geüniformeerde agenten.
Duizenden mensen zitten samengepakt rondom een
piste waarin een gokspel wordt opgevoerd, een politiek spel ook omdat het teams van verschillende staten betreft die elkaar vanavond gaan bekampen met
hanen die uit Nevada zijn geïmporteerd. Aan de palen hangen geschilderde portretten van vechthanen
die eruitzien als exotische vogels met rode, gele en

witte verenpracht. Het orkest stemt, je hoort de hanen hun laatste zang afgeven – misschien denken ze dat het licht in de arena de ochtendzon is. Ave Caesar, zij die gaan sterven groeten u.

Achter een hekwerk bevindt zich het verzorgingsdomein waar de vechthanen met tederheid worden omringd, als boksers voor ze de ring betreden. Om beurten worden de dieren uit hun doos gehaald en in een kooi geplaatst, daar doen ze dan een poepje omdat ze plotseling de ruimte krijgen en omdat ze de doos, hun nest, niet willen bevuilen. Want ze moeten zich ontlasten voor ze de ring in gaan. Een man met een blauw petje met 'Game Farm' erop veegt met wc-papier de anus van de hanen schoon. De dieren zijn vijf tot zes maanden oud. 'Dan zijn ze het vurigst,' zegt de verzorger.

De man met de pet blijkt een fokker te zijn uit Oklahoma, hij is zelf met de hanen meegereisd naar Mexico. 'Een superieur ras,' zegt hij.

'Waarom?' vraag ik.

Hij maakt een schouderbeweging: 'Zoals de Duitsers superieure honden fokken.'

Twee hanen zitten al klaar achter de tribunes, één zit er vredig op een blauw stoeltje – zo kunnen ze wennen aan het publiek, aan de geluiden van de arena en het licht van de schijnwerpers. Grote ventilatoren draaien om lucht te verversen.

Over de grond binnen de arena is nu een groen zeildoek gespannen waarop vierkanten zijn aangebracht met een klein vierkantje in het midden. Tegen de opstaande rand van de piste staan twee cirkels getekend, een rode voor de staat Veracruz en een groene voor de staat Mexico.

De fokkers, de jury en *el presidente* vormen een miniatuurregerinkje op de eerste rij langs de piste. In een lijvig boek worden alle gegevens opgetekend, op een verhoging staat een geldkist en de doos met de messen voor de hanen. En steeds weer is er overleg, het lijkt een beurs met aandelen en speculanten, een laatste oordeelsdag met kauwgum en flessen drank. Je hoeft de gelaatstrekken niet eens te vertekenen en je hebt Goya: de afgezakte gezichten van de *condesa's* met waaiers naast de rijke *rancho*-bezitters – geen indiaans bloed bij de upper-class – en luidruchtige mannen die de arena bevolken om loten te verkopen, stromannen, een hele hiërarchie van belanghebbenden.

Nu worden de hanen aan het volk getoond, vredig liggend in de armen van hun fokkers. Met zorg worden hun dijen gemasseerd. De fase van het wedden breekt aan. Aan een touw met een ring rond de poot worden de hanen afgestapt en de toeschouwers krijgen nummers uitgedeeld. Plotseling loopt één haan los tussen al die mensen die redeneren, roepen en de weegschaal afstellen. Heel eenzaam, deze hoofdrolspeler, deze gladiator, ter dood of niet ter dood. Hij pikt in de grond. Dan wordt hij gewogen in de koperen weegschaal. Lichtgewicht of zwaargewicht?

Onze Oklahoma-man met de dikke boksersrug zweet als een otter, zijn blonde haren tegen het hoofd geplakt, terwijl een ander lid van de Oklahoma-clan, een mooie jongen met Fidel Castro-pet, geld ophaalt van de gokbriefjes. Via de dollar zullen de hanen van Mexico en de Verenigde Staten tegen elkaar in het strijdperk treden. Nu worden ze naar de mesjesuitdeler gedragen. Een oude heer die op generaal Eisenhower lijkt haalt de messen uit een zilveren cassette die met een sleuteltje wordt geopend. De dames wuiven zich koelte toe met waaiers, terwijl de hanen gestreeld worden en als bezienswaardigheden omhooggetild in de handen van hun verzorgers. De hanen trillen een beetje wanneer hen de messen worden aangebonden. Hun kam en lellen zijn afgesneden, maar dat is al eerder gebeurd, in hun aanvallige jeugdjaren. Ze zien er niet zo martiaal meer uit, maar dat weten ze zelf niet. Voor de eerste vechtronde worden hun messen met draad omwikkeld waardoor het zilveren sikkeltje wordt ingekort zodat ze elkaar niet te snel dodelijk kunnen verwonden. Even mogen ze rondlopen om te wennen aan het gewicht aan hun poot.

Vervolgens breekt het ogenblik aan van het opjuinen, het kittelen, het aan de staart vasthouden en op de vijand afsturen om het beest direct daarna weer achteruit te trekken wanneer de halsveren overeind komen. De tijd gaat in voor het eerste treffen. De hanen stuiven op elkaar af, ze springen en tuimelen als dronken vlinders over elkaar heen, ik hoor hun veren als waaiers ritselen. Bij iedere ronde worden de mesjes bijgesteld en gezuiverd van veren en bloed.

Tijdens de volgende fase worden de zwarte draden van de vlijmscherpe sikkeltjes verwijderd en de dodelijke tijd gaat in. Bloedverlies gaat zijn tol eisen, de verzorger likt de hanenkop om deze met speeksel af te koelen en het dier op die manier kracht te geven.

'A probar,' roept een gigantenstem door de luidsprekers en net als bij boksers worden de seconden afgeteld. Criterium is of de haan zijn kop laat hangen of nog rechtop houdt – in het laatste geval is hij nog niet knock-out. Andermaal klinkt: 'A probar.' De hanen lijken totaal geen deelnemers aan het gebeuren, het is alsof zij mechanisch worden opgewonden om dan, verbaasd, bij verrassing genomen, te sterven. Al snel verflensen de dieren op de grond.

De Oklahoma-man staat met de kop van een zieltogende haan in zijn mond; het lijkt een erotische handeling. Vervolgens probeert hij het beest weer op zijn poten te zetten, drukt de haan met zijn achterlijf tegen de grond om hem weg te doen springen.

Uiteindelijk wordt een van de hanen dood verklaard en in een plastic zak afgevoerd terwijl de overwinnaar, op sterven na dood, later achter de coulissen zal worden afgemaakt. Veren worden opgeveegd en consumptiemeisjes rennen de arena binnen met warme worstjes, drankjes en versnaperingen.

In de entr'acte wordt een soort bingo gespeeld, een hanenbingo: er wordt getuurd op kaarten en lichtgevende getallen verschijnen op een elektronisch bord terwijl een nieuw team hanen vechtklaar wordt gemaakt. Naast de klok staat een machine met lottoballetjes die als champagnebellen omhoogbubbelen. De hancn kraaien ijl door het stemgeroes van de bomvolle tent heen.

Alles herhaalt zich. De messenuitdeler met zijn biljartkop zit seniel te grinniken, de mesjes worden uit de met blauw fluweel beklede cassette gehaald. Opnieuw het ritueel van de zilveren sikkeltjes en het verwijderen van de draad voor de doodssteek. Uit de bek van een van de hanen komt een straaltje bloed gelopen als uit de tuit van een koffiekannetje. De ongeschonden haan loopt besluiteloos rond zijn verslagen broeder, want zodra zijn tegenstander onbeweeglijk op de grond ligt vecht een haan niet meer.

'A probar,' schalt het door de tent. Er wordt gekeken of de verlepte haan definitief ter ziele is, de kop wordt met de hand ondersteund, voor een laatste maal wordt er aan de snavel getrokken in de hoop dat deze nog een reflex van pikken zal vertonen. Uiteindelijk liggen de twee vogels over elkaar heen in een dodelijke omhelzing, zich vaag iets herinnerend misschien, van toen zij kuikens, jonge haantjes waren, warme lijven tegen elkaar aan, de snavels opengesperd, naar adem snakkend.

De stilte van de hanen. De gemanipuleerde dood, volgens afspraken en codes voltrokken.

Nadat de restanten van de veren zijn weggeveegd breekt het tumult op de tribunes pas goed los, zang golft tussen de menigte heen en weer en overspoelt alles, een schoon kleed overdekt nu de witte lijnen van het hanentoernooiveld. Gekleurd schijnwerperlicht gloeit aan wanneer een Mexicaanse Marco Bakker met een gigantische sombrero op en in een zilveren glitterpak onder donderend applaus ontvangen wordt. Schotelhoeden worden in de lucht geworpen.

De nacht is over de *feria* gevallen. De verzorgers van de dieren slapen in hangmatten in de smalle ruimte tussen de boxen van de ossen, of zitten te eten tussen de spermakampioenen, omringd door hun familie, kinderen, vrouwen met baby's. De paarden slapen ook: *el sueño*, de droom, verenigt mensen en dieren. De ossen likken een poeierachtige substantie op – maïspoeder lijkt het – ze ademen zwaar in de hitte van de avond. In zulke grote lijven is het dulden opvallender.

De hete nacht op de jaarmarkt, omzwangerd door al die beestengeuren, geuren van stro en pis en graan, van tortilla's en mango's, de diepe tropische nacht en de verlichte feriastraten van de efemere jaarmarkt, de uit het niets gekomene en in het niets verdwijnende tentenstad.

Mexico Stad, 1985

Iedere namiddag rekruteert de god Tlaloc zijn regenwolken en kondigt zijn komst aan met duisternis boven de stad. Ik ben zojuist uit het Palacio Nacional
gekomen waar ik fresco's van Rivera heb bekeken en
kijk uit over het bedrijvige plein, het Zócalo, waar
honderden mensen, kinderen, auto's zich wandelend, fietsend en wielend voortbewegen. Boven dat
alles hangt een gemene zwavelkleurige wolk. En in
dat licht lijkt de kathedraal met zijn torenstompen
opeens een zonderling dreigend ineenhurkend rep-
tiel, opgetrokken uit *tezontle*, het zwartrode lavage-
steente, de bloedstenen waarvan de Azteekse tempels
waren gebouwd. Ik hoor haar bronzen klok trillen,
somber en diep, en zo zacht dat het lijkt of zij alleen
een prevelement voor zichzelf houdt. Dan komen er
druppels uit de lucht vallen, groot als kersen. Bij de
kerk dekken de tortillabaksters hun handeltje af met
plastic lappen, ook krantenstalletjes, kraampjes, alles
verdwijnt onder plastic; de mensen handelen gerou-
tineerd, ze kennen Tlaloc. Een lichtflits verspringt in
de vuilgele lucht en een wolkbreuk ontlaadt zich. In
een oogwenk is de mensenmenigte op het plein uit-
eengeslagen en in alle denkbare hoeken en gaten
verdwenen: in de kathedraal, het Palacio, de tunnels
voor de *peadores* onder de grond. Even drijven er,

275

glimmend als kwallen, opengeklapte paraplu's door de watervloed en zijn dan ook spoorloos.

Ik sta met mijn rug tegen het paleis geleund en voel de warmte van de stenen door mijn kleren heen, alsof ik tegen een groot warm dier leun. Naast mij staan kouwelijk ineengedoken mestiezen te schuilen en voor mij wordt er een doorzichtige muur van ijskoud water neergelaten; hagelstenen springen van de keien omhoog.

Midden op het plein, als enig levend element, wappert de vlag van Mexico aan zijn hoge mast. Het doek slaat sproeiwolken uit zijn plooien; de gekleurde banen, groen, wit en rood, met de Azteekse adelaar in het centrum, wringen zich om elkaar heen, zich wringend en weer ontrollend alsof ze een traag gevecht leveren, als slangen die paren. Opeens steekt de wind op om als derde partner aan de worsteling deel te nemen, felle rukken gevend aan het driekleurige doek. En terwijl ik sta te kijken, bijna alsof mijn blik het verschijnsel teweegbrengt, begint het rode segment van de vlag zich van de overige af te splitsen, heel langzaam als in een vertraagde film, om vervolgens op eigen kracht de lucht in te gaan, voortfladderend over het immense lege plein, als een aangeschoten bloedrode vogel. Eerst de hoogte in en vervolgens lager, al lager golvend over het glimmend plaveisel om zich uiteindelijk neer te leggen als een hulpeloze flard rood. De mensen naast mij bekruisen zich, hun ogen gefixeerd op de plek waar het gebeurde, of niet gebeurde, want het lijkt onwerkelijk als een zinsbegoocheling: de vlag van Mexico is uiteengereten.

Hier, op dezelfde plek waar Moctezuma II de ondergang van zijn rijk voorspeld kreeg bij monde van zijn
opperpriesters: 'En Moctezuma weende en zei: O
Schepper van al het geschapene, waarom hebt gij zoveel koningen vergund in voorspoed te heersen, terwijl het mijn noodlot is getuige te zijn van de ondergang van het trotse rijk van de Azteken. Wat zal ik
doen... Waar zal ik heen gaan, waar zal ik mij verbergen?'

Achter het gordijn van pijpenstelen zie ik hoe een
man naar de rode lap, de gestorven bloedvogel, toe
rent, het hoofd tussen de schouders getrokken, ge-
bukt tegen de striemende regen in. Ik volg de weg die
het witte vlekje van zijn overhemd aflegt. Een moment lang staat hij stil, bij zichzelf overleggend misschien hoe het zware drijfnatte stuk stof aan te vatten,
dan bukt hij zich om een punt van de lap naar binnen
te slaan, vervolgens loopt hij naar de andere kant. Methodisch gaat hij te werk, heen en weer gaand in de
slagregen, om de rode lap tot hanteerbare proporties
op te vouwen. Maar dan rukt er vanuit het Palacio Nacional al een militaire wagen uit als een ambulance na
een dodelijk ongeluk. De rode lap keert terug naar het
paleis, wordt bij de ingang over de uitgestrekte armen
van een witgehelmde militair gelegd en met stramme
tred naar binnen gedragen. Op het Zócalo rolt het resterende deel van de Mexicaanse vlag zich mistroostig
rond zijn stok.

Blauwe wakken verschijnen weer in het wolkendek, de kathedraal glimlacht roze, veel lichter opeens dan voor de wolkbreuk; de mensen komen de grond weer uit via de tunnelgaten van de peadores, het plein komt opnieuw tot leven, als herboren, kinderen slepen met dozen en kranten, parasols worden opgezet, de verwoesting van het plein is opgeheven en de zon gooit haar licht over de huizen. De tortillabaksters trekken het plastic van hun vuurtestjes, die op verhogingen staan van 25-kilo-margarinedozen, ze schudden het water van de lap, lenen een vuurtje van elkaar, de koekjes worden opnieuw geboren. Alles praat weer en stapt voort, de krantenjongens krijgen in het van plastic ontdane stalletje hun pak kranten uitgedeeld, op de fiets stuiven ze weg. De bedelaar zit weer op zijn vaste plek op de schoongewassen treden van de kathedraal, rook dwaalt omhoog, een transistor zoemt een onverstaanbaar lied. Achter de dikke muren van het regeringspaleis klinkt een dun taptoemuziekje en er rukt een regiment tinnen soldaatjes uit om de gemutileerde vlag te strijken. Quo vadis, Mexico?

Drie dagen na dit gebeuren verwoestte de aardbeving van *el septiembre rojo* een groot deel van Mexico Stad. Was het scheuren van de vlag toeval of een voorteken? Of een toeval dat door de loop van de geschiedenis als voorteken werd bevestigd?

Mexico Stad, mei 1986
'No hay luz,' zei de taxichauffeur. Er brandt geen
licht. Wij zochten naar hotel Montejo aan de Paseo
de la Reforma. Om twaalf uur 's nachts. Ik herkende
de baldakijntjes aan de buitenmuur en stapte uit. De
dubbele deur was dichtgetimmerd, er hing een briefje met een telefoonnummer voor wie informatie
wenste. Uit de manier waarop dat briefje scheef hing
en de stilte daarachter maakte ik op dat het pand al
geruime tijd verlaten moest zijn. Ik keek door de ruiten naar binnen, schijnsel van koplampen van een
draaiende auto op de Reforma illumineerde enkele
seconden de plotseling verlaten wereld daarbinnen:
schimmen van palmen bewoonden nog de vestibule,
op de balie stond de stilgevallen telefoon, brochures
van excursies naar fabelachtige oorden lagen ver-
waaid over de grond en de leuning van de trap waarlangs wij nog niet zo lang geleden naar boven waren
geklommen, hing als een mistroostige sliert naar beneden. De aardbeving was langs geweest.

Ook het Alameda-hotel in de Zona Rosa lag er desolaat bij. Achter een afgebrokkelde muur onder een
afdak van wat eens de parkeergarage was geweest,
hielden twee kerels met helmen op de wacht bij een
bulldozer. Eén zat, onderuitgezakt in een hotelfau-
teuil, met behulp van een zaklantaarn een stripboek
te lezen.

279

'*Casitas de cartón,*' zei de taxichauffeur. Duizenden, voor de *damnificados*, de slachtoffers. Wij waren op weg naar het Plein van de Drie Culturen, dat het ergst onder de aardbeving te lijden had gehad. De huisjes van karton waren zwartgeteerd, flessendoppen hielden de spijkerkoppen op hun plaats, door hoog rasterwerk rondom leken ze op kippenhokken. De chauffeur wees naar lege plekken in het stadsbeeld: 'Hotel Regis, Hotel Continental, Hilton, *caído todo...*' met een gebaar van wég, in elkaar gedonderd.

'Ik kreeg een onbehaaglijk gevoel in mijn maag,' zei de taxichauffeur, 'lampen schommelden, stenen kwamen naar beneden gerold, en dat was nog maar het begin. Het leek of de hele stad bewoog als een boot op ruw water.'

Binnen zijn vulkanenstelsel ligt Mexico Stad op een van de brandpunten van de aarde. In de Azteekse mythologie wordt verhaald van drie eerdere tijdperken die alle een rampzalig einde vonden, geen mens weet hoeveel oude mythologische beschavingen in het lavabed van Mexico begraven werden. Stemmen beweren dat de stad allang van de aardbodem zou zijn weggevaagd ware het niet dat zij op dat dikke gecapitonneerde kussen is gezeten, gevormd door de ondergrondse modderbrij van de lagunes van Tenochtitlán – de witte stad die door Hernán Cortés werd verwoest.

Patricia en Norma, kinderen van de aardbeving, wonen in hun casitas de cartón en borduren bloemen op een kleedje, zij geven mij een speldje met de vlag van Mexico ten geschenke. Hun kippenhokstad is door een barricade van cementblokken afgeschermd van de verkeersaders, waar bussen en aftandse vrachtwagens op halsbrekende wijze door de bochten slingeren, slierten dieselgas uitbrakend.

Ik kijk binnen in grote sigarenkisten, vol mensen, slapend, etend, vol merkwaardig stille kinderen; aan de muur van een gemeenschappelijke keuken hangen lijsten betreffende taakverdeling, nieuws over kortingen en mededelingen omtrent hygiëne. Voorwerpen uit het puin gered lijken een nieuwe importantie te hebben gekregen, een oude steelpan is kostbaarder geworden door zijn gebleken overlevingskracht.

Ik zie de damnificados samen met hun honden, katten en zuigelingen warm tegen elkaar aan liggen; in lege blikken en holle stenen zijn de eerste plantjes alweer in knop geschoten, soepkruiden, rozemarijn, afrikaantjes, als een lichtzinnig teken van hoop op de toekomst – alsof er rond deze sigarenkistenstad niet die half verwoeste moloch ligt met zijn achttien miljoen overlevenden, zijn drie miljoen honden en honderd miljoen ratten.

Via losse loopplanken over puin en modder vervolg ik mijn puindwaaltocht. Overal zijn scheppende werklui in overalls, en andere werklui die weer verder scheppen wat hun voorgangers geschept hebben: een verplaatsing van puin tot waar de grijptentakels van de graafmachine erbij kunnen voor het grote opschuifwerk. Een ketting van scheppen en schuiven, van stof, herinnering en bitterheid. Trappenhuispuin, slaapkamerpuin, gevelpuin, minuscule scherfjes puin dringen mijn neus binnen. Verwrongen zwart ijzerwerk ligt overal verspreid, ook hout, nieuwe planken voor het beschot van daken, zakken cement en al dat soort ingrediënten die bij herstelwerkzaamheden horen. Boven op het skelet van een flatgebouw, hoog in de lucht, staan twee mannetjes die er met houwelen op loshakken – dwergen die hun reuzenstad weer opbouwen.

Bij een noodgebouwtje waarin een school gevestigd is, lopen vrouwen met bloemen in hun handen, ze lachen naar mij en wenken. Vandaag is het *fiesta del maestro*, het naamfeest van de schoolmeester, en of ik soms binnen wil komen. Er staan onooglijke gebladderde schoolbankjes voor lilliputtermensen – de kinderen krijgen les in twee ploegen, 's ochtends de ene helft en 's middags de andere. Op een schraag staan lekkernijen uitgestald die de moeders hebben meegebracht ter ere van de meester, er wordt brandewijn van druiven ingeschonken, en te midden van deze geïmproviseerde festiviteiten beklimt de schoolmeester een verhoging die op vier cacaoblikken rust. Zo staat hij daar in pas geperste pantalon en donkerrood colbertjasje als een toonbeeld van frisheid en vastberadenheid – stijl en hoofsheid zijn hoedanigheden die nog altijd in het overlevingspakket zitten dat de Azteken aan hun erfgenamen nalieten. Hij opent zijn mond en zingt een lied ter ere van de bijeenkomst.

Vervolgens prijst hij de moeders voor hun moed en solidariteit. 'Het volk van Mexico is *el más solidario* van alle volkeren en daarom hebben wij de verschrikkelijke gevolgen van de catastrofe kunnen overleven.'

Gezeten in een van de piepkleine bankjes met een schoolbord achter mijn hoofd (gift van een liefdadigheidsinstelling) eet ik tortilla's met door de moeders thuis bereide gestoofde groentes en chili's, er is saamhorigheid en plezier in het allergeringste, wat ik me zo goed uit de oorlog herinner. Met aanzienlijke moeite weet ik de gerechtjes met mijn ongeoefende vingers in mijn mond te manoeuvreren. De moeders bekijken mij van alle kanten met nieuwsgierigheid, ze klappen in de handen – ik voel me onbehaaglijk zozeer het middelpunt te zijn alsof ik het versierde speenvarken ben op de feestdis.

Professor Donaciano gaat mij voor naar het verwoeste schoolgebouw. In bloemguirlandes – ter ere van een jubileum – hangt daar nog de naam van de school aan de gevel. De droogbloemen, opgezwollen door water, zijn weer teruggekeerd naar hun element, maar de kleur is geweken. De gangen en trappen zijn met kalkgruis overdekt, vensters uit hun sponningen gesprongen, in de rode bakstenen muren gapen kieren. De vloerplanken beginnen door te zakken door voortdurend gelek van regenwater. Overal blijken mensen te bivakkeren, hoewel hun aanwezigheid enkel te raden valt aan de hand van voddige dekens in een hoek of resten van een vuur dat op een plaat van oud ijzer is gestookt. Er ligt een verbazingwekkende hoeveelheid lege eierdoppen. Ik zie een kind weg- schieten langs de bocht van een trap, een kip zit in de vensterbank – een nieuwe orde is ontstaan nadat de vorige ten onder ging. In een ondergestoven kast ligt nog lesmateriaal opgestapeld, schriftjes met optel- sommen: zes schapen plus twaalf schapen zijn samen ... schapen. Op het kaft van elk schrift heeft ieder kind zijn eigen bloem getekend, ik voel het korrelige stof onder mijn vingertoppen terwijl ik de bladzijden omsla, lessen over dieren met tekeningen van paard en geit en kalkoen, lessen over de zon en de aarde, *la tierra*. De tierra die gebeefd heeft.

Overal lopen honden die hun gang mogen gaan, een teef met een serie bengelende tepels onder aan haar buik zoekt haar weg tussen steenbrokken en afval, speurend naar etensresten. Op het schoolplein hangt de tijdloze was te wapperen aan tijdloze waslijnen.

Onder de gestutte gewelven door klimmen wij om- hoog naar een groot roze plat met een klokkentoren. Daar blijft de schoolmeester uitkijken over de leegte. Aan onze voeten ligt een levende stad, een opnieuw levende stad. Vanaf het dak van de school lijkt het alsof een gigantische tractor door een mierenhoop is gereden en of onmiddellijk het nieuwe leven, via een onzichtbaar maar onfeilbaar mechanisme in de mie- rengemeenschap, orde op zaken is gaan stellen.

Beneden ons, onder het golfplaten dak van het noodgebouw, horen we de schoolkinderen zingen bin- nen in hun blikken doos: de stem van de hoopvolle mens binnen de morbide kalkschelp van de stad.

DEEL V

Dagboekbladen 2

OUDE VRIENDEN

1992

Als water is de tijd door mijn vingers gegleden. Zegt men niet dat de tijd als je oud bent steeds sneller gaat? Zonderling fenomeen. Ontstaat die gewaarwording omdat je niet gauw meer verrast bent, omdat er gewenning ontstaat? Zoveel beelden, zoveel gesprekken en details gaan verloren – ik ben geen regelmatig dagboekschrijfster en daardoor raakt er veel in vergetelheid.

'Wat lees je nu je oud bent?' vroeg iemand mij. Ik ben vluchtig in mijn contact met nieuwe boeken, vrees ik, ik ga nu dikwijls terug naar de liefdes uit mijn jeugdjaren. De hernieuwde kennismaking is geruststellend, troostrijk, het zijn oude vrienden en soms winnen ze aan kwaliteit omdat ik zelf naar ze toe gegroeid ben. Zo las ik *Le rouge et le noir* toen ik zeventien was en nu ontdek ik andere aspecten daarvan waar het stijl en compositie betreft, of kennis van de ziel. Toch zijn de verrukking en verbazing nu niet zo heftig meer. Soms zelfs valt een dierbaar boek van vroeger bij herlezing tegen. Zo vind ik nu *De gebroeders Karamazov* te pathetisch en te uitvoerig, zelfs ietwat stoffig. Tegelijk voel ik gêne tegenover die beminde roman die in mijn jeugd mijn geheime demonische wereld vertegenwoordigde. Daarentegen heeft Tolstoj's *Anna Karenina* zijn volle glans behouden, misschien zelfs meer dan dat omdat ik nu zelf een rijper inzicht heb gekregen in de menselijke geaardheid. En Tolstoj's epos *Oorlog en Vrede* blijft als een magistrale wereld overeind.

Wanneer ik verder terugwandel naar mijn oude vrienden, dan is daar natuurlijk D.H. Lawrence, die toen ik even twintig was mijn inspirator werd, ik beet mijn vingers stuk van spanning en geestdrift: zo te kunnen schrijven, zoveel te kunnen openbaren van de menselijke drijfveren, zoveel kleuren te kunnen aanbrengen op het palet van de natuur. Ook Virginia Woolf en Henry Miller (*bien étonnés de se trouver ensemble*) waren mijlpalen in mijn ontwikkeling. Later raakte ik gefascineerd door Truman Capote, niet alleen door wat hij schreef maar ook vanwege zijn buitenissige jeugd in dat broeierige South Carolina dat ik zelf zo goed ken, waar de hitte bizarre dromen uitbroedt, ik zie de foto voor me van Truman als jong genie, kwijnend gelegen in een hangmat, en het is of ik nog de fluisterstemmen hoor van de zwarten die gelyncht werden, van de geliefden wier liefde verdoemd was. Voor mij heeft het Diepe Zuiden van de States altijd een atmosfeer bezeten alsof liefde en dood daar als orchideeën ontbloeiden.

'Hoeveel is er in uw boeken gebaseerd op persoonlijke ervaringen?' werd mij eens door een interviewer gevraagd. Moeilijk te zeggen. Bovendien is 'hoeveel' niet belangrijk. Je hebt als schrijver drie dingen nodig: ervaring, observatievermogen en fantasie. En natuurlijk boven alles: de passie, de onverklaarbare irreële passie. Jonge schrijvers zouden volgens mij geen theoretische cursussen moeten volgen over hoe te schrijven. Ze moeten zichzelf ontdekken, zichzelf corrigeren door hun eigen fouten te onderkennen.

De schrijver Faulkner zegt: 'Je moet negentig procent talent hebben, negentig procent discipline en negentig procent werk verrichten. Je mag nooit tevreden zijn met wat je doet. Het kan altijd beter. Probeer niet beter te zijn dan je tijdgenoten, probeer beter te zijn dan jezelf.'

Schrijven houdt in: heftig nadenken en dat veroorzaakt wrijving in je hersencellen. Daardoor gaat er iets gloeien, springt er een vonk over. Ook heimwee bevordert het schrijven omdat heimwee een gevoel is dat specifiek aan jou toebehoort. Heimwee is het diffuse licht van een lantaarn heel ver weg, je kunt nooit meer dichterbij komen omdat de tijd zich ertussen heeft geschoven en eigenlijk bestaat dat lantaarntje helemaal niet, enkel jij ziet het, alleen voor jou gloeit het nog als iets verlorens. Zo heb ik heimwee naar landen waar ik nooit meer een voet zal zetten omdat ze van me zijn weggezeild en ik ze in mijn ouderdom niet meer zal kunnen bereiken.

1992

Vanavond indrukwekkend programma gezien van de
BRT omdat op 11 november 1918 de Eerste Wereldoorlog werd beëindigd. Er waren interviews met stokoude mensen die allen in Ieper woonden. De film werd
zeven jaar geleden opgenomen en de geïnterviewden
waren nog kinderen toen de oorlog begon. Er waren
mensen die over de Engelsen, Fransen en Schotten
vertelden die in hun dorp waren ingekwartierd, terwijl andere bewoners over de Duitsers praatten die
hun huizen hadden gerekwireerd. Deze getuigenis-
sen werden afgelegd in de twee tegenover elkaar lig-
gende kampen, want de frontlinie liep toentertijd
dwars door Ieper. Al die gebeurtenissen stonden in
die oude hoofden gegrift. Een bejaarde vrouw vertelde over het gas dat de longen van de soldaten ver-
brandde en hun ogen blind maakte. Men probeerde
een nieuwe huid op hun brandwonden te laten groei-
en, maar tot drie keer toe moest de korst eraf worden
getrokken voordat er enigszins normale huid ontstond. Aan ogen en longen konden de dokters niets
doen.

Doden en halfdoden werden in dekens gewikkeld
en in een schuur gelegd om vervolgens in een mas-
sagraf te worden gedumpt. Er waren er die levend
werden begraven, zei de oude vrouw.

'Je raakte gewoon aan de lijken. Wij, kinderen, aten onze boterhammen zittend op de lijken. Iedereen vond de Schotten prachtig, zoals die aan kwamen marcheren op het geluid van hun doedelzakken. En dan had je de Indiërs die oren van afgeslachte Duitsers aan hun tulband hadden hangen, en Marokkanen die er schitterend uitzagen met rode mantels vanbinnen met witte zijde gevoerd – en dat ging allemaal de modder van de loopgraven in.'

Een oude man vertelt: 'Op een dag zagen wij een groene wolk naderbij komen, wij hadden geen gasmaskers, je moest naar binnen gaan en een natte lap tegen je gezicht drukken. Een keer zag ik een gaswolk uit de Duitse linies opstijgen, maar plotseling draaide de wind en het gas sloeg naar de Duitsers terug.'

Vier jaar lang hebben de twee partijen elkaar bevochten zonder een stap vooruit te komen. Met enorme verliezen aan weerskanten. In het begin joegen onverantwoordelijke generaals van de geallieerden hun soldaten een zekere dood tegemoet toen deze nog geen mitrailleurs hadden.

'Een moordpartij,' zei de oude vrouw. 'Misschien zou er geen oorlog zijn als alle mensen dezelfde taal spraken en niemand armoe leed.'

De oude man zei: 'We vergeten het weer, en daardoor komt er opnieuw oorlog. De mens wordt geboren met vergetelheid in zijn ziel.'

Op den duur ontstond er tussen de dorpelingen en hun Duitse bezetters een grote band, toen ze nog genoeg te eten hadden gaven de Duitsers de kinderen en bejaarden iedere dag een kom soep. Ze speelden kaartspelletjes met de dorpsgenoten en er werden eenentwintig Duitse baby's geboren bij de Vlaamse meisjes, terwijl aan de andere kant van de frontlijn Engelse en Schotse baby's ter wereld kwamen.

Voortdurend flitst filmmateriaal tussen de vraaggesprekken door. In een lange rij zie ik door het gas blind geworden soldaten lopen met hun hand op de schouder van hun voorganger. Het visioen van Pieter Brueghel de Oude doemt voor mij op: *Parabel der blinden*. Brueghel laat de voorsten in de stoet struikelen, bijna alsof ze een vreemde dans ten uitvoer brengen, en daarachter volgt de rij hulpelozen met hun lege oogkassen of witte oogballen, het hoofd geheven alsof zij hun weg proberen te ruiken, en ook hier worden ze aaneengeschakeld door de handen die zich op de schouder van de voorganger leggen.

Sommige soldaten wilden niet terug naar het front. De regel was: vier dagen front, drie dagen rust. Een keuze hadden ze niet want wie deserteerde wachtte de kogel. Er waren er die zelfmoord verkozen, op een dag hingen er twintig dode jongens aan de bomen te bungelen.

Wanneer de Duitsers naar het front vertrokken zongen zij uit volle borst met de muziekkapel voorop. *In der Heimat, in der Heimat, da gibt's ein Wiedersehen*, zongen ze, of: *Eine Kugel kam geflogen...*

'Mijn vader was schoenmaker,' vertelt de oude man. 'Er werd veel gedanst in het dorp, de soldaten dansten hele nachten door voor ze naar het front moesten. Op het plein van het dorp kon je een ingesleten kring zien waar er gedanst werd. Mijn vader moest iedere drie weken de schoenen van de meisjes verzolen.'

De Eerste Wereldoorlog bleef voor ons, kinderen, een onwerkelijk gebeuren, zoiets als de Tachtigjarige Oorlog, mogelijk nog schimmiger omdat geen vijand onze grenzen had overschreden. Ook de Tweede Wereldoorlog had aanvankelijk iets ongeloofwaardigs – wij zouden wel neutraal blijven, zoals in de Eerste. De Tweede openbaarde zich na maandenlang getreuzel en onderhandelingen, na verwarrende wervelstormen met rustige hiaten daartussen. Chamberlain kwam met bolhoed en paraplu zegevierend uit Hitlers Duitsland terug en sprak geruststellende woorden, waarna iedereen zich weer ingroef in zijn veilige hol. Tot onverhoeds de oorlog in zijn volle omvang opdook.

Wij hielden in die dagen zomervakantie in een hotelletje in Cadzand. Mijn moeder had mij meegenomen naar Brugge, waar het Heilig Bloedspel werd opgevoerd, en toen wij laat in de avond terugkeerden vonden wij mijn vader ijsberend op het bordes van ons hotel, op de uitkijk naar onze terugkomst, hij had zich zorgen gemaakt of wij zonder identiteitsbewijs over de grens hadden kunnen komen. Wij waren volstrekt onkundig van enig alarmerend bericht, mijn vader hielp ons echter uit de droom: de algehele mo-

bilisatie was afgekondigd en hij wilde zo snel mogelijk terug naar het Gerechtshof in Amsterdam om op
zijn post te zijn.

De oorlog hing als een dreigende maar ook opwindende aanwezigheid over ons heen toen wij bij zonsopgang door het slapende Zeeuwse land reden op weg
naar de veerpont over het Hollands Diep. Tot mijn
verbazing had zich bij de pont al een dichte menigte
verzameld, ik zag soldaten met plunjezakken op hun
rug, boeren met paarden tussen karren en auto's en
vakantiegangers zoals wijzelf. De adem van de oorlog
had ons op een hoop geblazen. Onze doorgaans zo
geduldige vader ontpopte zich opeens tot een autori-
teit, hij drong zich tussen de mensen naar voren om
voorrang te eisen en blijkbaar had hij succes want ik
zag een man met een pet met gezaghebbende gebaren
een weg vrijmaken voor onze taxi.

In Zuid-Holland werd mijn broertje wagenziek en
spuugde over de rok van mijn moeder, de taxi kreeg
een lekke band en de chauffeur weigerde ons verder
te brengen. In de zomerhitte stonden wij tussen onze
koffers aan de wegkant te liften als heuse vluchtelingen. De tijd rekte zich in mijn herinnering oneindig
lang uit tot er als een mirakel een lege taxi uit het
niets verscheen. De chauffeur vroeg een exorbitante
prijs, maar mijn ouders knikten gedwee en stapten
snel in het reddingbrengende vehikel.

Toch is de diepste indruk die deze mobilisatiedag
bij mij heeft achtergelaten de stoet van honderden
Zeeuwse paarden die opdoemden uit het nevelige

ochtendlicht. Zij liepen voor ons uit door een lange laan die door peppels werd omzoomd, zonlicht scheerde over hun schoften en speelde in hun lange blonde manen, voortstappende boeren hielden hen vast bij het hoofdstel. Geen geluid was hoorbaar behalve het kloppen van hun hoeven.

En in dat licht liepen zij lankmoedig voort, zonder te weten waarheen. Waren ze op weg naar de oorlog? Naar het slagveld? Moesten zij daar kanonnen voortzeulen? Deze vreemde paardenprocessie beklemde mij vanwege het niet-wetende gedweeë lopen van die grote lijven, de hoofden met bewimperde ogen, de besokte hoeven die voortgingen. Tranen sprongen in mijn ogen om iets wat ik niet begreep, om deze verraderlijk zachtaardige vorm die de oorlog had aangenomen. Misschien ook vanwege een soort afscheid, afscheid van de argeloze wereld van mijn kinderjaren.

Ik bleef met mijn ogen de paarden volgen tot de stoet een zijweg insloeg en ze verdwenen in een lichtend gat in de zeedamp.

Herfst 1996
Vorige week hield ik de diesrede voor studenten van
de Katholieke Universiteit van Nijmegen ter ere van
haar 73ste dies natalis. Ik had mijn rede 'De pijn van
het scheppen' genoemd en als motto de woorden van
Oskar Kokoschka meegegeven: 'The miracle of art is
born from pain'.

Fragment uit de diesrede
In een van zijn notitieboekjes schrijft Picasso:
'Vreemd beroep, vreemde lotsbestemming als men
erover nadenkt: kleur op een doek aanbrengen om
zich vervolgens te kwellen, strijd te leveren, zich kop-
pig te verweren en te vechten tegen zichzelf, tegen
het doek, tegen de hele wereld, dagen en nachten
achtereen doorwerken, en waarvoor...? Waarom? Wie
verplicht ons daartoe? Niemand kan weten wat dat is.
Indien er een vrijheid bestaat in hetgeen men schept,
dient die er misschien toe om iets binnen onszelf te
bevrijden. Maar ook die bevrijding is van korte duur.'
Hiermee suggereert Picasso dat er altijd iets in hem
leeft of groeit wat bevrijd moet worden. Dit proces is
echter een van de aandrijfkrachten die de kunstenaar
ertoe beweegt het gevecht aan te gaan en stem te
geven aan datgene wat in het verborgene van zijn

geest leeft. De kwelling waarmee die bevrijding gepaard gaat is een uitvloeisel van zijn inspanningen. Anderzijds komt het ook voor dat pijn geen uitvloeisel is maar juist de aanleiding tot ontstaan van kunst. Een fysieke pijn of groot verdriet kan een zodanige druk op een persoon uitoefenen dat dit resulteert in een uitbarsting van taal, kleur of beeldkracht. Zo heeft de koboldachtige Toulouse Lautrec zijn vlijmscherpe tekenstift gebruikt teneinde aan vernedering te ontkomen en een tweede bestaan te scheppen waarin hij de triomfator kon zijn. Sluimerend moet zijn talent al aanwezig zijn geweest, maar indien hij niet een mismaakt lichaam had gehad zou hij mogelijk net zo'n feestend leeghoofd als zijn aristocratische vader zijn geworden. Toch moest hij de enorme krachtsinspanning om zijn invaliditeit en zijn afstotelijkheid door de macht van zijn verbeelding te compenseren met een vroege dood bekopen. Hij werd 37 jaar.

Verwonde mensen, vooral ook psychisch verwonde mensen, depressieven, schizofrenen en neurotici, wandelend op het scherp van de snede tussen normaal en krankzinnig, putten uit een andere bron dan gewone mensen, zij zijn toegankelijker voor andersoortige krachten, waanvoorstellingen en fantasieën dan die de aangepaste mens kent. Veel mensen bouwen een hekwerk rond hun leven om het ongewisse en pijnlijke buiten te sluiten. Maar veiligheid maakt tam, maakt begrensd. Veilig leven, zonder zich aan risico's te willen blootstellen, is een onvruchtbare voedingsbodem voor kunst. Vandaar dat iets creëren zo kwellend kan zijn, omdat je de sluizen open moet zetten naar onbekende werelden, niet alleen naar wat andere mensen pijnigt maar bovenal naar je eigen verzonken onbegrepen pijn. Creativiteit heeft een januskop, vernietigend en tegelijk ook reddend.

Zonder pijn geen kunst... Renoir varieerde daarop: 'Zonder opwinding geen kunst.' Pijn of opwinding. Prikkels in ieder geval die uit balans brengen. Degene die uit balans is gebracht tracht zich te heroriënteren, soms kan de balans hersteld worden door de woede van het scheppen. Aangepast zijn, in harmonie leven is aangenaam. Bovendien heeft de westerse mens meer vertrouwen in de rede, het aangeleerde, de algemeen aanvaarde norm dan in zijn eigen ervaringen. Hij tracht zich aan te passen aan de geldende maatstaven. Aanpassing veroorzaakt echter veelal bewustzijnsvernauwing, men maakt zich de normen van anderen eigen. Het heeft iets analoogs met het dichtgroeien van de schedelnaden, de fontanel van het kleine kind.

Het lam maakt nog dolle sprongen, het volwassen schaap loopt achter de andere schapen aan, dat zoekt veiligheid. De onderzoekingsdrift gaat verloren evenals het spel-element. Zou het kunnen zijn dat bij kunstenaars en wetenschappelijke genieën de spirituele fontanel zich nooit definitief gesloten heeft zodat fenomenen van buitenaf of van binnenuit anders vertaald kunnen worden en onderzoekingsdrift levenslang actief kan blijven?

Creativiteit huist in het tussengebied van wat normaal is en wat waanzin, want de creatieve mens onderzoekt het grensgebied van het gekende en het ongekende. Geniale kunstenaars zijn ontdekkingsreizigers, ze dringen door in domeinen van de geest die aan de waanzin grenzen, en daar openbaart zich een gevaarlijke macht die hun leven bedreigt. Die verontrust hen, maar zuigt hen ook aan. Zodra een toestand van harmonie in zicht komt, wordt er een diabolische geest in hen wakker die hen aandrijft om het verworvene te ondergraven. Maar het is juist deze gespletenheid, deze drang tot verstoren die een voorwaarde vormt voor het scheppingsproces. Veel kunstenaars zijn aan deze diabolische kracht ten onder gegaan, ik denk aan Nietzsche, Hölderlin, Gauguin en Van Gogh. Anderzijds is scheppend werk voor de meeste kunstenaars de uitlaatklep geweest om hun extreme emoties te kunnen lozen.

'Mijn hele leven loop ik langs een smalle richel boven een afgrond en spring ik van steen op steen. Zolang ik me kan herinneren ben ik geobsedeerd geweest door ziekte en dood, angst voor de hel. Die heb ik in mijn kunst trachten uit te drukken. Zonder mijn kunst zou ik volkomen stuurloos zijn geweest,' schrijft de Noorse expressionist Edvard Munch in 1920.

Van Gogh tuchtigde zichzelf 's nachts dikwijls met een knuppel of hij sliep midden in de winter zonder deken op de grond in een tochtige schuur. Op andere momenten wilde hij zichzelf van kant maken door giftige verfstoffen op te eten, dan weer bestreed hij zijn zwaarmoedigheid door er smalende grappen over te maken in brieven aan zijn broer Theo. Zonder aflaten echter stond de demon van de waanzin achter hem en hij kon die alleen in bedwang houden door te schilderen als een bezetene.

Dikwijls moet de kunstenaar betalen met een zelfoffer. Waanzin geeft hem de moed en de vrijheid over de genormaliseerde grenzen heen te zien, maar zijn vakmanschap moet hem helpen het visioen vorm te geven. Dit houdt een eeuwig wankelen in op het scherp van de snede.

Er is vakmanschap voor nodig – niet alleen inspiratie – om het visioen in een lucide vorm te gieten. Emoties in beeld brengen is niet voldoende, ze moeten uitkristalliseren in een vorm die ook buitenstaanders iets te zeggen heeft. Dit uitputtende onderzoek, het aftasten van orde binnen de chaos, maakt de kunstenaar een vreemdeling tussen zijn medemensen en tegelijk biedt dit vreemdelingschap hem onafhankelijkheid en vrijheid.

Toen ik jong was raakte ik bevriend met de dichter Jan Arends. In die tijd was hij nog geen dichter. Hij was achttien, een jonge zwerfhond. Het opmerkelijke aan hem was zijn passie voor poëzie, zijn agressiviteit en neiging tot zelfdestructie.

Ik herinner me hoe hij soms in grote gejaagdheid naar mij toe kwam met de boodschap dat hij een gedicht moest schrijven en wel ogenblikkelijk. Hij wenste voorzien te worden van papier en een schrijfmachine, en er moest stilte zijn. Wanneer ik na geruimte tijd de kamer binnensloop zag ik een ravage van in woede verfrommelde papieren. Arends was wanhopig. Hij leek een doofstomme die niet de mogelijkheid bezit zich in taal te uiten. In dat stadium van zijn leven vernietigde hij ogenblikkelijk alles wat hij schreef.

Vele jaren bleef hij een underdog die zich uit een masochistische behoefte liet vernederen en gelijktijdig woede putte uit diezelfde vernedering. Later kwam hij in een psychiatrische inrichting terecht en had het geluk door een psychiater te worden behandeld die het vermogen bezat om de inwendige doos van Pandora van Jan Arends open te maken en de demonen daaruit te bevrijden.

Opnieuw begon hij te schrijven, bittere, ironische verhalen, gedichten vol eenzaamheid. En wat hij zijn hele leven had nagestreefd: zijn werk werd gepubliceerd en oogstte lof. Hij werd zelfs min of meer beroemd, hij was een sensatie, kreeg een appartement aangeboden en werd gekoesterd als een tweede Nescio.

Maar wat gebeurde er met zijn pijn, zijn woede? Plotseling waren die ontzenuwd. Op de dag dat zijn derde bundel het licht zou zien en hem een feestelijke presentatie met vele journalisten bij zijn uitgeverij wachtte, wierp Jan Arends zich uit het raam van zijn gloednieuwe flatje en was op slag dood. Mogelijk herkende hij zichzelf niet in de gevierde figuur waar de media op afstormden, er was hem iets

essentieels ontstolen: zijn eenzaamheid, zijn miskend-
zijn, zijn pijn.

   Deze geschiedenis laat zien hoezeer pijn onderdeel
kan zijn van de identiteit van een kunstenaar, hoezeer die zelfs de angel kan worden die hem tot
creëren drijft.

'Begraaf uw talent niet onder de aarde,' zegt Mattheüs
(25:18). Een mens mag zijn gave niet ongebruikt laten,
niet verloren laten gaan. Is het daarom dat er zo vaak
een schuldbesef aan de kunstenaar knaagt? Alsof hij
zijn verplichting ten opzichte van zijn talent niet is
nagekomen, het heeft verspild uit luiheid, gemak-
zucht. Maar wie is zijn opdrachtgever? Wie hanteert
de zweep die hem opdrijft?

   *'Dichten heißt ein Strafgericht über sich selber
halten,'* luidt een welhaast calvinistische uitspraak
van toneelschrijver Ibsen. De schrijver Emile Zola
bezag het hele proces met Franse lichtzinnigheid
toen hij zei: 'Scheppen gaat van au...' (Nog zie ik de
sardonische ogen van Lodewijk de Boer voor me toen
we spraken over onze moeilijkheden met het schrijven. 'Je weet: Scheppen gaat van au...' zei hij en grin-
nikte zo aanstekelijk dat ook ik in de lach schoot.)

   Iets scheppen is niet alleen iets voortbrengen en
daarmee worstelen, maar ook blootgesteld worden
aan dat grillige fenomeen dat wij inspiratie noemen,
je wordt heen en weer geslingerd tussen euforie en
haar tegendeel. Over die slingerbeweging bezit je
geen macht.

Zelf heb ik altijd het gevoel dat ik aangesloten moet zijn op iets wat ik een elektrische stroom noem en dat ik, wanneer ik niet op dat onzichtbare net ben aangesloten, hulpeloos ben en mijn woorden houterig klinken. In dit verband sprak Ernest Hemingway over 'het sap' dat moest circuleren zoals levenssappen in een boom.

Anderzijds heeft het maken van kunst veel weg van topsport bedrijven. Je moet in training blijven, discipline betrachten, je van alles ontzeggen. De zwaarste eis die kunst stelt is: kunnen omgaan met eenzaamheid. Niet alleen met de eenzaamheid die je nodig hebt om te kunnen werken, ook met de eenzaamheid die uit onbegrip ontstaat van mensen om je heen.

Ten slotte is er de uitputting. Wanneer je zoveel uit je eigen innerlijk naar boven hebt moeten halen kom je uiteindelijk in een vacuüm terecht waarin gemakkelijk een depressie binnen kan sluipen. Deze slaat dikwijls toe wanneer het werk af is. De navelstreng is doorgesneden, het kind is op de wereld gezet maar je hebt het nog niet horen ademhalen. Het boek is bij de uitgever, het is van je weggehaald en ligt als 't ware in de couveuse. Je moet geduld oefenen, de dagen zijn leeg.

Kunst is een vorm van droom. Zoals de droom bedreigend maar ook verhelderend kan werken, zo kunnen bij de kunstenaar facetten van zijn onderbewustzijn naar boven komen die hem iets leren omtrent zichzelf. Hoe komen zijn verbeeldingen tot stand? Bewust of onbewust? De scheidslijn is moeilijk te trekken want het proces is als een rivier, die stroomt door, ook onder de grond waar je hem niet kunt zien. Vanuit dat ondergrondse reservoir spoelen beelden en emoties aan die je was vergeten of die zich nooit in het licht van je bewustzijn hadden vertoond. Dat is het fascinerende van creatief bezig zijn.

Zo zijn er meer plezierige kanten aan het maken van kunst. Het creëren van iets wat uniek is geeft een onvergelijkelijke glans aan het bestaan. Vooral wanneer het proces voorspoedig verloopt ontstaat er een gevoel van euforie, vergelijkbaar met het effect van een drug. Zo brouwt een kunstenaar in zijn geest zijn eigen drug, zijn adrenaline stroomt rijkelijk en geeft hem de sensatie over de noodzakelijke 'power' te beschikken.

Toen ik mijn eerste boek schreef – ik was toen negentien jaar – zei iemand tegen mij: 'Je ziet eruit alsof je verliefd bent.' En zo voelde het ook: verliefd, niet op een persoon maar op een idee, of misschien ook wel op mezelf en de ontdekking van het schrijven. Op dansende voeten vloog ik door de straat en alles zag ik in tintelend licht. Ouder wordend is dat extatische gevoel minder geworden omdat ik mijn jeugdige elan, mijn overmoed kwijtraakte en mijn beperkingen leerde kennen.

Toch zou ik het schrijven nooit hebben willen missen, want daardoor heb ik een dubbel leven geleid. In dat tweede leven, dat diffuse privédomein, heb ik intenser geleefd dan in mijn alledaagse bestaan, en

wat ik van mijn bestaan hier op aarde heb menen te
begrijpen is gevormd door de frictie tussen mijn ervaringen en de woelingen van mijn onderbewustzijn.
Je schrijft niet alleen een boek, het boek schrijft ook
jou, het leert je meer omtrent jezelf en je medemens.

Vanavond op de tv een historisch filmpje gezien over de componist Sjostakovitsj. Als een bezetene zie je hem muzieknoten schrijven, razendsnel, niet eerst als pianopartituur, maar direct met orkestklanken samengebracht. Zijn assistenten maakten daar later – de omgekeerde weg – een piano-uittreksel van dat voorgelegd diende te worden aan het Comité voor Zuivere Sovjetmuziek, muziek die de halfgod Stalin moest verheerlijken. Verborgen onder de noten komt echter voortdurend de dreiging van een verstikkend klimaat van onderdrukking tot uiting. Via geheime signalen die op twee manieren konden worden uitgelegd en waarvan Sjostakovitsj pas dertig jaar later de ware betekenis kon prijsgeven. Muziek om te kunnen overleven. Ophitsende marsmuziek, voetstappen die marcheren, trommels, fanfares, ogenschijnlijk allemaal zegepraalmuziek voor Stalin maar in de ziel van de componist mokerslagen van verschrikking, wanhoopskreten van een gevangene van het regime.

'Ik zou voor iedere dode muziek willen schrijven,' noteert hij in zijn dagboek, maar deze woorden verbergt hij diep in de lade van zijn werktafel.

'Tijd heb ik niet, toch zal ik een symfonie componeren voor alle doden samen.' Voor de doden die naar de kampen waren gevoerd, voor dichters als Anna

Achmatova en Boris Pasternak, voor gevluchte componisten, van wanhoop schreeuwt hij het uit in vlagen van trommelgeweld en blaasexplosies die steeds weer op verbazingwekkende wijze uitmonden in deemoedige stiltes.

Zijn hele leven behield Sjostakovitsj een tegenstrijdige houding ten opzichte van Stalin en het communisme. Hij schreef muziek voor propagandistische films, koos nooit openlijk de zijde van de dissidenten en gaf geen blijk van enige politieke mening. Zelfs stuurde Stalin hem als vooraanstaand Sovjetkunstenaar naar de Verenigde Staten. Sjostakovitsj ging, hoewel hij zich op de reis onprettig voelde omdat hem duidelijk werd dat hij een pion was in een cynisch politiek spel.

Hij komt op mij over als een merkwaardig wankelmoedig figuur, maar ook als een gekweld mens. In de Tweede Wereldoorlog moest hij als brandwacht functioneren bij zijn eigen conservatorium in Leningrad. Tijdens de bombardementen was hij doodsbang hoewel hij stug doorging met componeren. Zijn muziekuitbarstingen uit die tijd zou je kunnen interpreteren als bominslagen.

Op het historische filmpje zie je hem kettingrokend, verwoed werkend aan zijn symfonieën. Voortdurend werd hij geteisterd door bijgelovige angsten en fobieën, zo durfde hij niet over een regenplas te stappen vanwege zijn panische angst daarin te zullen verdrinken, alsof zich onder die plas een grondeloze diepte zou openen om hem naar binnen te slurpen.

Veel van die angsten lijken te zijn ontstaan tijdens ziekenhuisverblijven, in periodes tussen operaties of tijdens traumatisch terugkerende infecties en koortsaanvallen die zich hoorbaar in zijn muziek manifesteren. Aan het bed gekluisterd en geteisterd door medische ingrepen noteerde hij aan de lopende band nieuwe partituren. Mogelijk vormde de muziek een vluchtweg uit zijn zieke lichaam. Toen hij tijdelijk aan de beterende hand was hielpen vrienden hem door hem naar het componistenhuis te transporteren en ervoor te zorgen dat hij daar een eigen ruimte kreeg om te werken. Meer dan de helft van zijn muziek componeerde hij evenwel in een ziekenhuis.

Naarmate zijn 'late' periode aanbrak werden zijn composities steeds meer introspectief. Aanvankelijk schreef hij muziek voor anderen, over zichzelf in conflict en omgang met anderen; nu schreef hij muziek over zichzelf vóór zichzelf.

In zijn herinneringen in het boek *Getuigenis* zegt hij: 'Ik verbeeldde me dat mijn leven boordevol misère was en dat het niet eenvoudig zou zijn om iemand te vinden die nog ongelukkiger was. Maar toen ik de levensgeschiedenissen van mijn vrienden naging, was ik ontzet. Niemand van hen had een gemakkelijk en gelukkig leven gehad. Sommigen kwamen op een ellendige manier aan hun einde, anderen stierven onder verschrikkelijke martelingen. Dit maakte me intens droevig. Ik dacht aan al mijn vrienden en zag alleen maar lijken, bergen lijken, ik overdrijf niet.'

Na zijn dood hebben velen van hen gepoogd mondeling overgeleverde gegevens bijeen te schrapen en tot een – aanvechtbare? – biografie aaneen te rijgen. Wat is waar? Zeker is dat Sjostakovitsj zijn machteloosheid transformeerde tot muziek. Machteloos en toch macht uitoefenend via zijn noten, dikwijls in ritmes die uit Siberië waren overgewaaid met die voor onze westerse oren zo frappante diatonische toonladder, de zwartetonenladder.

DOODGAAN, DOORGAAN

1994

De eerste dag van de Boekenweek vertrok ik naar Zwolle om een lezing te houden. Voordat ik de deur uitging las ik nog even iets wat op mijn bureau lag, een artikel, hoewel ik niet meer weet waarover het handelde.

Plotseling springt er een woord uit de tekst omhoog alsof het zich losmaakt van het papier: DOODGAAN. Een kille mededeling en ik voelde me opeens aangesproken. Het was alsof er een vinger naar mij wees: JIJ.

Nog nooit was me zoiets overkomen. Even dacht ik: ik moet niet naar Zwolle gaan. Maar ik corrigeerde mezelf direct: dat kun je niet maken, en bovendien ben ik volstrekt niet bijgelovig. Toch voelde ik nog steeds de kilte van de mededeling in mijn geest. Even later kijk ik opnieuw naar de bewuste tekst, lees opnieuw. In ongeloof schud ik mijn hoofd. De letters vormen niet het woord DOODGAAN, maar DOORGAAN (rare sprongen maakt de geest) en ik ga het huis uit om de trein naar Zwolle te nemen. In Zwolle word ik afgehaald door een boekhandelaar die me naar de bibliotheek zal brengen waar de leeskringen al verzameld zijn. Onderweg in de auto praten we wat, het valt me op dat hij druk en nerveus is... dan val ik in een zwart gat.

Uit het zwart doemt een merkwaardig voorwerp op, iets als een enorme prop zilverpapier. Een wit stijf ding wil zich om mijn hals wringen, ik verweer me, hoor mezelf schreeuwen, het zwarte gat slurpt me opnieuw naar binnen.

Ik sla mijn ogen op. Het is alsof ik pardoes in een vreemd bestaan ben neergesmeten. Pasgeborenen moeten zich op eenzelfde manier aangevallen voelen door het harde licht, de stoot kou. 'Wat doe ik hier?' schijn ik gevraagd te hebben, want iemand antwoordt: 'U bent in het Sophia Ziekenhuis in Zwolle.' Er worden handelingen aan mij verricht, lichtogen betasten mij, robots versjouwen mij als een dood insect door mieren. Maar mijn letsel blijkt niet levensbedreigend. Ik mag DOORGAAN.

De boekhandelaar ligt in een bed verderop en wuift naar mij. Later hoor ik de ware toedracht, hij wilde links afslaan maar zag de hem tegemoet komende vrachtauto over het hoofd die zich dientengevolge in het portier aan mijn kant boorde. Tot mijn geluk was de Mazda van de boekhandelaar net nieuw en in bezit van beveiligde portieren. Was dat niet het geval geweest, zo hadden de brandweerlieden gezegd die mij met snijbranders uit het wrak bevrijdden, was er niet veel van mij overgebleven. De vrachtauto was gekanteld, de Mazda was total loss.

Doorgaan dus. Een infuusfles boven mijn hoofd laat druppels in mijn aderen glijden. Ik luister, ik wacht, vreemd helder in een onwerkelijk lichaam, een onwerkelijke geest. Ik wacht op mijn liefste, mijn ridder. Precies zoals bijna veertig jaar geleden in het ziekenhuis in Athene. Toen waren we bloedjong, nu zijn we oud. En dat hele stuk leven tussen die twee momenten in de tijd hebben we cadeau gekregen van de Griekse schikgodinnen.

Ik herken zijn stap uit duizenden, ik hoor die naderen door de gang, ik zie zijn gestalte in de vaag verlichte deuropening, een zwart silhouet – het moet nacht zijn – maar onmiskenbaar, de wilde haren, het slordig hangende jasje. Onze handen vinden elkaar.

De volgende dag belt Celia mij vanuit de Renard, waar zij met Paul en de kinderen enkele weken doorbrengt. In het ziekenhuis komt de zuster mij de telefoon brengen en ik hoor Celia opeens snikken aan de andere kant van die lange lijn naar de Provence.

's Nachts droom ik van haar tranen, ik vang ze op mijn vingertoppen.

Een droom. Ik loop door een boerenhuis met een aantal bedompte vertrekken. Geen mens te bespeuren. Ik roep, duw een deur open en daarbinnen in een donkere benauwde ruimte staat een zwarte stier, enorm, opgeblazen als een ballon. Ik open een andere deur en wederom staat daar een gigantische roetzwarte stier. Welke deur ik ook opendoe, onherroepelijk staat daarachter het monsterlijke ondier. Ik strek mijn hand uit om over de fluwelen neus te strijken, om het goedgunstig te stemmen of zijn kop van mij af te duwen. De stier ontbloot zijn tanden en bijt. 'Hij bijt!' roep ik en ik ontwaak met heftig bonzend hart.

Toen ik mijn droom aan Erik vertelde, zei hij: 'Die zwarte stier, dat is de dood die jou te pakken wilde nemen.'

Diezelfde nachtmerrie herhaalt zich steeds in een andere vorm. Dit keer zit ik in een zwembadhokje, boven de deur kun je het bovenste deel van de aangrenzende gang zien. Er komt een kolossaal zwart paard door de gang, houterig als een speelgoedbeest, zijn kop reikt tot de zoldering. In mijn badhokje zie ik hem in de gang voorbijgaan. Hij heet St. Martin in the Fields. Uit zijn ooghoeken kijkt hij naar mij, ik zie het wit van zijn oogbollen flitsen.

26 maart

In een ambulance naar huis gebracht, waar door onze huisarts longontsteking werd geconstateerd. Daar hadden ze in het ziekenhuis niet naar gekeken, hoewel ik flinke koorts had. Op een middag zie ik de deur opengaan en een kabouter in een rood jasje verschijnen, ernstig, met in de ene hand een bosje narcissen en in de andere haar speelgoed-dokterstas: de kleine Masha komt haar oma beter maken. Toch is ze onder de indruk als ze me zo ziet liggen. Oma Inez is niet haar speel-oma met wie ze kan ravotten. Ze raakt me met één vingertje aan alsof ik van porselein ben. Haar stemmetje fluistert – kennelijk is haar te kennen gegeven dat ze zich heel rustig moet gedragen. Ik merk hoe ze zich innerlijk van me terugtrekt.

314

30 maart

Sensationeel nieuwtje. Mijn roman *Het land van rood en zwart* staat op de Libris-shortlist, 6 april worden de zes nominaties bekendgemaakt.

6 april

Vanochtend werd ik opgebeld door tv-mensen van *Nova*. Of ik thuis was en ja, ze mochten het nog niet bekendmaken maar het had iets met de Libris Literatuurprijs te maken.

Toen ik de kamer binnenkwam, voor het eerst uit bed, steunend op mijn stok, kreeg ik het juryrapport aangeboden en de boeken van de vijf mede-genomineerden. Ik was verrast, Erik ook stralend, dan besef ik weer hoezeer hij met mijn werk verbonden is, hoe hij alle depressies en stormen mee ondergaat.

's Middags belt de redacteur van Querido op. Ik hoor zijn verlegen stemgeluid. Er zijn problemen, de herdruk ondervindt vertraging... vreselijk vervelend, de drukker zegt dat er geen papier is... Ik ben verbluft, maar moet ook lachen: geen papier...? Alsof het midden in de laatste oorlogswinter is.

Die avond komen de boeken van de genomineerden op tv bij *Nova* in beeld, meerdere keren zelfs. Het mijne schittert door afwezigheid. Blijkbaar is er in het hele land geen exemplaar meer te vinden.

21 april

Mijn pijnen zijn al aardig verminderd. Erik helpt me met de trap opklimmen en weer afdalen (dat is zoiets als het beklimmen van de Mount Everest). Van alles maakt hij een spelletje, overal zet hij kleine mijlpalen neer om het leven hanteerbaar te maken. Van meet af aan klokte hij het aantal seconden dat ik nodig had om het zieke been bij te trekken en een traptree te veroveren. Aanvankelijk waren dat er vijftien, toen twaalf, afzakkend naar tien, acht, zes... Hij is opgetogen over mijn herstel, ook over mijn nominatie, over de brieven die binnenkomen, de verzoeken om lezingen.

Hij geniet daar onvoorwaardelijker van dan ik, want ik ben nu eenmaal behept met dat rare rookgordijn dat soms neerzakt tussen mij en mezelf, waardoor alles verder weg en afstandelijker wordt.

23 april

Van mijn familie hoor ik niks. Na een dag of zes bel ik zelf. Nee, komende week zit er geen bezoek aan Den Haag in. Mijn ene broer is moe, heel erg moe, maar hij wil graag zijn zieke zuster opzoeken, volgende week dan maar. In het huis van mijn andere broer is er een lekkage in de kleerkast, en de afvoerpijp loopt door de wc die volgestouwd is met de kranten die hij heeft verzameld, en die moeten natuurlijk eerst worden verwijderd, een heel karwei dat wel een week in beslag kan nemen... En dat alle-

maal op doodernstige toon. Als je je maar kunt amu-
seren, en dat kun je met mijn familie.

27 april
Bibeb kwam op bezoek vergezeld door haar vriend.
Strompelend op haar oude, ooit chique laarzen, ver-
flenste excentrieke hoed op het hoofd, kwam zij de
auto uit. Die loopt nog slechter dan ik na mijn ongeluk, dacht ik. Of haar vriend mee mocht komen? vroeg
Bibeb. Ze waren steeds aan het ruziën. De vriend zei:
'Ze is de hele dag al obstinaat.' Ze hadden ons huis
niet kunnen vinden omdat Bibeb in de mening verkeerde dat het een vrijstaand huis moest wezen, dus
had hij de hele Vogelwijk door moeten crossen.
   Daar zaten ze, de twee ongelijk gepaarde partners.
Hij stijf, heerachtig, altijd in de rol van haar beschermer zo niet bewaker. En zij, met haar lange vaalrode
haren in slierten langs haar gezicht, als een ouwe
roodbonte kat, haar diepe slepende stem uitte onverhoeds hoge vogelgeluiden van geestdrift. Zou ze iets
dement worden, de oude briljante interviewster, de
ster van *Vrij Nederland?* Zij had een mand met Kaap-
se viooltjes meegebracht. Een zoenoffer, omdat haar
interview met mij nog niet is doorgegaan? 'Misschien
op een later tijdstip,' zei ze sussend. Ze las nu *De
vrouw met de vogelkop.* Het switchen van werkelijkheid naar droom en vice versa vond ze zo interessant.
Die droom van die zwarte duif... En die Ina die geen
kind kan krijgen. Haar hoofd met het vaalrode haar-

gordijn schudde lichtjes heen en weer, van bewondering, mededogen, of wat dan ook.

Nu moest zij met haar vriend mee. Morgen gingen ze naar zijn huisje boven Locarno. 'Anders zal hij zo verdrietig zijn,' fluisterde ze achter haar hand.

Strompelend bliezen ze de aftocht na enige bokkenpootjes en stroopwafels bij de thee te hebben verorberd.

Ik zei haar nog dat onze beroepen zoveel overeenkomst vertoonden omdat ook zij zich met een voor haarzelf haast onbarmhartige intensiteit in haar personages verdiepte.

'Maar het is een vlucht, weet je...' zei ze.

'Voor mij misschien ook,' antwoordde ik, 'een vlucht voor de leegte.'

Gisteren vierden wij de zeventigste verjaardag van
Willem van der Molen, mijn jeugdvriend, nu een wijs
geworden haikudichter. Aan een lange tafel gezeten
hielden wij ons onledig met eten en speechen. Er
waren al gaten gevallen in onze gelederen: Willem
Barnard was ernstig ziek, Tinka zou een jaar later
sterven. Ook Harriët Laurey en haar Ton waren door
ziekte uitgeschakeld. Jan Wit had zich al jaren geleden doodgedronken. Wij worden een generatie van
de befaamde tien kleine negertjes, van wie er steeds
één verdwijnt. Ad den Besten memoreerde de tijd
waarin Willem en hij mijn eerste stapjes op het literaire pad begeleidden. Ik was toen hun 'Kleine Inez',
titel van het boek van Van Genderen Stort waarnaar
ik vernoemd ben. Dat is vijfenveertig jaar geleden.
Willem was toen een *poète maudit* die op lekke schoenen door de stad zwierf en al lopend voor mij het
ene gedicht na het andere voordroeg met gonzende
pathetische stem. Hij dronk veel, in mijn ogen was
hij een nieuwe Dylan Thomas. Maar allengs is die
wilde barokke woordenstroom een verstild watertje
van haiku's geworden. Tot Willems misnoegen hou
ik niet van haiku's. Dat wil zeggen, ik vind dat ze
onlosmakelijk bij de Japanse cultuur horen, bij de
zentuinen, de vijvers met karpers en de streng aan-

geharkte zandpaden, tuinen uit een wonderbaarlijk verstild verleden. Toen ik in een museum in Tokio de *picture scrolls* zag begreep ik hoe onlosmakelijk de kalligrafie van de Japanse haiku bij de ijlheid van de waterverftekeningen hoorde die zich samenvoegde met de lettertekens. De klank van de haiku heb ik nooit gehoord, maar het visuele beeld van de puntige lettertekens omwolkt door een vliegende vogel, dunne wolken, een mistig bootje, vervloeide tot een volmaakte eenheid. Losgekoppeld van zijn land van herkomst, het land van zen en rietpluim, wordt voor mij de haiku niets anders dan machteloze navolging in het polderland van de calvinisten.

Toch heeft de haiku Willem iets gegeven: een vervulling of eerder een begeleidende meditatie voor zijn ouderdom.

Dat ik niet van zijn haiku's kon houden heeft Willem mij niet vergeven. Van zijn kant uitte hij scherpe kritiek op mijn *Gevorkte beest*, dat hij pretentieus en oppervlakkig noemde. De kloof tussen ons heeft zich niet meer gedicht, we leven niet meer in hetzelfde literaire universum. We wisselen niet langer op dat niveau van gedachten. De vriendschap is gehechtheid geworden, eenvoudigweg omdat we een stuk verleden samen delen en van de zijkant elkaars leven zijn blijven volgen. Ik keek naar hem terwijl ik aan tafel speechte, ik vertelde anekdotes, raakte geen diepere snaren aan en dacht: onze vriendschap is oppervlakkig geworden, maar toch te dierbaar om af te kappen.

Erik was trots op mij omdat ik als enige vrouw speechte. Wonderlijk te bedenken dat het merendeel van de vrouwen van mijn generatie nog vaak de dienende schaduwen zijn van de al of niet 'grote' mannen.

Het diner had plaats in restaurant Tout Court van John en Toosje Fagel in de Runstraat in Amsterdam. Topkok Fagel kwam naar Erik toe en vertelde dat hij *De Perzen* nog had gezien in Carré, en *Agamemnon* van De Appel met Peter van der Linden als Clytemnestra – dat had hij het allermooiste gevonden. Glunderend in zijn witte kokspak stond hij het aan Erik te vertellen.

Ik kreeg diverse complimenten over mijn optreden bij Ischa Meijer. Veel mensen hebben dat gezien – ik heb méér complimentjes daarvoor gekregen dan voor mijn boek, zo gaat dat. Wie op de tv komt die telt.

17 december
Erik en ik kregen griep, maar Erik bleef niet thuis want prinses Juliana had haar voornemen te kennen gegeven om in het Appeltheater een voorstelling te komen bijwonen. Erik was verrast want nog nooit had een lid van de koninklijke familie enige belangstelling voor De Appel getoond. Maar een prinses ontvangen bleek niet zo'n eenvoudige zaak. Er ontstond enige paniek, niet alleen bij de Appelaren maar ook bij de organisatie van het Koninklijk Huis. Eerst moest het protocol bestudeerd worden en de manier

worden besproken waarop de prinses welkom zou worden geheten. 'Mogen wij haar een hand geven?' vroeg Erik.

Problemen doen zich voor: kan zij de gammele houten trap wel opklimmen die naar de kleedkamers leidt? Moet zij vóór de voorstelling of in de pauze de acteurs ontmoeten en is het wel acceptabel wanneer zij de half geklede spelers die zich aan het schminken zijn, nog vóór hun optreden bezoekt?

Het lijkt Erik allemaal alleraardigst, hoe gewoner en ongeorganiseerder hoe beter, want dat geeft Juliana immers een kijkje achter de schermen en zo ziet zij niet enkel een onnatuurlijke en gepolijste buitenkant, maar daar wilden de hofdignitarissen en de bewakingsbeambten niets van weten. Niets mocht aan het toeval worden overgelaten. Het protocol vereiste dat de prinses via een privé-ingang moest worden binnengeloodst zonder dat het publiek haar te zien zou krijgen, ook moest er een eigen koninklijke wc voor haar beschikbaar komen. Enfin, het hele gammele Appeltheater werd aan een grondige inspectie onderworpen en hoofdschuddend werden alle nevenruimten van de voormalige paardentramremise op veiligheid gecontroleerd.

Na weken van onderzoek en onderhandelingen kreeg Erik het bericht dat het bezoek geen doorgang kon vinden aangezien een van de hofdames van de prinses haar arm had gebroken tijdens een skivakantie.

Zaterdag moest Erik om zes uur voor de sponsors van de ABN Amro een inleiding houden. 'Ik heb ze flink laten schrikken,' zei hij vergenoegd toen hij thuiskwam. 'Ik heb gepraat over de overeenkomsten tussen hen en ons en over de verschillen. Zíj richten zich op de materie, zij moeten geld verdienen, dat is ook hun taak. Wíj moeten de geest bedienen, de droom, de illusie, de nachtmerrie. Zíj stellen zich vragen omtrent het wat en hoe en waarom... Dat doen wij ook, dat is de wet van Stanislavksi. Hoe pleeg je die moord en waarom pleeg je die moord?'

April 1994

Ik voelde me op de rand van overwerktheid. De tuin in de Tortellaan moest in orde voor we naar Frankrijk zouden vertrekken, ik knipte de heggen en maaide het gras, moest boodschappen doen. Er was een Appelfestijn ter ere van de laatste voorstelling van *Trilogie.* Drie dagen later waren wij met een aantal andere kunstenaars uitgenodigd voor een diner van Hare Majesteit, aangeboden aan de rechters van het Internationaal Gerechtshof. Erik ging op de bewuste dag een smoking huren, kwam om halfvijf thuis met een koffertje vol feestkledij. – Heb je het overhemd gepast? vraag ik. Nee. Het bleek te krap. Hij racete weg, kon op het nippertje voor de klok van vijf een ander halen.

Door mijn angst geen parkeerplaats te zullen vinden beklommen wij als eersten van alle gasten de bordestrap van Paleis Noordeinde. De schildwachten sprongen in de houding en één schreeuwde zo luid een bevel dat ik me dood schrok. Een haag van gepresenteerde geweren rees voor ons omhoog.

De rechters hadden dit jaar gevraagd om met kunstenaars in aanraking te mogen komen, een aardig initiatief waar echter niet veel van terechtkwam. Erik probeerde een Nigeriaanse rechter (schitterend uitgedost in een witte, met goudbrokaat versierde kaftan) aan de praat te krijgen over de verschillen in cultuur van zijn land en het onze. Het bleef evenwel bij beleefdheidsfrasen, mogelijk omdat ze elkaar moeilijk verstonden. Lakeien stonden, zoals in een voorbije eeuw, langs de muren opgesteld en richtten hun blik in de verte omdat het hen niet is toegestaan naar de gasten te kijken. Prins Claus zag eruit als een treurige marionet met nog een laatste vonkje leven in zijn houten gezicht. Verborgen achter een kamerscherm speelde een orkestje van conservatoriumleerlingen, veel te luid en continu – hetgeen evenmin de tafelgesprekken bevorderde. Wel bevreemdde het me dat de muzikanten aan het gezicht onttrokken waren en ik moest aan de negerzanger Paul Robeson denken, die in de jaren dertig tussen de coulissen moest zingen omdat de aanblik van een *nigger* op het podium onverteerbaar was voor het withuidige publiek.

Erik nam zich voor Hare Majesteit een brief te schrijven over de gemiste kansen om mensen uit verschillende disciplines tot elkaar te brengen. Hij wilde voorstellen dat verscheidene gasten een praatje zouden houden over hun vak of hun land, of dat Theo Olof of Daniël Wayenberg, die ook aanwezig waren, iets zouden spelen zodat het geheel meer niveau zou krijgen en aan levendigheid zou winnen.

Voor de rest: lachen met tv-regisseur Erik de Vries die naast mij zat. Onze vriendin Hans Snoek, oprichtster van het Scapino Ballet, zeilde als een bolgeborste stokoude mummie door de menigte, met kraaienogen kijkend of ze een belangwekkend persoon kon aanschieten. De drie gratiën, Petra Laseur, Anne Wil Blankers en Ellen Vogel, stonden op een kluitje met elkaar te giechelen – heel cultureel allemaal.

Toen wij aan de koningin werden voorgesteld en ik aan de beurt kwam riep de heer in livrei luidkeels: 'Mevrouw Dullemans!' Ik had grote moeite Erik in toom te houden, die informeerde of ik opnieuw kon worden aangekondigd met de juiste naam.

Ik heb mijn werkkamer op de Amsterdamse Veerkade opgezegd en leeggemaakt. Ik haalde de oude lap
weg die altijd voor het raam hing om zonlicht en
eventuele nieuwsgierige blikken buiten te sluiten.
Aan de buitenkant, bijna tegen het vensterglas aan,
zat het nest van een duif. Die had daar in alle privacy
gebroed zonder dat ik er weet van had. Ook zij had
afzondering gezocht. De vogel klapwiekte op toen ik
de lap weghaalde, maar er zaten geen eieren meer in
haar nest. Een zonderling gevoel overviel mij, alsof
het mijn muze was die wegvloog. Ik keek de kamer
rond, die er ontzield bij lag: de kale stenen muren,
het rijtje boeken in het boekenkastje dat ik kreeg
toen ik naar de middelbare school ging en dat getim-
merd was uit hout van het ijzersterke ledikant van
mijn grootvader Van Dullemen. Dat krijgt Alexander
nu, evenals de tafel die ooit, in de tijd dat De Appel
nog een groen appeltje was, als vergadertafel diende
in het kantoor.

Ik heb de plattegrond van mijn verbeelding die ik
maakte voor *Het gevorkte beest* van de muur gehaald.
Die had ik samengesteld uit aan elkaar geplakte fragmenten van een affiche van *Koning Lear*. De verschillende domeinen van mijn boek stonden opgetekend in een soort labyrint: de dagen van de honden,

de dochters van Lear, de wereld van de nar, het rijk van de doden.

Tranen springen in mijn ogen omdat ik weer een vleug voel van de oude bevlogenheid, de extase die mij toen in bezit nam. Nu gaan de hekken van mijn rijk van verbeelding zich sluiten. Ik word uitgestoten, een oud vod, niet langer vitaal genoeg om te delven naar het erts in de diepte van mijn geest. Al maandenlang hangt die depressie over me heen als een onweerswolk die nog niet is losgebarsten. Want wie ben ik nog als mijn creativiteit dood is? Dan is het meest essentiële deel van mijn persoonlijkheid weg. Dat is een amputatie. Liever zou ik mijn beide benen geamputeerd zien dan een deel van mijn geest. Maar zou ik de kracht nog hebben? De krachtsinspanning, het hele proces van het schrijven wordt me te zwaar, vooral ook als de reacties op mijn werk maar matig of zelfs negatief zijn. Zelfs de nominatie voor de Libris Literatuurprijs heeft daar niets aan kunnen veranderen.

De stenen uil, de wijze partner van Minerva die op mijn tafel zat, gaat mee terug naar de Tortellaan. Het is of ik een dode afleg, ikzelf ben die dode. Ik gooi de oude schelp weg die mij zoveel jaren als asbak diende toen ik nog rookte. Adieu, mijn leven als schrijfster. Geen extases meer, geen gezwoeg in deze betonnen cel. Zodra ik hier binnenkwam betrad ik een andere wereld, soms met vreugde, andere keren met een gevoel van plicht. Dikwijls ging ik eerst op de grond liggen op de twee schapenvachten om uit te rusten en leegte in mijn geest te creëren, alles achter te laten, al die huishoudelijke besognes, de kinderen, de mensen die een appèl op mij doen. Waarom heb ik de kamer opgezegd? Wat heeft mij bezield? Ik ging er te weinig meer heen na mijn auto-ongeluk en in een opwelling zegde ik de huur op. Nu breng ik mijn eigen vonnis ten uitvoer. Bij ogenblikken denk ik: ik ben net zo lief dood nu mijn essentiële zelf aan zijn eind is gekomen. (Of is het een geniepige depressie die mij parten speelt?) Radeloos kijk ik om me heen in de lege ruimte. Naar die kale muren waartussen mijn gedachten rondzoemden.

In feite heb ik nooit iets van ouderdom begrepen. Niet van het verlies van identiteit zoals mijn vader ervaren moet hebben, een scherpzinnig jurist met liefde voor zijn werk bij het Gerechtshof, die door het leven op een zijpad werd gemanoeuvreerd, het zijpad van de ouderdom waarop hij voort moest gaan tot hij meneer Niemand was geworden. Of is het misschien een beschermende mantel rond jeugdige mensen dat zij de begrippen ouderdom en dood nog niet kunnen bevatten?

Zittend in mijn onttakelde schrijfcel zeg ik tegen mijzelf: Stel je bescheidener op, iedereen gaat deze weg, iedereen moet de smeltpot in. Ik moet denken aan *Peer Gynt*, een toneelstuk van Ibsen. Aan het eind van zijn leven ontmoet de vrijbuiter Peer de Knopengieter. – Je moet in mijn lepel, zegt de Knopengieter tegen Peer, je zal omgesmolten worden met de andere knopen. Peer smeekt om uitstel, nog één kans om zich te onderscheiden van de andere knopen.

Ik ook, ik ben ook een knoop en mijn tijd is bijna gekomen om omgesmolten te worden.

Eind oktober

Celia kwam bij ons binnen. Er hing iets om haar heen van zelfbewustzijn, iets wat ik nog niet eerder zo ervaren had. Ze zei dat ze ons iets te melden had en wachtte tot wij alle drie gezeten waren. Ze had besloten van haar man te gaan scheiden, zei ze. Ik wist al langer dat ze niet gelukkig met hem was, maar deze beslissing verraste mij omdat ze zo zelfstandig tot deze stap had besloten. Zij had met hem naar het Riagg gewild om daar hun problemen te bespreken, maar hij had geweigerd. Aan hem mankeerde niets, had hij gezegd, en hij wenste geen pottenkijkers in zijn leven. Dat markeerde voor Celia het einde van hun samenleven. Zij had zich door hem onderdrukt gevoeld en vernederd. Hij was altijd de kapitein gebleven, hij behandelde haar alsof zij een van zijn ondergeschikten was, een van de Filippino's aan boord van zijn schip die zijn schoenen moest poetsen.

Ik was trots op mijn dochter omdat ze zo kalm en beslist handelde. Het kwam me voor of ze het juk van haar schouders had geworpen en nu bevrijd voor me stond.

November 1995
Zeventig jaar geleden is het dat mijn moeder mij in een koude novembernacht op de wereld zette. Toen ik een kind was vertelde ze mij dit als een winteravondsprookje. Er viel sneeuw, zei ze, en vader ging te voet door de vallende vlokken om de vroedvrouw te halen. Ik was alleen, zei ze, we waren samen alleen. En ik stookte de kachel op en zette een ketel water op het vuur en legde de kleertjes en de luiers klaar, voorbereidselen voor jouw komst. En terwijl zij sprak zag ik de sneeuw dalen uit het zwart van de nacht, zag ik de gloeiende kooltjes glimmen achter de mica ruitjes van de kachel.

Kon ik haar maar even terughalen en met haar praten zoals we vroeger nooit gepraat hebben: twee oude vrouwen over hun levens, heel intiem. Zij heeft mij nooit oud zien worden, is onwetend gebleven omtrent de tweede helft van mijn bestaan. Zouden wij elkaar nu beter begrijpen? Het valt me in dat onze intimiteit dikwijls te eenzijdig en beperkt is gebleven – ik denk dat ik te veel afstand heb gehouden, bevreesd voor haar emotionaliteit, haar bezitsdrift, en toch was zij in mijn kinderjaren mijn grote liefde.

Voornamelijk spraken wij over haar herinneringen, haar jeugd, liefdes, haar ellende, want alle schommelingen had zij met grote heftigheid beleefd. Uitgezon-

331

derd de laatste jaren, toen ze kabbelend weggleed op de eb van haar leven.

Bestaat er een absolute openheid tussen moeder en dochter? Nog altijd stond er op haar nachtkastje het portret van Isaac Israëls, die later gezelschap kreeg van Nijhoff, haar eerste minnaar, en nog weer later, toen ze al jaren getrouwd was, van een antroposofische psychiater naar wie ze mijn jongste broertje, haar benjamin, vernoemde.

Mijn vader was uit die rij verdwenen. Maar die kwam terug toen de portretten van haar geliefden spoorloos bleken nadat ik haar verhuisd had naar een verzorgingshuis in de Klimopstraat. Eén keer vroeg zij daar nog naar, om zich vervolgens bij hun verlies neer te leggen, berouwvol kwam het mij voor, en de volgende dag toen ik haar bezocht stond de foto van mijn vader bij haar bed.

Zeventig jaar. De onverbiddelijke tijd heeft me met de neus op de feiten gedrukt. Deze keer hoef ik mij niet te verontschuldigen dat ik mijn verjaardag niet vier, want ik lig met longontsteking in bed. Alleen in huis. Erik is dit bewuste weekend in de weer met de verfilming voor tv van de opera van *Dido en Aeneas* die hij eerder op de planken bracht.

De jaren lijken te zijn vergleden als een luchtspiegeling. Zoveel beelden, details, gesprekken en woorden zijn verdampt uit mijn brein. Zoveel verrukkelijks, zoveel verdrietigs of waardevols, is verzand in vergetelheid. Mooi woord: verzand. Zand stuift eroverheen. Een enkel obstakel biedt weerstand, blijft nog korte tijd boven het oppervlak, wordt een zandheuveltje, verliest zijn contouren. Weg.

Ik word bestookt door koortsdromen, de ene na de andere. In mijn droom verschijnt een beest van plastic met een vierkante snuit en grote tanden, die vreet een gedeelte van mijn gezicht weg, mijn kin, neus en mond, maar die zijn in een oogwenk weer aangegroeid. Ik doe mijn mond open om te braken en – met de voeten als eerste, keurig in schoenen met zilveren gespen – braak een aangeklede figuur naar buiten, zoals mannen in de zeventiende eeuw eruitzagen: fluwelen wambuis, geplooide kraag. Als laatste komt het hoofd uit mijn mond en dat hoofd is van Willem de Zwijger. Wat heb ik in godsnaam met Willem de Zwijger? Waarom dwaalt hij rond in mijn onderbewustzijn en moet hij uitgebraakt worden? Wat zou de grote dromenuitlegger Sigmund Freud hierover te zeggen hebben?

Soms denk ik dat de myriaden beelden die in onze hersencellen huizen van tijd tot tijd uit hun behuizing ontsnappen om met andere beelden onbestaanbare combinaties te vormen en tollend rond te dansen.

1996-1997
Ik was zo naïef te denken dat Erik een aardig laatste
jaar bij De Appel zou hebben, dat iedereen zich zou
inspannen om samen met hem een mooie afscheidsvoorstelling te maken van de dubbele tragedie *Oidi-*
pous Tyrannos en *Oidipous in Colonnos,* waardoor hij
al jarenlang gefascineerd was. Maar nog voor het repetitieproces aanving begon het gemor al. De gastacteur
Mark Rietman, die Erik voor de rol van de jonge Oidipous had gecontracteerd, trok zich terug omdat hij
volgens zijn zeggen niet welkom was bij de Appelaren.
Ook vroegen de acteurs steeds aan Erik: Wat wil je
met die voorstelling? Welke kant wil je ermee uit...?
Hetgeen niet getuigde van vertrouwen. Dat was het
begin van een hele lawine van verwarring, onvrede en
paniek.

De Appel toonde zijn rotte klokhuis. De acteurs leken wel hysterisch, agressieve uitspraken vlogen heen
en weer. De dramaturg deugde ook niet en moest
maar verdwijnen terwijl voordien nooit iemand een
kwaad woord over hem had gezegd. Een uitspraak die
Erik zeer onaangenaam trof luidde: Wij zijn getraind
om gehoorzaam te zijn. Terwijl hij altijd inspraak
heeft bevorderd, een commissie van acteurs en technici heeft ingesteld die overal in gekend werd en in
alle beslissingen een stem had.

Tezelfdertijd adviseerde de Raad voor de Kunst het ministerie om De Appel op te heffen nu Erik aan het eind van dit jaar gaat vertrekken. Plotseling werd hij een uniek leider genoemd en De Appel een uniek gezelschap, iets wat in al die jaren nooit was voorgevallen. Meestal luidde het advies van de Raad dat De Appel niet grensoverschrijdend was, niet vernieuwend genoeg of juist te publieksgeil. Meer dan twintig jaar lang kregen Erik en De Appel negatieve beoordelingen en nu hanteerde de Raad plotsklaps zijn vertrek – het vertrek van de 'unieke' leider en regisseur – als wapen om De Appel een kopje kleiner te maken.

Ooit was Erik zelf lid van de Raad, maar hij was opgestapt omdat hij de manier van beoordelen modieus, kortzichtig en te veel gericht vond op vluchtige experimenten (de vriendjespolitiek nog daargelaten). Hij noemde de Raad voor de Kunst de Raad van de Gunst, hetgeen hem natuurlijk niet in dank werd afgenomen.

April
Erik heeft bij De Appel gepraat over zijn opvolging. Binnenkort wordt hij achtenzestig jaar. Eensgezind waren de acteurs van mening: Vos is onvervangbaar. Erik was verbaasd dat ze dit zo openlijk zeiden, aangenaam getroffen ook (maar acteurs zijn mooipraters als het zo uitkomt, of roddelaars als hun muts de andere kant op staat). Meteen voelde je onrust onder de Ap-

pelaren over de opvolging, zei Erik. Ook mensen van buitenaf proberen een voet tussen de deur te krijgen.

Erik droomde dat hij in een park liep met twee opgevouwen ligstoelen in zijn handen. Er lag daar een leeuw. Daar kon hij best langs lopen. Er lag er nog een, die ging opstaan, heel rustig. De eerste voegde zich bij hem, vervolgens een derde. Erik probeerde er langs te lopen met zijn ligstoelen, maar ineens was hij ingesloten. Milde nachtmerrie. Zelf verklaarde hij de droom als volgt: de leeuwen waren de troonpretendenten van De Appel, degenen die de macht wilden overnemen, en de stoelen symboliseerden vrije tijd en ontspanning.

Oktober

Ik zag op tv de herhaling van de documentaire *Toneelmakers* over Eriks regie van *Antonius en Cleopatra*. Ik was alleen in huis – drong het daardoor dieper tot mij door?

Erik was de Erik van zes jaar geleden, met nog iets van de eeuwige jongeman in zijn vertrouwde rode pullover van Tenson. Hij regisseert, drilt, dirigeert zijn troep met zijn overbekende gebaren: hand met wijsvinger in de lucht, zijn 'pong pong' geluiden, het tellen en dan opeens veel zachter, zittend op de grond met een grap, een excuus voor zijn ongeduld: 'Misschien dat ik nog eens wijs word...' De uitgeputte acteurs lachen.

Indrukwekkende scènes tussen Eric Schneider en

Geert de Jong – ook jonger met gladdere gezichten. (Inmiddels heeft Schneider een hartinfarct gehad.)

Prachtig verfilmd. De stilstand, leegte van een gezicht, een uitgelicht profiel of ineengestrengelde handen als weerkerend leitmotiv. Hun liefdesscènes, vooral naar het einde toe, en ten slotte de sterfscène van Antonius. Ik zie het bleke ovaal van Geerts gezicht, ik zie haar met nerveuze handen tegen de achterwand van het decor slaan als een radeloos dier achter tralies – en al haar nuances van rauw, hees, teder, schreeuwend, trots, haar lach en haar uitgebluste, naar binnen gekeerde blik. Ik ben weer helemaal in haar ban geslagen. Maar ook Schneider is fascinerend. Dit is waar Erik zijn leven lang mee bezig is geweest, denk ik, met deze zoektocht naar de onvergankelijke thema's van liefde, wraak en dood, de blindheid van de mens en zijn triomfantelijk, niet te vernietigen *Dasein*.

Deze bundeling van kracht en poëzie heeft Erik samen met zijn acteurs tot stand gebracht en dat vele malen opnieuw. Ik moet die herinneringen levend zien te houden. Gelukkig hebben wij een aantal video's, onder andere van Brechts *Mahagonny* en van *Ghetto* van Sobol, die vormen een ruggensteuntje voor het slechter wordend geheugen. Gaan wij straks uiteen, zwemmend als eencellige beestjes in de wereldzee, zonder herinnering?

Nu is hij bezig met *Oidipous Tyrannos* en *Oidipous in Colonnos*, zijn afscheidsvoorstelling bij De Appel –

het geeft me een neerdrukkend gevoel dat het ritme doorbroken gaat worden waarin wij zo lang geleefd hebben: de voorbereidingen, dikwijls samen de vertalingen of bewerkingen makend, vervolgens de repetities, de plannen alweer voor nieuwe stukken – een ritme als van de jaargetijden en nu gaat dat beëindigd worden. Zeker, hij zal nog wel gastregieën krijgen, ook van opera's waarin hij zijn muzikale talenten kan uitleven. Toch moeten we een stap terug doen, de schemer van de ouderdom binnengaan. Op het raadsel van de dood hebben al zoveel denkers en dichters hun tanden stukgebeten, dus waarom wij niet?

Alexander is geopereerd aan een ernstige hernia. Op mijn verjaardag kreeg hij heftige pijnen en een sensatie van ongevoeligheid in zijn linkerbeen. Gisteren brachten wij hem naar het ziekenhuis. Hij herinnerde zich nog de tijd dat hij als kind in het Juliana Kinderziekenhuis terechtkwam met een mysterieus virus dat spierzwakte in zijn benen veroorzaakte. 'Ik ben wel wat gewend,' zei hij, 'toen was mijn vuurdoop en ben ik met ziekte en dood geconfronteerd geworden. Herinner je je dat jongetje dat aan leukemie leed? Een schipperskind dat nooit bezoek kreeg en bij mij op de zaal doodging, en dan denk ik: alles is betrekkelijk.'

Alexander was toen elf jaar en probeerde het fenomeen van de dood te begrijpen. Hij werd overgeplaatst naar het Sofia-ziekenhuis in Rotterdam en op een dag ging ik met hem in een taxi naar een ander ziekenhuis waar een stuk spier uit zijn been zou worden verwijderd om er proeven mee te doen. Hij zat naast me, leunend tegen de kussens op de achterbank. 'Mamma,' zei hij, 'als ik doodga wil ik niet begraven worden in een doodskist met een loden binnenkist. Ik wil een gewone houten kist waarin de wortels van de planten en de bomen naar binnen kunnen groeien. Beloof me dat.'

4 december

Wij haalden Alexander uit het ziekenhuis, hij wilde per se in zijn eigen huis zijn en niet bij ons om te revalideren. Daarom kochten Erik en ik een enorme lading voedsel voor hem in.

7 december

Erik is in Berlijn. Ik nam de auto en ging naar Alexander in IJmuiden. Ik overwon mijn angst om 's avonds in het donker en de regen terug te moeten rijden. Wij hadden het heel intiem en rustig met zijn tweeën. Hij had al een deel van *Het land van rood en zwart* gelezen, en zei: 'Het is een magisch boek. Het is een ode aan een andere werkelijkheid.' Dat raakte mij diep omdat ik uit zijn mond vernam wat mijn drijfveer was geweest: een glimp te laten zien van een manier van bestaan in harmonie met de omringende natuur, een andere werkelijkheid die met de dag verder terugwijkt.

Ik voelde me geëmotioneerd omdat ik in feite dat boek in de ijskast heb gezet. Ik wil er niets van verwachten en heb het daarom ingevroren in mijn hart. Nu maakte Alexander mij opeens kwetsbaar. Ik voelde me als een kikker die wakker is geworden onder het ijs en zijn kop uit een wak steekt en voelt dat de zon schijnt.

8 december

Schoongemaakt in Alexanders huis. Was enorm sme-
rig. Hij wilde absoluut naar buiten want op dokters-
advies moet hij iedere dag een stukje lopen. Schoenen waren een probleem, hij was niet in staat zijn
zwarte legerkistjes uit Engeland aan te trekken vanwege de pijn in zijn rug. Dus sandalen aangetrokken,
en daar gingen wij in de ijskoude regen en heftige
wind langs de haven van IJmuiden.

Schreeuwende meeuwen tuimelden door de lucht.
Ik keek naar zijn voeten in de maffe sandalen met
doorweekte zolen die door plassen en modder stapten. Hij nam korte stramme pasjes. Hij loopt tenminste weer, dacht ik. Ik voelde de pijn die opsteeg langs
zijn ruggengraat. Een poging om mijn paraplu boven
zijn hoofd te houden wees hij van de hand en dus
stroomde het regenwater onbelemmerd op zijn blote
hoofd.

Thuisgekomen in de Trawlerkade trokken wij schoenen en broeken uit om bij de verwarming te laten dro-
gen. In een pyjamabroek van Erik (Alexander slaapt
altijd naakt) begon ik aan de schoonmaakwerkzaam-
heden en werd in die uitdossing betrapt door Alexanders bovenbuurman, die zijn eten kwam klaarmaken
in de gezamenlijke keuken. 'Wonderlijk heerschap,'
beweerde Alexander, 'een gewezen hoogleraar in de
bedrijfskunde die de leider van een of andere sekte
is geworden. Een miljoenenbusiness.' Wel bevreem-
dend dat die miljonair in een vervallen pand aan de
haven woonde. 's Avonds kookte ik voor Alexander en

Huub, de compagnon met wie hij hun gezamenlijke muziekstudio runde (die overigens geen lang leven was beschoren).

In vliegende storm reed ik uiteindelijk richting Den Haag.

1994-1996

Terug in de Renard. Alles groen, groen... nog nooit heeft het zoveel geregend. Voor de keukendeur staat het vol met klaver, een mol is daar een orgie aan het houden met het eten van klaverworteltjes en vette regenwurmen. Overal verrijzen molshopen.

In het zwembad in Dieulefit treffen we zoals gewoonlijk onze oude vriend Pierre Augustin, die er altijd genoegen in schept met Erik te converseren als twee Romeinse filosofen, staande met naakte bovenlijven in het blauwe water. Ditmaal hebben zij het over de lavendel. Hij vertelt dat de oorspronkelijke soort, *la lavande*, een veel fijner aroma had en veel duurder was dan de huidige plant. Maar de lavande was erg vatbaar voor ziektes en daarom ontwikkelde men de robuuste *lavandin*, een hybride die meer olie bevat en resistenter is. In de middag plukten wij op ons land een aantal verwilderde lavendelhalmpjes, en ja, de geur was lichter, zwemend naar citroen, delicater in vergelijking met de brutale overweldigend geurende lavendel die op het veld van Augier staat. Iedere dag leren we iets van leermeester Augustin, die zijn hele leven in deze contreien heeft doorgebracht. Lavendel werd al gebruikt om het bad van de Romeinse veldheren mee te parfumeren. De naam komt van het Latijnse woord *lavare*. Ik lees over de vurige labiaten, de familie van de geurige en geneeskrachtige planten zoals tijm, rozemarijn, basiliek, lavendel, en salie (*sauge*). Sedert mensenheugenis werden deze gebruikt bij religieuze riten, evenals in de geneeskunst en in het bad. Bij dodelijke epidemieën, zoals de pest, werden de arbeiders die in de parfumindustrie werkten gespaard. Een geur die ons aangenaam is schijnt ook therapeutisch te werken... Zouden wij nu extra gezond worden door de geur van de lavendel die de hele dag om ons heen hangt?

Winter

Erik speelt met onze oude vriend John quatre-mains op de trouwe Blüthner, die altijd op ons wacht in de Renard en zich zelden ontstemd toont ondanks zijn lange winterslaap in het ongestookte huis. Vijfenveertig jaar geleden ontmoetten wij drieën elkaar in het Collège Néerlandais in de Cité Universitaire, drie jonge kunststudentjes, en nu zie ik de twee vrienden achter de vleugel zitten, naast elkaar, met behoedzame vingers de toetsen beroerend.

's Middags weer naar de bergen achter Comps gegaan ondanks de schaduw die eroverheen hangt vanwege de gekapte kastanjebomen. Vorige zomer wandelden wij hier met de zwangere Celia en Masha, ons kleinkind, dat warme partikeltje leven tegenover het zwijgende hooggebergte. Zij zag het gebergte niet, het bestond niet binnen het frame van haar leventje. Zij werd gebiologeerd door een tor die rond haar voeten kroop, ze waadde door bloeiende grassen, handjes grijpgraag uitgestrekt.

Nu ligt het beijzelde gebergte daar alsof het van louter lucht en sneeuw is gemaakt, oplichtend boven de nevelige adem van de aarde als een luchtspiegeling, de toppen goudrood door de winterzon: een gigantische schim die daar de wacht houdt aan de grens van de eindigheid. In de diepe vallei daar beneden zie je als verloren dobbelsteentjes enkele boerenhoeven. En in onze rug, in het zuiden, liggen de ronde heuvels en het veld waarover in de zomer akkerleeuweriken flitsen, maar die nu tot onbeweeglijkheid beijzeld zijn. We zien de prenten van reeënhoeven, ruiken de geur van wilde zwijnen die naar je toe walmt vanuit het zwarte dennenbos. Zo sereen is deze plek dat ik tegen Erik zeg: 'Alleen om deze plek te kunnen zien wil ik ieder jaar een pelgrimage maken.' (Later zal ik tegen de kinderen zeggen: 'Als ik in Holland doodga wil ik gecremeerd worden en mijn liefste wens is dat jullie mijn as hier verstrooien zodat de wind die kan meenemen.' Toen ik zag dat de kleinkinderen bedrukt keken, voegde ik eraan toe: 'En dan zeggen jullie: Kijk, daar vliegt omaatje...')

Juni
Ik schrijf in een dagboek dat Erik in Dieulefit voor mij heeft gekocht – een tienerdagboekje voor hartsgeheimen en met een slotje zo simpel dat je het met

een speld kunt openmaken, over de kaft dwarrelen vrolijk gekleurde mandolines, varkentjes, een wereld-bol, een vuist met de duim omhoog. Een boekje voor mijn tweede kindsheid: de ouderdom. Niet om nieu-we ontdekkingen in op te schrijven (of toch wel?), maar om allerlei wat tot mijn leven behoort te note-ren. Want onze geheugens worden sleets en de dagen die voor ons liggen schaars.

Ik zit onder de immense bladerparasol die de linde-boom boven mijn hoofd houdt uitgespreid, mij van tijd tot tijd een mier of gevleugelde zaadjes op het hoofd werpend. Erik roept dat er patrijzen te zien zijn in het lavendelveld, waarvan helaas de gloeiende pracht is afgesneden en weggereden naar het destil-leerfabriekje langs de weg naar Dieulefit. Rode patrij-zen, moeder met kuikens. Moeder steeds op de uit-kijk boven op een geschoren lavendelpol, de jongen daaroverheen klauterend, tuimelend. Een prachtige patrijs met witte keel, oog omcirkeld door een zwart en witte wenkbrauw. (Zal ik het landschap nog kun-nen terugroepen als ik oud ben geworden, zal ik het geluid van de mistral nog kunnen horen die bezig is de lucht schoon te vegen? Ik schrijf dit voor jou, mijn toekomstige zelf, als je tenminste nog leeft.)

Mijn patrijs heeft twaalf nakomelingen. Zij heeft meer succes gehad dan onze fazant, die bij de jene-verbesstruiken achter de waslijn zat te broeden. On-beweeglijk zat ze daar, dagen achtereen. Maar er vie-len venijnige stortbuien. Iedere dag ging ik naar haar kijken om haar bemoedigend toe te spreken. Half verborgen zat ze onder de takken van de taxus in het hoge gras. Alexander lanceerde het idee om een hekje om haar heen te bouwen om haar te beschermen tegen de vos of de kat van Augier, ik strooide graantjes voor haar neer (die zij negeerde), piekerde over een paraplu boven haar kop, maar uiteindelijk besloten we de natuur haar gang te laten gaan. Als eerste zag Erik uiteindelijk twee oogjes naast het moederlijf, en ook ik zag een aandoenlijk donsballetje.

Volgende dag echter was de moedervogel weg en lagen er vijf treurige aangepikte eieren in het nest. Koud. Hooguit twee of drie beestjes moesten uit hun ei zijn gekropen. Was de moeder met de eerstelingen aan de wandel gegaan en waren de overigen van kou gestorven? Was de regen de schuld geweest van de catastrofe? Kennelijk had de moedervogel nog pogingen ondernomen om haar nakomelingen te helpen door hun eierschaal aan te pikken. Binnen de schaal in hun geboortevlies gepakt lagen de volgroeide levenloze jongen, wonderbaarlijk samengevouwen, nat van het eivocht dat hen had gevoed. In *Het boek van het ei* schreef Midas Dekkers dat de jongen binnen de eierschaal contact met elkaar onderhouden door klikkende geluiden te maken. Degenen die wat achterliggen in hun ontwikkeling kunnen zo de anderen een signaal geven om nog even te wachten met uitkomen. Want kuikens van nestvlieders moeten vrijwel gelijktijdig klaar zijn om de moeder te kunnen volgen.

Augustus

Spinnen zijn onze medebewoners. Een grote hoogpo-
tige roofspin heeft een fuik gemaakt tegen mijn oeil-
de-boeuf, het ovale raam op zolder, ik maak me be-
zorgd dat zij te weinig voedsel kan vangen achter het
dichte glas en daarom verschalk ik een levende vlieg
voor haar en werp die in haar fuik. Of zij mij dankbaar is blijft twijfelachtig.

Een kruisspin heeft tussen de tweede lindeboom en
de schuur een web gemaakt zo groot als een wagen-
wiel. Interessanter is echter de kleine witte schoonheid die zich verstopt heeft in een van onze lavendelpollen door twee twijgjes aan elkaar te weven en
daarachter op de loer te gaan liggen. De lavendel is
bijna uitgebloeid en zij heeft de laatste nog fris ogen-
de twijgjes uitgezocht – die blijven verrassend lang
goed zodat ik me afvraag of de spin deze met een le-
venselixer heeft geïnjecteerd. Vanuit haar hinderlaag
verrast zij bijen en hommels veel groter dan zijzelf
door die in hun tong te steken terwijl ze honing zuigen. Blijkbaar werkt haar verlammende gif ogenblikkelijk. De spin omwikkelt haar slachtoffer met ijzersterke draadjes en begint hem uit te zuigen. Spinnen,
zo lees ik, spuiten iets in hun prooi waardoor de or-
gaansubstantie vloeibaar wordt. Hun draden zijn in
verhouding sterker dan staal, maar tegelijkertijd zo
licht dat wanneer je de hele aarde ermee zou omwik-
kelen je een draad zou krijgen die slechts 175 gram
weegt.

In de avondschemer verschijnen de vliegende herten. Zwaar en rechtstandig snorren zij met hun vervaarlijk gewei op hun kop om het huis, vooral rondom de lindeboom. Aanvankelijk menen we dat ze onrustig zijn geworden omdat er onweer broeit. Maar dat zwermen blijkt in de maanden juli en augustus een gewoon verschijnsel te zijn. In de hitte van de zomer bevechten de mannetjes elkaar met hun geweien en maken daarmee deuken in elkaars kop en schild. Ze lijken minuscule middeleeuwse ridders en ook hun gevecht gaat om de gunst van een dame. De geweiloze wijfjes houden zich verborgen om de eindstrijd van het toernooi af te wachten.

Het vliegend hert bestaat in zijn ridderlijke gedaante, zijn imagotoestand, slechts één seizoen, terwijl hij als larf vijf à zes jaar heeft geleefd. Ze voeden zich met rottend eikenhout. Vervolgens maakt de larve in een holle boom een vuistgroot nest en blijft daar drie maanden ten behoeve van zijn gedaanteverwisseling. Ten slotte vindt onze vliegende ridder in zijn uiteindelijke gedaante een partner, paart met haar en sterft.

De Himalaya-den heeft zijn definitieve standplaats gekregen. Jaren terug had ik zaadjes uit Nepal meegenomen en thuis in een potje gestopt, en één daarvan groeide uit van een teer kiemplantje tot iets wat op het begin van een boom leek. In zijn pot namen wij hem mee naar de Drôme en plantten hem tegen de zuidmuur naast de keukendeur. Daar kreeg hij water van het dak en beschutting tegen de mistral. Hij groeide evenwel zo voorspoedig dat we hem moesten verplaatsen en dus ging Erik hem overplanten met assistentie, beter gezegd onder aanmoedigende kreten van kleinzoon Vincent.

Om plaats voor de Nepalees te maken moest er een armetierig kersenboompje worden omgezaagd, iets wat Vincent verontrustte. 'Mag niet boom afsnijden,' riep hij, 'bomen mooi, móóói...' en hij wuifde met zijn handje naar de boomkruinen rondom. Later hielp hij de jeugdige Himalaya-den rijkelijk te bewateren om hem de hete Provence-zomer door te helpen.

Masha kwam huppelend naar mij toe: 'Ik heb een nachtpomp. Heb jij ook een nachtpomp?'

Zij wilde mij haar nieuwe nachtponnetje laten zien en dus trok ze die bij het naar bed gaan aan. Ze stond te stralen en ging zichzelf bekijken in de spiegel. Zij trad naderbij, hield verbaasd stil en riep: 'O, wat ben ik klein...' Alsof ze verwacht had dat de nachtpomp haar decimeters groter zou hebben gemaakt.

Niet langer is Vincent de placide goedmoedige baby van wie Erik zei: 'Hij houdt zijn persoonlijkheid nog verborgen.' Hij begint zich te ontpoppen tot een mensje dat ondanks onverstaanbaar gebrabbel zijn wil kenbaar weet te maken.

Nog altijd hebben wij de houten speelgoedblokken, die indertijd de halve wereld met ons zijn rondgereisd, bewaard in een kist op wieltjes in de nis onder de trap. Die blokken had Erik gemaakt toen wij in

Californië woonden. Ze hadden hem bijna een vinger gekost toen hij in het decoratelier van het toneelgezelschap het timmerhout met een elektrische zaag te lijf ging om voor zijn kinderen speelgoed te maken. Het litteken van de snijwond is nog altijd zichtbaar. En nu komen die blokken na jaren weer tevoorschijn om de volgende generatie te plezieren.

Na aanvankelijke ruzies bouwden Masha en Vincent voor het eerst in pais en vree, ieder op een eigen helft van de lage tafel in de muziekkamer. Uiterst behoedzaam schoven de vingertjes van Vincent het ene blokje op het andere. De vreugde, de triomf dat het lukte droop van zijn kinderwangen en er kwamen gonzende geluiden uit zijn keel. Hoewel de toren erg hoog en wankel begon te worden, weigerde hij elke assistentie van zijn opa en uitte daarbij triomfantelijke kreten. Hij vond zijn eigen prestatie zo geweldig dat hij zich verkneukelend over de vloer heen en weer begon te rollen. Plotseling was hij uit zijn babyvel gekropen, wij zagen de geboorte van een mannetje in spe.

Erik is een *pack rat* die altijd alle mogelijke en onmogelijke zaken wil bewaren, terwijl ik juist wil opruimen om geen slaaf te hoeven worden van overtollige dingen.

Toen ik zei dat we de oude ploeg die we in de stal hadden gevonden naar de *poubelle*, de vuilstortplaats, moesten brengen, zaagde hij er gauw nog een stuk hout van af en een zware ijzeren haak. 'Kan je iets aan ophangen,' was zijn commentaar. Hij is verzot op al dat roestig ijzer en vermolmd hout. (Gelukkig maar dat hij aan oude dingen gehecht is, anders had hij mij misschien al ingeruild voor een jonger exemplaar.) Ook in het theater gebruikt hij graag oud materiaal, iets wat in de beginjaren van De Appel ook noodzaak was vanwege het gebrek aan geld. Hij houdt van verkleurde stoffen en doorleefde materialen, aangespoeld hout van het strand, omdat iets daarin nog doorschemert van de mensen die ermee gewerkt en geleefd hebben.

In het vuur van de open haard hebben wij de resterende ploegonderdelen verbrand, de vlammen scheidden wat een eeuw lang aan elkaar vast heeft gezeten; de enorme klinknagels, schroeven, klemachtige dingen waarvan de namen mij onbekend zijn, bleven achter in de as.

In de jaren dat wij hier onze eerste zomers doorbrachten, bewerkte de oude Augier, schreeuwend tegen zijn muildier, met deze ploeg zijn akker. Nu zijn
zowel ploeg als oude Augier als strootjes weggespoeld
in de stroom van de tijd... Claude, zijn zoon, nam het
gezag over boerderij en landerijen over en schafte
moderne landbouwmachines aan. Nog geruime tijd
echter zagen wij de oude Augier iedere dag met zijn
knoestige stok langs de akkers lopen, kijkend of de
lavendel er wel goed bijstond, de maïs getopt moest
worden of het graan gemaaid, en toen zijn benen weigerden hem langer te dienen zat hij achter het huis,
met de dag gebogener en schrieler, kijkend naar wat
zijn leven was geweest: de grond, de gewassen, de
bergen die als blauwe wolken op het land lagen.

De zomer vordert. De zonnebloemen staan in het
gelid, koppen dezelfde kant op zoals die van de stenen krijgers in China die gedurende eeuwen onder
de grond hun militaire slagorde hadden gehandhaafd. Maar de gezichten van de zonnebloemen worden zwart, blind heffen ze die omhoog naar de zon,
hun afgod en folteraar.

Het graan wordt geoogst. Stof, kaf, de hete muffe en
toch rijke graanlucht waait over de velden, stof zit in
mijn haren, mijn neusgaten, spinnenwebben hangen
in de braamstruiken en zijn vangnetten geworden
voor kaf in plaats van mugjes.

'Alors gangster!' roept de bestuurder van de oogst-
machine tegen Patrick, de jongste Augierzoon, die
met een kek hoedje op zijn kop en glimmend rood

broekje aan staat te treuzelen. De gangster probeert zich te drukken. Claude schreeuwt commando's die over het veld galmen, staande op zijn zegekar die met ijzeren messen de korenaren aanvalt. Nog geen meter voor de messen uit wiegelen deze nietsvermoedend in de wind en opeens, flam, zijn ze wemelend dooreengesmeten, door de ijzeren muil onthoofd, op eenzelfde manier als waarop de falanxen van Xerxes te werk gingen wanneer zij door de vijandelijke linies reden en de krijgers in stukken sneden.

Ik ervaar iets van de spanning tussen het manoeuvreren van het logge monster en de razendsnelle vernietiging. Nog niet zo lang geleden kwamen vrouwen en kinderen om gespilde aren op het stoppelveld te zoeken. Aren lezen was het oudste recht van de arme. *De rijke mag dit recht niet aan de arme ontzeggen*, staat er in de Bijbel. Nu wordt dit recht zelfs de vogels ontzegd, want de blauwe mastodont laat geen halmpje liggen.

Ik loop over het slagveld. De grond van het korenveld is blootgekomen en ik zie de ondiepe stroombeddingen in het leem waarmee regenwater zijn weg naar de wortels van het graan heeft gezocht. Binnen enkele dagen zullen tussen de stoppels minuscule bloemetjes ontspringen, kleiner dan mijn pinknagel, door de ochtenddauw tot leven gewekt. Toen ik vorig jaar met mijn kleindochter over het gemaaide land liep, hurkte zij neer om haar gezicht dicht bij het stoppelveld te brengen. 'Oma,' riep ze, 'dit is kleinbloemetjesland!'

1996

Vanuit de Renard naar Barcelona gereden. In Figueras bezoeken wij het museum dat Salvador Dalí voor zichzelf ontworpen heeft. Bizar bouwsel lijkend op een spookhol op de kermis. De voorkant van het gebouw, dat ooit een theater is geweest, bestaat uit een suikergoedachtige façade met Byzantijnse trekjes, met popjes van gebakken klei, die Dalí oorspronkelijk van brood had gemaakt, tegen de gevel geplakt. De achterzijde, nog in de oude deftige staat, ligt aan een pleintje onder lindebomen. Dalí de provocateur, de fantast, schilderde de nachtmerrie in de werkelijkheid, een fragmentje menselijkheid in een onmenselijke wereld waarin de dingen de heerschappij hebben overgenomen. Een aan flarden gescheurde wereld, waarin hemelhoge paarden tegen de lucht hangen met druipende poten zo dun als draden stroop. En dan opeens Gala, zijn muze, zijn geliefde, met twee ongelijke ogen, raadselachtig, maar zo intens en minutieus geschilderd dat je meent haar te kunnen aanraken. Dalí en Gala, een van de beroemdste liefdesparen van onze eeuw.

Via Girona reizen we naar Blanes, waar zich een botanische tuin bevindt die gelegen is aan de Middellandse Zee en ooit door een Duitser in het begin van deze eeuw begonnen is. Vreemde cactustuinen die mij aan Mexico doen denken, bloeiend met etherische, haast lichtgevende bloemen of juist sensuele gloeiende rode. We slapen in een hotel in Barcelona dat zo in *Death in Venice* van Visconti had kunnen figureren, flaneren in de ochtend over de Ramblas die overdekt lijkt door een bewegend tapijt van kinderwagens, kleuters, driewielers, miniatuurfietsjes, dribbelende en kraaiende baby's. De nieuwe aanwas van het Catalaanse volk.

Honderd jaar geleden werd Joan Miró geboren en overal in Barcelona zijn er tentoonstellingen, vooral ook van zijn keramiek en zijn gebakken en beschilderde tegels. In het Parc de Montjuïc heeft hij een eigen merkwaardig kaal en toch speels museum gekregen, gebouwd door zijn vriend Josep Lluís Sert: een witte tempel te midden van bejaarde ceders en cipressen. Vanbinnen een ruimtelijk wonder, waarin de optimale voorwaarden zijn geschapen voor zijn series grote doeken.

Ik kijk het kunstboek van zijn werk er nog eens op na. Nu we ouder worden moeten we onze hersencellen te hulp schieten door alles te proeven en te herproeven en opnieuw onze indrukken op te poetsen, want haast onmerkbaar begint de ouderdom nevelgordijnen op te hangen in onze hoofden. Zo lang als mogelijk is trachten wij de beelden en gebeurtenissen nog scherp afgebakend aanwezig te laten zijn vóórdat de nevels ze zullen opslokken. Soms vraag ik me af: dat hele arsenaal van emotie, ervaringen, opgeslagen kennis, waar blijft dat? En waar heeft het toe gediend? Of resteert alleen dat wat we hebben doorgeseind naar andere menselijke geesten en breinen? Kan dit het doel zijn: dat die met geestelijke elektriciteit gevulde draad in tact blijft?

Ik houd meer van Miró's keramiek dan van zijn doeken, maar fascinerend blijft de speurtocht van de jonge kunstenaar door de domeinen van kleur en vorm – aanvankelijk kundig hoewel conventioneel –, je ziet de diverse stijlen en invloeden waarvan hij zich weer moet bevrijden om ten slotte in een explosie van kleur en abstracte vormen uit te barsten, toegroeiend naar wat de essentie van zijn kunst zal worden. Wat zijn keramiek betrof werkte hij nauw samen met de pottenbakker Artigas. Er ontstond een symbiose tussen die twee en Miró kon niet alleen profiteren van Artigas' kennis van materialen, maar bovenal ook van diens beroemde mastodonten van ovens die uitheemse namen droegen: Sung en Nikosthenes. En Mahiko, de grootste, die zeven horizontale kamers bevatte. Jaren geleden zag ik het proces van het dichtmetselen van de ovens en de enorme houtvuren die daaronder gestookt werden. Een procédé dat me deed denken aan de middeleeuwen.

1997

Enkele jaren geleden opende ik in Pulchri een tentoonstelling van het werk van onze vriend de beel-
dend kunstenaar Willem Schenk en na afloop kwam
er een echtpaar naar mij toe en zei: 'Dat was een boei-
end verhaal. U zou een boek over hem moeten schrijven.'

Later, toen er weer ruimte in mijn brein ontstond
voor nieuwe initiatieven en ik in oud materiaal rommelde met het oogmerk daar bruikbare gegevens
uit op te diepen, vond ik mijn inleiding terug en
dacht: waarom niet? Misschien een boekje ter ere
van Schenks overzichtstentoonstelling wanneer hij
tachtig wordt?

Oorspronkelijk was Willem Schenk als schilder op-
geleid, maar uit onvrede met zijn metier besloot hij
op een dag verf en penseel voor draad en naald en
oude lappen te verruilen, en daarmee bevrijdde hij
zich van wat hij op de academie had geleerd en wat
hem in een keurslijf had gehouden. Hij had nooit
uitgeblonken in vormgeving, maar wel in kleur en
compositie.

Toen ik hem voor het eerst bezig zag in zijn schuur-
tje, roerend in een oersoep van terpentijn en verfstoffen die hij steeds bijmengde, kwam hij me voor als
een middeleeuwse alchemist die het procédé zocht

om uit dode materie leven te scheppen. En zo was het ook. Hoe meer hij zich bekwaamde, hoe beter hij bij machte was om de verbeeldingen die in zijn geest leefden gestalte te geven.

Toen ik hem mijn plan voorlegde iets over hem te schrijven ter ere van zijn tachtigste verjaardag reageerde hij verrast en gedurende de maanden die volgden bezocht ik hem regelmatig in zijn vissershuisje in Scheveningen.

Wanneer ik kwam aangefietst zat hij steevast in zijn resedagroene armstoel niet ver van het raam en ik verscheen nog niet achter het vensterglas of hij stond op om naar de deur te gaan en mij te verwelkomen. En daar stond hij dan met zijn donkere ogen stralend achter zijn brillenglazen en met zijn onafscheidelijke zilveren hart op de borst. Hij verbreedde zijn borstkas, met iets van koketterie, omdat hij er voor mij goed wilde uitzien door iets terug te roepen van de knappe man die hij geweest moest zijn. Maar de jaren waren over hem heen gegaan en hadden zijn ogen in een krans van rimpels gezet en zijn lichaam klein en broos gemaakt. En dan gingen wij binnen in wat hij zijn Ark van Noach noemde.

Hij vertelde over zijn leven, over zijn jonggestorven moeder en zijn vader, de dictatoriale zeekapitein, over de ontdekking van zijn homoseksualiteit gedurende zijn eerste huwelijksjaren, zijn schuldgevoelens en verscheurdheid. En later over Parijs, zijn liefdes, zijn wanhoop.

Hij liet mij een wandkleed zien waarop een roestige schaar zit vastgenaaid. Een koboldachtige figuur heeft met die schaar een roos afgeknipt en zichzelf verwond, rode bloeddruppels vallen van zijn hand.

'Dit is mijn zelfportret,' zei hij. 'Die schaar is het symbool geworden van het afsnijden. Ik sneed mij af van mijn burgerlijk bestaan, van mijn vrouw, mijn gezin, van het seksleven met mijn vriendjes. Uiteindelijk heb ik het maken van wandkleden het allerbelangrijkste gevonden en daaraan heb ik alles ondergeschikt gemaakt. De wandkleden hebben veel leugens, clichématig gedrag en psychische misvorming van mij afgenomen. Het is een zuiveringsproces geweest. Die schaar heeft mijn verleden afgeknipt opdat ik de roos zou kunnen plukken, de roos van de verbeelding.'

'Hier, in mijn vissershuisje, heb ik mezelf gevonden,' herneemt hij het gesprek, 'ik hoef geen rol meer te spelen, niets te bewijzen, nergens meer bij te horen. Ik heb alle tijd voor een dialoog met mezelf. Dus zit ik stil in mijn kamer en laat mijn geest maar wat ronddobberen op de zee van mijn herinneringen. Gek is dat, ik heb oneindig meer herinneringen dan ik ooit nog nieuwe ervaringen zal hebben.'

Jij hebt een hoge tol moeten betalen, denk ik, naar het vallende bloed op zijn wandkleed kijkend, dat zijn zelfportret verbeeldt. Wie iets met dat verleidelijke fenomeen 'kunst' te maken wil hebben moet altijd, vroeg of laat, die tol betalen.

Naderhand zal hij mij zijn zelfportret schenken, en

dat hangt nu in mijn kamer en iedere keer als ik daar zit te werken voel ik die vorsende blik uit dat ronde koboldhoofd op mij gericht.

En zo praten wij samen, twee oude mensen, zonder gêne, over onze worsteling, mislukkingen en herinneringen, over ons laatste stukje levensverwachting.

'Ik beleef iedere dag,' zegt hij, 'alsof ik het eeuwige leven heb, hoewel ik mij ervan bewust ben dat die evengoed mijn laatste kan zijn... *Filosofie is niets anders dan je op de dood voorbereiden,* zegt Cicero.

Hoe ik dood zou willen gaan? Liefst terwijl ik aan het werk ben, maar dat is een vrome wens, dat wil iedereen. Wat te doen met mijn lijk? Dat lichaam, dat je achterlaat en dat door de wormen wordt opgevreten, het was je jas, het heeft je toch goede diensten bewezen...'

Of het leven zin heeft, daarvan is hij niet overtuigd, noch van enig voortbestaan na de dood. Alleen de eeuwige herhaling van de kringloop lijkt hem van belang.

'Negen maanden doe je erover om van niets een afgerond wezen te worden,' zegt hij, 'crematie is zo abrupt. In de grond begraven worden is voor mij de weg terug...'

We praten over inspiratie, over wat dat onontraadseld begrip kan inhouden.

'Het is het proces van dromen tot leven roepen,' meent hij. 'Mijn inspiratie draagt beelden aan, visioenen. Mijn inspiratie is visueel. Soms ga ik uit van een vlek. Die vlek zoekt een inhoud, een betekenis. Er moet als het ware een vermenging ontstaan tussen wat de stof aanbiedt en wat ik zeggen wil. De dingen ontstaan dikwijls buiten mij om...'

'Vandaag heb ik een beroerde dag,' zegt hij, 'er wil niets uit mijn handen komen. Al dagenlang ben ik aan het worstelen met verbeeldingen die opdoemen en die ik weer afkeur. Ik wil Charon maken, de morsige veerman zoals Vergilius hem noemt, de schimmenbegeleider, die zijn passagiers in zijn wrakke schuit over de doodsrivier, de Styx, boomt. Soms zie ik zijn zwarte schaduw die de enorme vaarboom hanteert. Maar hoe een schaduw weer te geven? Hoe het gezichtloze een gezicht? "Charon," zeg ik tegen hem, "als ik jouw gezicht maak wil je mij dan naar de overkant varen zonder spijt en zonder pijn?" Maar die lepe bootsman laat zich niet beetnemen. Hij laat zich niet vangen in de draden van mijn kleed.'

Hij hangt de kleden weer op hun plek in de gang, over elkaar heen, want er is geen muurruimte genoeg in de kleine woning. 'Het wordt tijd dat er weer een tentoonstelling komt zodat er een aantal weggaat,' verzucht hij.

Ik vraag hem: 'Wat heeft dat werk van jou je gebracht? Die voortdurende achtervolging van de muze?'

Even sluit hij zijn ogen of hij met zichzelf te rade wil gaan.

'Waar het om gaat. De essentie.'

Om mij heen zie ik doeken waarop plantaardige vormen zichtbaar zijn, dramatische zonnebloemen, papavers bloeiend op een graf, verscholen vruchtbeginsels – alles vertelt een verhaal, een summier verhaal van dood en bloei.

'Naarmate je ouder wordt,' zegt Schenk, 'wordt je levensruimte kleiner, de muren voelen beschermend om mij heen, terwijl ik toen ik jong was er juist uit wou breken. Dit is mijn Ark van Noach, al de schatten die ik tijdens mijn leven heb vergaard zijn binnen de muren, ik ben veilig, laten ze buiten maar oorlog maken, elkaar afschieten, de liefde bedrijven of elkaar bedriegen... Ik pas hier precies in, ik heb mijn leeftocht bij me voor mijn reis naar de dood.'

Dikwijls bleef ik bij hem lunchen en dan had de oude tovenaar de tafel feestelijk gedekt en kreeg ik bij wijze van ritueel de eerste aardbeien van de koude grond of verrukkelijke paté voorgeschoteld, die hij op de fiets in de Frederik Hendriklaan had gehaald; die afstand kon hij nog afleggen na zijn hartinfarct en bypass, maar kort nadien was ook dat niet meer mogelijk omdat de heren medici zijn hart in een lagere versnelling hadden gezet.

De laatste keer dat ik hem opzocht had hij alweer plannen voor een nieuwe tentoonstelling over een jaar of twee, drie, hoewel hij worstelde om zich van zijn oude thema's te bevrijden. 'Ik moet iets maken wat volstrekt anders is, het moet iets uitdrukken van mijn leven op het scherp van de snede, zo dicht bij de dood, maar hóe zie ik nog niet.'

Dat onderzoek werd hem niet meer vergund. Hij stierf na een nieuw hartinfarct in het Rode Kruis Ziekenhuis waar hij in allerijl, maar vergeefs, heen was gebracht.

Na zijn dood vroeg ik aan zijn zoon Tom of ik één uur alleen in Willems vissershuisje zou mogen doorbrengen en dat vond hij goed. Daar te zijn waar de twee stoelen nog stonden, die waar ik altijd in zat en de resedagroene, dat werd mijn werkelijke afscheid.

Alle geduldige, gedurende zijn leven verzamelde dingen stonden daar nog onaangeroerd. Het leek of hij zojuist uit zijn stoel was opgestaan, de indruk van zijn lichaam was nog zichtbaar in het kussen. In de keuken stond zijn voor het laatst gebruikte koffie-kopje, in het water gezet, de mand met aardappelen onder zijn keukentafel – die worden nooit meer gege-ten. En zijn bed, het malle hoge bed met laden eron-der, dat ooit een bedstee moet zijn geweest, het kus-sen waarop zijn hoofd lag, alles proper, bijna kuis – na een bewogen leven de kuisheid van het afstand doen. Op de plank boven het voeteneinde staan als gnomen de stukken drijfhout die hij verzamelde tij-dens zijn jutterstochten langs zee.

Ik stap het minuscule tuintje in, de hortus conclu-sus van een monnik. Daar staat de witte rozenstruik, ooit geplant ter nagedachtenis van zijn moeder, de blauwe regen die maar niet wil bloeien, de hortensia waarvan nu de bladeren slap hangen alsof ook de plant rouwt. Ik haal een fles water uit de keuken omdat die planten een onderdeel van zijn leven zijn geweest en het verdiend hebben voort te leven. Tom, die naar beneden komt van zijn atelier op de bovenverdieping, haalt zijn schouders op: 'Als ze doodgaan, dan gaan ze dood.'

Voor het laatst loop ik door het smalle gangetje waar Willems wandkleden hangen, ook dat van Charon die de doden over de Styx boomt. Ik kijk ernaar: nu ben jij een van hen, Willem, op je eigen kleed, op weg naar het dodenrijk.

Erik kwam onverwachts thuis en vroeg mij of ik het prettig zou vinden Willem nog een laatste keer te zien, in het Rode Kruis Ziekenhuis, waar de mogelijkheid bestond afscheid te nemen. Dat kon op afspraak, zei de telefoniste. Bij de balie gekomen heerste er onzekerheid en er kwam een persoon die er meer van moest weten. Nee, meneer Schenk was juist die middag weggehaald en naar het Staetenhuys gebracht, een rouwcentrum in de Statenlaan. Wij belden daarheen. Nee, dat was niet open voor bezoek. Maar Erik, die nooit voor één gat te vangen is, zei dat wij familie waren en van buiten de stad kwamen. Dit opende de deuren voor ons.

Ik wilde bloemen voor Willem kopen, liefst rode klaprozen met hun ravenzwarte hart, maar die waren nergens te vinden en de zonnebloemen zagen er triestig uit, dus toch maar rozen. – Rozen voor de rozendief, zei Erik. Onderweg overlegden we wat wij het best konden zeggen: dat we een neef en een nicht van hem waren? Uit Zutphen, Den Helder? Door de gebruikelijke wasachtige, in de plooi gestreken rouwmeneren werden wij ontvangen. Hij lag voor ons klaar, zeiden ze.

Ik herkende hem amper. Zijn haar was achterovergekamd in de messcherpe scheiding van een onberispelijke ambtenaar. Zijn mond was smal en had een harde uitdrukking, zijn handen, ja, die herkende ik, evenals het zilveren hart op zijn borst. Ik kon me er niet van weerhouden zijn haar naar voren te strijken zoals hij het altijd droeg. Zijn mond, zijn gesloten ogen gaven geen seinen meer af van het leven dat ze bezield had, geen glinstering van plezier of ironisch trekje om de lippen. Het leek of hij als een steen naar een peilloze diepte was gezonken, buiten bereik, zoals Shakespeare zegt: 'Zeven vadem diep ligt mijn vader in zee...' Niets verried de man die hij geweest was, niets van zijn gevoelens en woelige verbeeldingen, slechts deze gebeeldhouwde steen was overgebleven. Opeens herinnerde ik mij zijn woorden: 'Wat te doen met mijn lijk? Het is toch mijn jas geweest, het heeft mij toch gediend...'

Ik legde de gele rozen op zijn borst als huldeblijk aan de oude jas die hem gediend had. Van die rozen maakte Erik meteen een intrigerend verhaal. Wat de familie van dat boeket moest denken? Wie was hier doorgedrongen terwijl in de rouwadvertentie had gestaan: Geen bezoek. Een oude minnaar?

Als samenzweerders zaten wij bij die kist en moesten heimelijk lachen en ik toch weer huilen. Maar hij was al ver weg, zo diepvrieskoud dat mijn handen van hem terugschrokken, en met dat strenge gezicht. Ik moest aan zijn vader denken, de barse zeekapitein, alsof die zijn zoon had teruggevorderd.

1997

'Wat drommel,' schreef de schrijver Bordewijk in een recensie op mijn eerste boek, 'waarom moet een meisje zo jong al publiceren? Had ze niet kunnen wachten om haar talent te laten rijpen?' Misschien zou Bordewijk nu zeggen: 'Wat drommel, waarom moet een oude vrouw nog schrijven? Had zij haar overbodige praatjes niet achterwege kunnen laten?'

In mijn hart ben ik het met hem eens. Wat voor nieuws heb ik nog te melden in een wereld waarin al het voorbije al eens gezegd en beschreven is en waarin de van ongeduld borrelende jonge schrijvers klaarstaan om vele mij onbekende of wezensvreemde zaken, kortom alle nieuwe ontwikkelingen in nieuwgeboren woorden neer te schrijven.

Ik kan enkel nog signalen zenden vanuit een achtergebleven land, het land van gisteren. En mijn techniek is ook in het slop geraakt, als van een pianist wiens vingers stram worden, zo zijn eveneens mijn hersenen stram geworden, ze zenden niet langer de dartele impulsen uit die vroeger het schrijven tot een ontdekkingsreis maakten in mijn eigen geest... Nu moet ik de impulsen en geïnspireerde woorden aanmoedigen om zich te vertonen, ik moet ze een por geven om ze over de drempel van de twijfel te jagen. Het schrijven, mijn levenslange metier, is aan vernieuwing toe.

Woorden zijn net vlinders die ik in mijn net wil vangen, maar nu sla ik veelvuldig met mijn net in het luchtledige daar waar ik meende het juiste woord te vinden. Soms kan ik het gewenste woord toch nog verstrikken door geduld te oefenen tot het moment waarop het belieft zich te presenteren.

Ik moet me deemoedig opstellen en dat voelt merkwaardig aan. Toen ik jong was en met schrijven begon had ik er nog geen notie van hoe weerspannig diezelfde woorden konden zijn. In die tijd heerste overmoed en nu leer ik wat deemoed is. En zo hoort het ook. Ik bestorm niet meer zonder nadenken een trap, nee, ik verover de trap tree voor tree.

Suriname, najaar 1999

Soms is een schrijver leeg, er roert zich niks in zijn geest. Het vorige boek is af en de leegte die het achterliet wordt slechts opgevuld door een apathisch afwachten. Maar onverwachts kan zich iets aanbieden – daarom moet je altijd op je qui-vive blijven –, een persoon of beeld dat om nader onderzoek vraagt.

Deze keer was het de mij onbekende persoon Maria Sibylla Merian die mijn verbeelding binnenstapte en zich niet liet verjagen. Een jaar geleden ontdekte ik haar op een tentoonstelling in het Teylers Museum in Haarlem, waar ik onverwacht werd getroffen door de afbeeldingen van exotische bloemen en vlinders die daar aan de muren hingen. Het kwam me voor of ik door een wonderbaarlijke tropische tuin wandelde, en toen ik een klein portret zag van een stuurs kijkende zeventiende-eeuwse vrouw met een neepjesmuts op het hoofd, besefte ik dat zij het moest zijn: Maria Sibylla Merian, die deze uitheemse wereld in beeld had gebracht. Toen ik in de daarop volgende dagen haar levensverhaal begon te lezen verraste zij mij opnieuw door de moed waarmee zij, een vrouw alleen, op een fregat van de West-Indische Compagnie stapte en een oceaan vol gevaren overstak om haar droom te achtervolgen: de zeldzame vlinders in het Surinaamse oerwoud te verzamelen. Een van die tropische schoonheden, voor eeuwig gevangen in een glazen kastje, zag ik op de tentoonstelling: de Morpho achilles. Een vlinder zo groot als mijn beide gesprei-de handen, van een metalig glanzend aquamarijn-blauw met een kartelrand van fluweelzwart aan de vleugels. De naam alleen al, Morpho achilles, prik-kelde mijn verbeelding en ik projecteerde mijzelf in het Surinaamse oerwoud waar ik de schim van Sibyl-la zou achtervolgen. *Op zoek naar de Morpho achilles* wilde ik mijn boek noemen. Die titel werd achteraf veranderd omdat de redactie van De Bezige Bij die te cryptisch vond.

Ik had gewenst dat ik, evenals Merian, voor de duur van een maandenlange zeereis mijn oude wereld zou zien veranderen in een tropische felgekleurde, maar afstand en tijdgebrek noodzaakten mij als een reuzensprinkhaan in luttele uren over de oceaan te springen. Voor mij geen lethargische toestand in een ligstoel op het dek, geen staren naar wisselingen van de wispelturige zee onder rimpelende zeilen.

Komend uit het koude Noorden zal Merian dag na dag de sterrenhemel, de banen van zon en maan heb-ben zien veranderen en zelfs in de tropische nachten de zee hebben zien lichten met vreemdsoortig vuur-werk. Zij moet nooit eerder waargenomen of zelfs maar verbeelde vissen uit het water hebben zien op-springen of reusachtige lijven van geheimzinnige waterdieren die zich door de golven wentelden. Haar zintuigen, haar hele innerlijke kompas, moeten zich in die korte tijd hebben aangepast. Of heeft zij, de vrouw van het kleine, van de rups en de vlinder, zich onbehagelijk gevoeld te midden van de grenzeloze watermassa's?

Sibylla is aan land gekomen bij Fort Zeelandia, waarvan ze de plompe torens van ver zag afsteken tegen de avondhemel, ze liep over de Marinetrap, de steiger die was voorbehouden aan de *granman*, de aanzienlijke burgers en militairen – matrozen en geketende slaven kwamen via een tweede steiger zo'n honderd meter verderop aan wal. Misschien zond het vreemde land haar een puf warme lucht tegemoet samen met de geur van vis, teer en wier, en zag ze achter geboomte de schoorstenen van kookhuizen van suikerplantages de lucht in steken. Suiker, dat wist ze, was een exportartikel van het nieuwe Suriname. Aan de andere kant ontwaarde ze een kleine witte stad: Pramorbo, de Plaats van de Bloemen.

Drie eeuwen later zet ik voet op de schemerige witte savanne rond Zanderij, een vliegveldje zo groot als een postzegel. De hitte staat mij op te wachten, al iets ingetoomd door de avond. Ik ruik de branderige lucht van houtvuur vermengd met de geur van tropische bloemen die hun aroma loslaten nu de zon onder is gegaan.

Ik overnacht in het voormalige Pramorbo, waar ook Sibylla onderdak had gekregen, een oorspronkelijk indiaanse nederzetting die nu tot het moderne Paramaribo is uitgegroeid. Het eerste wat ik de volgende ochtend onderneem is naar het museum in

Fort Zeelandia gaan waar zich een exemplaar van de eerste druk van haar beroemde boek *Metamorphosis Insectorum Surinamensis* moet bevinden. Wandelend langs de befaamde koningspalmen en heggen vol rode fajalobi bereik ik het fort. Ik buk door een laag deurtje in de stenen muur en kom het museum in, dat er desolaat uitziet. Op planken langs de muren staan her en der verdoolde voorwerpen uitgestald. Een toegeslenterde zwarte jongen in overall meldt mij dat de meeste historische voorwerpen weggeborgen zijn in verband met de verbouwing van het museum.

'Gaat het om een boek?' vraagt hij, als ik hem vertel waarvoor ik kom. 'Dan kunt u beter naar de bibliotheek gaan.'

De bibliothecaris schuimt de boekenkasten af, maar bij de exemplaren die hij mij brengt bevindt zich geen enkel van Maria Sibylla.

'Maar hier staan toch ook vlinders in,' zegt hij gebelgd, bladerend in een boekwerk.

De inmiddels gealarmeerde directeur neemt mij mee naar de catacomben onder het fort waar zich, als sarcofagen, rijen houten kisten bevinden die er jarenlang moeten hebben gestaan getuige het wormstekige hout en de roestige hangsloten.

'Dat komt door het vochtige klimaat,' zegt de directeur met moedeloos schouderophalen terwijl hij de etiketten op de kisten tracht te ontcijferen, maar de half uitgewiste letters geven geen opheldering omtrent Sibylla's *Metamorphosis*. Hij begint zorgelijk te kijken.

'Misschien is het gestolen in de tijd van de burgeroorlog,' zegt hij, 'toen zijn de kostbare boeken en kunstvoorwerpen uit Fort Zeelandia weggehaald en niemand kan me vertellen waar ze zijn ondergebracht.'

Na mijn mislukte speurtocht naar Merians *Metamorphosis* besluit ik naar de dierentuin te gaan om inheemse dieren te bekijken die Sibylla in de jungle gezien kan hebben. De chauffeur van een morsige taxi zet mij af voor de ingang waar het merkwaardig rustig is, geen geloop van bezoekers, geen schrille vogelkreten of andersoortige diergeluiden. In de stilte loop ik als niet-verwachte gast naar het half openstaande toegangshek dat mij niet schijnt te weigeren, maar evenmin uitnodigt. Geen verkoop van kaartjes, geen controle. Alsof ik een insluiper ben, loop ik rond. Het eerste dier dat ik zie is een zwarte panter die als een vloerkleed ligt uitgestrekt in een plas zonlicht. Er staan geen bomen rond zijn kooi, alle uren van de dag ligt hij daar blootgesteld aan de gesel van de zon. Tussen zijn halfopen oogleden zie ik het goud van zijn iris glanzen, maar hij kijkt niet naar mij, hij heeft zich diep in zichzelf teruggetrokken. Waarschijnlijk is zijn bewustzijn gekrompen tot een minimum waaruit enkel nog de geur van vers vlees hem kan doen ontwaken. Door de middaghitte waarin alles gestold lijkt, dwaal ik rond langs halflege kooien in de hoop iemand te vinden die mij iets kan vertellen over de hopeloze staat waarin de tuin verkeert.

In een kantoortje vind ik ten slotte een man die zich voorstelt als de beheerder. Hij loopt met mij mee onder de bomen waaraan geen blad beweegt.

'Er is geen geld,' vertelt hij, ''s nachts klimmen onverlaten over de omheining en stelen de dieren, of ze maken ze dood, dan vind je 's ochtends de verminkte kadavers. Vroeger heb ik wel bewakers gehad, maar die waren doodsbang voor dat dieventuig dat gewapend is met houwers en jachtgeweren...'

Hij neemt mij mee naar een hok waarin een jaguar zit opgesloten, het beest heeft slechts één oog, uit de lege oogkas van het andere sijpelt etterig vocht.

'Een man die de tuin bezocht,' zegt hij, 'heeft het beest zijn oog uitgestoken. – Ik betaal om naar een dier te kijken, zei die man, niet voor een dier dat naar mij kijkt.'

De jaguar met zijn lekkende oogkas loopt rusteloos rondjes. In Mexico, in de tijd van de Azteken, werd dit dier vereerd als een bovenzinnelijk wezen, waarvan het nachtelijk leven geassocieerd werd met de tussenwereld, de wereld tussen licht en duisternis, tussen leven en dood. De vlekken op zijn huid symboliseerden de sterren aan het nachtelijk firmament. En nu draait mijn stoffige godheid hier zijn rondjes achter tralies.

Opeens klinkt er gejoel en geren van voeten, halfwas negerjongens hollen met stokken gewapend achter een paar ontsnapte aardvarkens aan. Zodra echter een varken zich omkeert vluchten de jongens een boom in. Over het pad komt een van de beesten in mijn richting gedraafd. In hun boom buigen de helden zich voorover, belust op een spannende confrontatie. Ik blijf bewegingloos staan, het varken lijkt enigszins van zijn stuk gebracht en begint mij snuffelend te onderzoeken. Het is een aardig varkentje met een borstel op zijn rug. De helden zijn teleurgesteld.

'Ik moet mij behelpen met kinderen,' zegt de beheerder. 'Volwassen krachten komen na een paar dagen niet meer terug, ze vinden het hier eng of te stil.'

In de vlindermaand vaar ik in een korjaal weg van de bewoonde wereld om de Surinamerivier te volgen tot aan haar bovenloop in het oerwoud. Een korjaal, gemaakt van een uitgeholde boomstam, is de meest geëigende boot om in het droge seizoen de rivier mee te bevaren omdat hij geen kiel bezit en daardoor zo goed als geen diepgang heeft. In de wijde monding van de Suriname, waar de stroom diep genoeg is, springen dolfijnen omhoog die bij vloed op zoek gaan naar krabbetjes, maar zodra het water bij eb begint te zakken verdwijnen zij naar zee. Ook plezierjachten laten wij achter ons terwijl we tussen de groene oerwoudmuren het onbekende rijk van Merian en haar vlinders binnenvaren. Niet langer ruik ik de zeelucht, daarvoor in de plaats groeit de geur van de jungle, een geur van eeuwenlang voortwoekerend gewas, gronderig, vaag zoet met iets bedwelmends. De rivier verandert, haar oevers naderen elkaar om weer uiteen te wijken en hier en daar geheimzinnige zwarte kreken te vormen waar hoogbenige planten in het gelid staan.

'Mokko mokko-planten,' zegt mijn zwarte gids, 'goed om de lust op te wekken.'

Hij snijdt een blad voor mij af en ik wrijf een stukje daarvan tussen mijn vingers. Alles hier in de tropen praat van de liefde: bloemen zenden liefdesgeuren uit, vogels fluiten liefdesdeuntjes, de maan is ziek van liefde. Ik steek het intrigerend stukje blad in mijn mond en kauw erop. Het smaakt bitter, naar bittere liefde. Dit is immers het oerwoud en alles wat het oerwoud je biedt is zowel verlokkend als verraderlijk.

Hoe lang zit ik al op dit harde bankje zonder mijn Europese benen te kunnen strekken? De zon houdt mij in zijn gloeiende greep, het water ligt futloos rondom. Hoe moet Maria Sibylla deze tocht hebben doorstaan, zittend in haar lange rokken, haar voeten in rijglaarsjes, een zeventiende-eeuwse dame wie het niet vergund was ook maar een fractie van haar blanke huid publiekelijk te ontbloten? Zij zal misschien in de schaduw van een parasol hebben gezeten. Heb ik niet ergens gelezen dat haar boot door zwarte slaven in livrei werd voortgeroeid?

Het bizarre beeld van Merian blijft in mijn hoofd hangen, met haar negers in livrei varend over de Suriname als een Cleopatra over de Nijl, en in haar kielzog een sleep andere korjalen die alle benodigdheden voor haar expeditie vervoerden. Zij voer weg van Pramorbo om naar Providentia te gaan, de enige plantage die diep in het oerwoud lag omdat haar bewoners, de streng gelovige Labadisten, de stad Pramorbo als een plaats van verderf zagen vanwege de slavernij en de zuipende planters. Ooit, jaren geleden, had Merian een tijdlang bij de Labadisten in het Friese Wieuwerd gewoond en nu hoopte zij bij vertrouwde geloofsgenoten onderdak te vinden en een plek waar ze haar vlinderpassie zou kunnen voortzetten zonder mikpunt te zijn van de spotlust van de planters in Pramorbo.

Niemand in Paramaribo wist mij iets over de verloren plantage Providentia te vertellen. Toch koester ik de hoop iets te zullen vinden, een restant van het plantagehuis of van de plek waar Merian haar hut liet bouwen. Het enige wat ik te weten ben gekomen is dat Providentia om en nabij zeventig kilometer stroomopwaarts moet liggen.

Een eerste vlaag van koelte strijkt over het water, de zon begint achter de oerwoudmuur weg te zakken, de rivier is als een slang die voortkronkelt tussen het groen maar zich dan opeens verbreedt en zich tegen het witte zand van een kleine baai aanschuurt. Negerkinderen spelen in het water, een kroezig kinderhoofd dobbert op het oppervlak, de zwarte pupillen drijvend in het oogwit. Vrouwen komen met stapels pannen op hun hoofd naar de rivier om ze schoon te schuren met zand. Met gestrekte benen staan ze in het water en bukken zich vanuit het middel, het zwarte haar gladgetrokken vanuit de scheiding en eindigend in vlechtjes. Het geluid van hun stemmen klinkt als muziek over het water. Hun lippen zijn genereus, sensueel, in niets lijkend op de zuinige lippen van ons, westerlingen. Die van hen zijn als vruchten, het roze vruchtvlees van de pompelmoes. Bij oudere vrouwen hangen de borsten tot aan hun middel, ook als vruchten, de natuur herhaalt zich in de mens.

'Gaan we hier aan wal?' vraag ik, verlangend me bij die vrouwen te voegen in het koele water. Maar Samoe, mijn gids, schudt het hoofd en gebaart met zijn hand verder de rivier op.

Varen in de vallende schemer. De maan ligt op haar rug, dobbert languissant, ze lijkt minder waakzaam dan bij ons in Holland. Een bosduif herhaalt zijn weemoedige roep. Ik hoor de wind door het woud reizen, bladeren fladderen en vallen weer stil. Op de oever zie ik twee blauw met gele ara's met witte pukkelige wangen, ze kijken naar mij, overpeinzen de situatie, ze eten met grote bedachtzaamheid. Geleidelijk geven de sterren acte de présence, het zijn er meer en grotere dan ik ooit ergens zag, de diepblauwe hemel trekt een sluier omhoog bezet met myriaden diamanten.

Zoals je de hemel niet kunt doorgronden, zo kun je ook het water niet doorgronden. Onder het oppervlak blijken nu stenen mastodonten te liggen die ons bedreigen, soms steekt er een zijn kop uit het water, een soort voorwereldlijke walvis, wij moeten nu uitwijken, zwenken, de motor van onze korjaal valt stil. De stemmen van de bootsman en zijn maat gaan over en weer, diep, melodieus. Het is een tasten, een zoekend drijven in de vallende duisternis om de granieten rotsen en onzichtbare zandbanken te ontwijken.

Opeens zijn er overal alligators. Het toortslicht van de bootsman doet hun ogen gloeien als koplampen boven het zwarte water: nachtbezoekers die naar een onverwachte show komen kijken. Er liggen enorme gladgeslepen keien in de rivierbedding en ik word gesommeerd om uit de boot te stappen en langs de wallenkant te lopen terwijl de mannen de korjaal over de obstakels heen sjorren. Struikelend zoek ik mij een weg achter het licht van mijn zaklantaarn aan. Rondom praat het oerwoud met andere stemmen dan overdag, cicaden snerpen, nachtvogels geven naargeestige kreten.

De maan is al een eind verder langs de hemel gevaren voordat ik eindelijk een slaapplaats krijg toegewezen: een strooien hut op palen. Alle woningen hier staan op palen omdat dit koeler is en ook veiligheid biedt bij overstromingen en slangen of ander gespuis dat binnen wil dringen. Ik slaap op een matras op de vloer onder een witte klamboe die geurt naar kruidige bloemetjes die de bosnegervrouw, mijn gastvrouw, in de mazen van het gaas heeft geprikt. Mijn slaaplied wordt verzorgd door zwaar brommende kikkers.

Ik ontwaak uit mijn droom om direct in een volgende verstrikt te raken, want in de diepte beneden mij, overspoeld door het rossig licht van de dageraad, ligt de Surinamerivier te schitteren als een vergulde slang, en op een zandbank in de stroom zie ik een wolk van lichtgele vlinders neerdalen in een wemeling van vleugeltjes. Wat kan het zijn dat de zandbank ze aanbiedt? Misschien halen ze met hun zuigtongen vocht uit het zand, mogelijk ook zout. Gefascineerd sta ik te kijken naar hun rondedans, zoveel energie in amper een gram lichaamsgewicht en maar een dag of tien te leven om dit feest te vieren.

Ik loop het bos in om even alleen te zijn met het oerwoud. Ik bekijk de afstervende gigantenbladeren, loop over een neergeworpen pracht van goudbruin en grijs in vele schakeringen, met bladnerven als visgraten daartussen. Sommige bladeren zijn doorzeefd met gaatjes, daar hebben rupsen zich te goed aan gedaan. Welke rupsen? Welke vlinders kwamen daaruit?

Ik probeer door Sibylla's ogen te kijken. Zie vlinders – zielen van de doden, zeggen de indianen, ik zie karmijnrode met zwarte stippen, een saffierkleurige met lange staart. In mijn vlinderboek heb ik getracht mij met tropische vlinders vertrouwd te maken, maar hier ontsnappen ze aan mijn blik, ze klappen hun vlerken dicht en weg zijn ze, volmaakt gecamoufleerd om vervolgens weer op te duiken, dansend. Deze plagerige vlinders moet Sibylla zijn gevolgd alsof zij behekst was, die lokten haar steeds dieper het oerwoud in, struikelend over haar rokken, vasthakend aan doorns of grijpgrage lianen onder de groene duisternis van de woudreuzen. Hoe heeft ze dit alles waargenomen? Vernauwde zij haar blik om, uitvergroot door haar obsessie, te zien wat ze wílde zien: de rupsen, vlinders en de cocons waarin zich de kostbare poppen verborgen? Ik verbaas me erover hoe weinig ik van dat alles ontdek, ik moet me inspannen om de details te zien, beter tussen twijgen en bladeren te zoeken naar een cocon die zich aan een dun draadje heeft opgehangen. Het bos wordt dichter, chaotischer, dronken lijkt het zoals het ene gewas het andere beklimt en verstikt.

Ineens kraken takken, mompelen er stemmen, twee negers duiken uit de ondergroei tevoorschijn, gewapend met geweren. Bevreemd blijven zij stilstaan en kijken naar mij. Wat ik hier doe, vragen zij, ben ik verdwaald? Ontkennend schud ik het hoofd, hoewel mij toch het gevoel besluipt door deze warwinkel te zijn ingesloten. Of zij iets geschoten hebben, stel ik als wedervraag om mezelf niet te laten kennen. 'Nee, niks,' zeggen ze, 'soms schiet je een bosvarken of een agouti, maar vandaag, nee, geen geluk.' Achter de jagers aan loop ik terug naar het bosnegerdorp. Daar heerst enige commotie, ik zie mijn gids en de bootsman op de uitkijk staan. Ze kapittelen mij om mijn naïviteit. 'Nooit alleen het oerwoud in gaan,' zegt Samoe, 'neem altijd een gids mee die weet waar je kunt lopen, waar er gevaren dreigen. In een verrotte boom kan een slang schuilen of kunnen wespen een nest hebben gemaakt.'

Opnieuw een dag varen en slapen in een strooien hut. Ik zou wensen dat dit patroon zich dagenlang zou herhalen, alles aan mij past zich aan, mijn benen voelen minder verkrampt, mijn huid wordt al meer en meer gelooid en mijn geest vouwt zich open om dit nieuwe werelddeel beter in zich te kunnen opnemen. Dit keer ontwaak ik als het nog schemerig is en hoor een vogel een wonderlijk deuntje, een zich steeds herhalend wijsje zingen alsof hij aan een minuscuul draaiorgelwiel draait. Ik sluip naar de opening van mijn hut in de hoop de kleine draaiorgelvogel te kunnen betrappen, maar het oerwoud beschermt zijn bewoners voor onbeschaamde blikken.

Nu de zon omhoogklimt trekken de vogels hun bek open om te kwinkeleren, gorgelen of hypnotiserende wijsjes te laten horen, ik verbaas me over de gevarieerdheid en tevens over de harmonie van al die vogelstemmen. Het doet me aan Olivier Messiaen denken, de componist die een intensieve studie van vogelgeluiden maakte. Hij zocht naar een nieuw systeem, het dooreenvlechten van melodieën gebaseerd op de zang van vogels. Met oneindig geduld struinde hij, gewapend met zijn notitieboekje, door bossen en velden om voorbeelden te verzamelen. Hoe zou hij gereageerd hebben als zijn oor zou zijn blootgesteld aan deze wonderbaarlijke muzikale oerwoudkakofonie?

En dan heb je die andere componist: Leoš Janáček, de Tsjech, die zich eveneens liet inspireren door de geluiden die de natuur hem aanbood. Niet alleen door die van vogels, maar meer nog door het geruis van de zee. Met zijn flambard op zijn hoofd liep hij langs het strand van ons eigen Zeeland om het ritme van de brekende brandinggolven te noteren. Met een stopwatch in de hand registreerde hij de nagalm daarvan en het wegsterven, met als slotakkoord het knisperen van de lage golfjes die zich terugtrokken van het schelpenstrand.

Jaren geleden regisseerde Erik bij de Nederlandse Opera Janáčeks opera *Katja Kabanova*, een soort Oost-Europese *Madame Bovary*-story. Dit was de eerste keer dat ik met Janáčeks muziek in aanraking kwam en gefascineerd raakte door de ongemene klanken van zijn idioom, de trompetstoten van bijna dierlijke smart die uit de orkestbak opklonken en de wegstervende ruis die ik nu met zijn studie van brandinggolven associeer. Janáčeks hoofd moet één klankbord zijn geweest dat alle signalen van de natuur registreerde.

Zo moet ook Sibylla hebben geleerd om haar zintuigen te verfijnen, haar ogen te trainen om het geringste verschil in vorm of kleurschakering op te vangen en vast te leggen.

De derde dag aan de Suriname ga ik opnieuw het oerwoud in, dit keer vergezeld door Samoe en onze bootsman die met zijn houwer het pad voor mij openkapt. We komen in bosnegerdorpen waarvan de ingang wordt gevormd door houten palen met daarop een dwarslat waaraan een franje van palmbladen afhangt die moet dienen om boze geesten te weren. Want de bosbewoners menen dat geesten niet kunnen bukken. Samoe en de bootsman gaan door de grootste ingang, die voor de mannen, en kijken grijnzend toe hoe ik mij klein maak om door de vrouweningang te kunnen (maar ik ben kennelijk geen boze geest, dat wordt nu duidelijk).

Steeds denk ik: hoe heeft Sibylla dit alles gezien?

Heeft zij soms paniek gevoeld over wat zij hier deed, over wie ze was, alsof alles wat zij zich aan kennis en ervaring verworven had ontoereikend was voor de uitdaging die het oerwoud haar stelde? Hoe zagen de bosbewoners haar, die papierbleke vrouw met zonderling lichte ogen, de huid een beetje gekreukt, die door de jungle sjouwde, zwaaiend met haar net om vlinders te vangen die in de denkwereld van de indianen de zielen van hun gestorvenen waren. Zagen zij haar als een tovenares, een kwade geest? Er moet een aura van onkwetsbaarheid om haar heen hebben gehangen, misschien vanwege haar zelfverzekerdheid, haar ongebroken geloof in de zin van haar onderneming. Hoe zag zij zichzelf? Restte haar nog iets van ijdelheid? Bezat ze een spiegel? Gebruikte ze die alleen om haar haar te fatsoeneren? Ging zij baden in de rivier, in haar lijfje en onderrok? Nee, niet naakt... talloze vragen maar nooit zal ik antwoord krijgen. In zekere zin is zij nu aan mijn goedertierenheid uitgeleverd. Van een fantoom moet ik – op papier althans – weer een levende vrouw maken.

Terwijl wij gedrieën door het bos sjouwen word ik door een wespachtig insect in mijn hand gestoken. Even later overkomt me dit een tweede keer. 'Wat heb jij met die wespen?' zegt Samoe terwijl hij de zwelling bekijkt, maar dan corrigeert hij zich: 'Jij was de derde in de rij. Degene die vooroploopt maakt het dier wakker, de tweede verontrust het en bij de derde valt het dier aan... De wet van de jungle.'

Alles in het oerwoud is verwikkeld in een eeuwigdurende aanval en een eeuwigdurende verdediging. Ieder organisme, plant of dier, poogt te overleven door aanval, omsingeling, uitwijken of vermomming. Ik zie een oranje gekleurde paddenstoel die een soepel maar sterk net om zich heeft neergelaten. Is dit een verdedigingsmethode of een val? Vangt hij daar insecten in? Ieder organisme gebruikt een ander om te overleven. In het oerwoud brengt de natuur meer excessen tot leven van schoonheid en overdadigheid, hier pronkt ze met orchideeën en bloemen die overstromen van nectar, vruchten die barsten van het sap, maar tegelijkertijd is zij wreder, bedreigender, hier verslinden legers van trekmieren alles wat op hun pad komt, en zuigen vampiers bloed uit je terwijl je slaapt, ze zijn niet alleen belust op bloed, maar brengen ook ziektes over als tetanus. Alles hier bevecht elkaar, verstikt elkaar en vreet elkaar op, spuit gif in. Ziekte duikt op in het nietigste beestje, de dood nadert onzichtbaar. Ook tarantula's, schorpioenen, duizendpoten, teken (door de indianen *koepari's* genoemd), zandvlooien en grasluizen belagen de indringer.

Van Providentia is bekend dat minstens de helft van de bewoners stierf aan tropische ziekten. Velen van hen die overleefden maakten dat ze wegkwamen en lieten de zieken achter om te sterven, en Providentia om door de omhelzing van de jungle ten onder te gaan.

Hoe heeft Sibylla gereageerd op het denkbeeld dat hier in het bos geen God zou heersen, geen onschuld zou bestaan? Heeft ze geworsteld met dit inzicht, zij, als gelovige Labadiste? Veel primitieve volkeren hebben geloofd dat de Schepper, ontevreden met de heerschappij van de mens, de aarde heeft verlaten en terug is gegaan naar zijn hemel om de aardbewoners over te laten aan hun zelfgeschapen anarchie.

Overal bij de oeverbewoners gaat Samoe vragen of zij weten waar Providentia moet liggen. Overal nul op het rekest. Niemand heeft ooit van Providentia gehoord. Die hele geschiedenis van de Labadisten die hier in het oerwoud hebben gewoond lijkt uit de annalen van de geschiedschrijving te zijn verdwenen. Toch gaat Samoe voort met navraag doen en komt on- verwachts met een verrassend bericht: hij heeft een vriend ontmoet die dikwijls gaat jagen aan de over- kant van de rivier en die beweert mogelijke resten van een plantage te hebben gevonden, want er staan daar bomen die niet in het oerwoud thuishoren zo- als twee oude mahoniebomen die voor de oprijlaan gediend kunnen hebben. Ook heeft hij potscherven gevonden en een kruis van tropisch hardhout.

Samoe legt onze korjaal vast aan een wrak steigertje op palen. We klimmen erop en lopen voorzichtig over de vermolmde planken. Aan het eind daarvan staat een half verrot berghok – mogelijk bedoeld voor vissers om visgerei in te bergen. Ik loop voorop en duik onder laaghangende lianen het hok binnen. Het duurt even voor mijn ogen aan het duister gewend zijn, maar dan zie ik in een hoek een donkere vorm die als ik dichterbij kom een opgerolde slang blijkt te zijn met grote vlekken op zijn huid. 'Een anaconda...' fluistert Samoe met ontzag in zijn stem. Gebiologeerd sta ik te kijken als er boven mij ineens een zonderling sissend geluid hoorbaar wordt. Uit een oude loden pijp, die door het dak steekt, komt een tweede slangenkop tevoorschijn. Het duurt geruime tijd voordat het meterslange reptielenlijf uit de pijp naar buiten is gegleden, flitsend komt zijn gespleten tong uit zijn bek. 'Dat is het mannetje,' fluistert Samoe terwijl hij mij behoedzaam achteruittrekt. 'Ik heb nog nooit een anacondapaartje gezien... Het zijn wurgslangen, maar ze hebben in iedere kaak honderd vlijmscherpe tanden, dun als naalden, en als die je beet hebben laten ze niet meer los.'

Is de mannelijke anaconda naar beneden gekomen om zijn vrouwtje te verdedigen? 'Pas op, ze kunnen bliksemsnel toeslaan,' zegt Samoe, aan mijn arm trekkend om mij te bewegen weg te gaan. Over mijn schouder kijk ik naar de beide magnifieke reuzenslangen die mij de toegang versperren naar wat de verborgen verblijfplaats van Maria Sibylla geweest moet zijn, naar de plek waar zij in afzondering haar meest unieke kunstwerken heeft voortgebracht. De twee anaconda's vervullen de rol van antieke wachters aan wie de taak is toevertrouwd de toegang tot de geheime wereld van Providentia te bewaken.

April 2000

In *De vier maaltijden* van Meir Shalev lees ik een aantal herkenbare gedachten:

'Lichaam en ziel moeten samen leren opgroeien, samen oud worden, en dan zijn ze als twee arme oude vogelen in dezelfde kooi, allebei al vleugellam. Het lichaam is zwak en de ziel is vergeetachtig en van elkaar vluchten kan ook niet.'

Dat beginnen we nu te kennen: het lichaam is zwak en de ziel – beter de geest – wordt vergeetachtig...

De tijd stroomt weg tussen onze vingers, namen van straten, mensen en bloemen nemen de benen en je moet naar ze op zoek gaan in de kronkels van je hersenen. Soms is het of er een deur voor je wordt dichtgesmeten, dan weer gaat onverhoeds een ander deurtje open en glipt de naam van een mens of bloem die je gisteren kwijt was naar buiten. Feiten en herinneringen kiezen hun eigen moment om zich kenbaar te maken of voorgoed uit je geheugen te verdwijnen, daar heb je steeds minder macht over, ze spelen een spelletje met je, *hide and seek*... Tot ons geluk kunnen Erik en ik nog uit het depot van elkaars geheugen putten. Wat de een niet meer weet, weet de ander.

Toch vergeten we onze ouderdom, dat onprettige fenomeen, maar al te graag. Zo heeft Erik een nieuw plan uitgebroed om een rotstuin te maken bij de oude schapendrinkbak onder de berkenboom. Terwijl we door de Drôme rondtoerden viel zijn oog op een paar fraaie rotsstenen die zijn begeerte opwekten. Ik bleef in de auto zitten want het waaide hard en ik dacht: moet ik nu als oude vrouw nóg met stenen sjouwen? Dus liet ik Erik zijn gang gaan. Achteraf kreeg ik daar spijt van, want de dag daarop zag ik hem als een manke krab uit bed scharrelen, krom van de pijn. Hij belde zijn dokter in Holland, iets wat boekdelen sprak. Na enkele dagen pijnstillers en rust gaat het beter, en wat zie ik? Daar sjouwt hij met een zware stenenvracht in de kruiwagen naar zijn gedroomde rotstuintje. Zijn passie is vele malen groter dan zijn vermogen verstandig met zijn lijf om te gaan.

Tussen de bedrijven door bereidt hij zich voor op Verdi's opera *Falstaff*, die hij later dit jaar in het Russische Kazan ten tonele zal brengen. 'Durf je hem wel alleen daarnaartoe te laten gaan?' vragen vrienden mij, 'met zijn kapotte knie, midden in de winter als alles onder de sneeuw ligt en het 25 graden vriest?' Maar ik zie aan de vonk in zijn oog dat *Falstaff* hem al heeft ingepalmd en weglokt naar de sneeuw in het verre Tatarstan.

Straks, als we terug zijn in Holland, wacht ook mij een zware klus: om op 4 mei de speech in de Nieuwe Kerk op de Dam te houden in verband met de Dodenherdenking in deze nieuwe eeuw: het jaar 2000.

Ik heb de speech al klaar, hij is als dun boekje bij Querido gedrukt onder de titel *De oorlog heeft veel gezichten*. Maar hem daar uitspreken is wel iets anders, daar staan op de kansel ten overstaan van al die generaals, hoogwaardigheidsbekleders en leden van de koninklijke familie, plus de overlevenden uit de kampen en het verzet. Het liefst zou ik mijn rede niet willen voorlezen, maar min of meer geïmproviseerd willen voordragen – dan heb je meer contact met je toehoorders, kun je ze aankijken. Maar dat is riskant en de commissie wil niet voor verrassingen komen te staan. Alles ligt vast van seconde op seconde: zoveel stappen naar de kansel, op de kop af dertien minuten spreken en dan weer de voorgeschreven stapjes om neer te dalen naar de kerkelijke plavuizen.

6 mei
Enkele fragmenten van de speech die ik op 4 mei uitsprak:

> Wij zijn zojuist een nieuw millennium binnengestapt. Op de rand van de voorbije eeuw staan de laatsten van de overlevenden, zij worden steeds minder in getal en steeds schimmiger, deze laatste getuigen, die de littekens die de oorlog in hun ziel heeft gegrift nog met zich meedragen. Wanneer deze vergrijsde generatie, waartoe ook ik behoor, verdwijnt, zal tegelijkertijd de realiteit van de Tweede Wereldoorlog verdwenen zijn. Niet echter

het fenomeen van de oorlog. Want oorlog baart oorlog. Oorlog laat kiemen achter die later weer uitbotten.

Iedere generatie begint als een onbeschreven blad. Wat moeten wij aan onze kinderen overdragen? Wij voelen weerzin om onze herinneringen aan de voorbije oorlog door te geven omdat we wensen dat de nieuwe generatie met de illusie zou kunnen leven dat een dergelijke door mensen ontketende catastrofe nooit meer zal voorkomen.

Maar de oorlog heeft veel gezichten, hij verandert als een kameleon. De oorlog met zijn supersonische jets en zijn kernwapens is voorbijgestreefd aan sabelgerinkel en antieke kanonnen. Nu wordt er gesproken over een *schone* oorlog. Slimme raketten zouden uitsluitend strategische doelwitten treffen en degenen met schone handen krijgen zelden een dode of gewonde vijand onder ogen.

Voor het eerst toonde de wereld het nieuwe gezicht van de oorlog bij de atoombom op Hiroshima. De bom werd door de in het geheim opgeleide Amerikaanse piloten liefkozend Little Boy genoemd. Van grote hoogte gooiden zij Little Boy op de stad met haar nietsvermoedende inwoners, en toen zij zagen hoe de berucht geworden paddenstoel zich ontplooide, riepen ze buiten zichzelf van vreugde: Hij doet het! Hij doet het!

Sedertdien heeft de schone-handenoorlog zich in velerlei richtingen ontwikkeld. Tijdens de Eerste Golfoorlog verdwenen 150 000 Irakese soldaten onder het woestijnzand voordat ze ook maar één vijand hadden gezien.

Hoe kunnen wij het reuzenrad van de oorlog ooit tot stilstand brengen?

Misschien zouden wij de kinderen van de pasgeboren eeuw moeten waarschuwen voor de versluierende redenaties van politici en legerleiders. Met betrouwbare blik en dito stem geven zij uitleg van hun intenties en plannen. Maar achter hen doemen als reusachtige fantomen de gestalten op van de wapenhandelaars en uitvinders van steeds vernuftiger oorlogstuig.

Hoe zou de wereld eruitzien zonder de lucratieve wereldwijde wapenhandel?

Sedert het Stenen Tijdperk, toen de mens zijn medemens met een knots te lijf ging, heeft er agressie bestaan. Nu, zoveel miljoen jaren later, heeft de mens een werkelijkheid geschapen die sterker is dan hij aankan. Soms lijkt het erop of hij de wagen van Juggernaut, die alles onder zijn wielen verplettert, aan het rollen heeft gebracht zonder die een halt te kunnen toeroepen.

Wij moeten erkennen dat er een destructieve impuls in ons woont. Toch zijn onze meest negatieve eigenschappen dikwijls de keerzijde van onze beste. De oorlog heeft die twee uitersten scherp tegenover elkaar geplaatst. Mensen kunnen doders en beulen worden, anderzijds hebben mensen het bestaan zich voor elkaar op te offeren en hun leven te wagen voor de vrijheid.

Het zijn de grote Griekse dichters Aischylos en Sophocles geweest die meer dan tweeduizend jaar geleden al gepleit hebben voor verbroedering tussen de volkeren. Patriottisme en veroverings-zucht zouden achterhaalde begrippen moeten zijn, betoogden zij.

Stel dat deze oude wijsgeren in onze tijd naar Europa konden kijken, zouden zij dan een vonk van hoop in hun hart voelen ontbranden? Misschien wel, nu Europa ernaar streeft een eenheid te worden en veel landen zich tot democratieën hebben ontwikkeld.

Terwijl ik op de kansel stond gleden mijn ogen over de van eremetaal schitterende borsten van de militai-ren. Ik kon van hun gezichten niets aflezen, getraind als zij waren om geen gevoelens prijs te geven. Ook de koninklijke familie en de hoogwaardigheidsbekle-ders staarden onbewogen voor zich uit. Ik begreep wel dat mijn woorden niet in goede aarde vielen.

Na afloop kwam niemand naar mij toe behalve Wim Kok, die mijn hand drukte en me toefluisterde dat ik een zeer moedige speech had gehouden.

2007

Wij stapten in de auto en reden onder de oude vijgenboom door naar de weg die veertig jaar geleden
een karrenspoor was geweest met dansende grassen
op de middellijn als de borstelige manen van een
paard. Alexander zat achter het stuurwiel. Erik en ik
waren niet bij machte achterom te kijken naar waar
het oude huis stond achter de Italiaanse cipressen,
naar de muren waarbinnen wij zoveel gelukkige uren
hadden doorgebracht. Wij hielden onze ogen gericht
op de golvende lijn van de bergen, die wij gezien hadden in nevel en mist, uit onzichtbaarheid opdoe-
mend, blauw in de ochtend met wit rotsgesteente in
hun koppen die in het avondlicht van goud werden.
Als laatste zagen wij de Colombe, de neergezegen
stenen duif.

Langs de boerderij van Claude, wiens vrouw Odette zojuist was overleden. 'Elle est partie, c'est fini...'
mompelde hij en hij verdween achter de schuur. Het
einde van Odette had op exact hetzelfde moment
plaats als ons vertrek, maar wij vertrokken naar verschillende bestemmingen. Zij zou liggen op de kleine
begraafplaats van Portes-en-Valdaine tussen de afge-
reisde dorpsgenoten, bij de oude Augier en zijn madame. Een begraafplaats als een minuscuul amfitheater gebed in de groene helling van de berg.

Nadat Erik en ik onze handtekening gezet hadden onder het contract dat de verkoop van onze Renard bezegelde, overviel ons een gevoel alsof wij verraad hadden gepleegd. Verraad aan het oude huis dat wij uit puin en verval weer hadden opgericht en dat zijn muren beschermend om ons heen had gevouwen wanneer de geselende mistral woei en de vorst de wereld rondom ons deed verstijven, dat ons beschutting had geboden tegen de hitte van de zomer, dat trouw op ons was blijven wachten gedurende de maanden die wij in Holland doorbrachten.

Toen wij uit het notarishuis stapten – wij, de verraders – klampten we ons opeens aan elkaar vast in een kramp van verdriet. De nieuwe kopers met hun blinkende ogen omdat zij nu de *eigenaars* waren, keken verbouwereerd naar onze wanhopige omhelzing. Zij hadden de koop met ons willen vieren met een glas champagne.

De meeste meubels zouden in het huis blijven, de zware geduldige kasten, het Provençaalse buffet met zijn boerse air van noblesse, de eindeloze rij boerenstoeltjes die leken te dansen op hun gebogen, soms ietwat kreupele pootjes. Ze bleven bij elkaar samen met het moederlijf, de Blüthner, die tevreden was geweest in de kou van de winter, de duisternis achter de luiken en de stilte waarin zelfs geen relmuis scharrelde, die zich niet stoorde aan temperatuurwisselingen zoals in de dagen dat wij zijn diepe rust kwamen verstoren en de rode propaankachel onverhoedse hitte verspreidde.

De vleugel was de stem van het huis. Wanneer ik op mijn werkplek op zolder zat onder het oeil-de-boeuf waarachter de kersenboom zijn takken spreidde, hoorde ik in de diepte onder mij Erik pianospelen. De oude vleugel zou nu moeten wennen aan vreemde vingers die zijn toetsen bespeelden. Dikwijls zou Erik zeggen: 'Nu speelt iemand anders op mijn vleugel...'

Erik wilde alle boeken meenemen. Zelfs de kinderboeken, sprookjesboeken, de verouderde Petite Larousse, boeken over de Provence, alsof hij met die papieren vrienden zijn leven hier op de heuvelrug van de Châtelard voort kon zetten. Zoals onze kleinkinderen het huis trachtten mee te nemen in de vorm van voorwerpen, onaanzienlijke soms zoals de oude buitenthermometer: Daar heb ik zo vaak op gekeken. Woorden van Vincent. Masha kwam met de schommel aan, met de touwen er keurig omheen gewonden: Die wil ik meenemen. En ik was zo dom om tegenwerpingen te maken. Zou je dat nu wel doen? Thuis kun je toch niet schommelen, en ben je bovendien niet te groot daarvoor...? Ze keek me aan, vervolgens naar de schommel tussen haar handen en barstte in tranen uit. Met de schommel, besefte ik, nam ik een deel van haar kindertijd weg. Vincent kwam erbij en ten slotte ook Erik, dicht tegen elkaar aan, elkaars handen omklemmend, lieten we onze tranen de vrije loop.

De schommel ging mee en ook het kruidenrekje van mijn grootmoeder met sierlijke wit porseleinen potjes met daarop: nootmuskaat, foelie, laurier... Misschien zal dat ooit prijken in Masha's keuken, souvenir aan zomerse kinderdagen in de Renard Jaune.

De vrachtrijder kwam, een enorme truck die niet voor het huis kon komen maar in een bocht van de weg, half op de akker van Augier, stond geparkeerd. Een monster met een grote muil die een aantal van onze bezittingen opslokte om ze weg te voeren en her en der in Holland af te leveren.

Afscheid nemen. Het is een oefening van het grote afscheidnemen. Van elkaar, of van jezelf als levend persoon. Dat afscheid komt dichterbij. We moeten nu leren spelen met de schimmen die onze geest bevolken – alles wordt onstoffelijk.

Op de laatste dag hield ik de oude keukenwekker in mijn hand. Ooit had ik de wekker voor mijn moeder gekocht omdat zij in verband met haar slechte ogen een klok met duidelijke cijfers wilde hebben. Na haar dood stond de wekker hier, waaks tikkend op het buffet, maar iedere keer wanneer wij waren vertrokken viel hij stil, viel de hartklop van het huis stil. Een ordinaire keukenwekker die altijd weer ontwaakte met aarzelend getik wanneer wij terugkwamen. In de loop van de jaren begon hij echter vóór te lopen, steeds meer, hij hield een wedloop, hij vrat meer seconden dan er in een minuut zitten, haastig alsof hij de verloren tijd, de tijd van de stilstand wilde inhalen. Hij viel niet te beteugelen, ook al zette ik het knopje dat zijn tempo regelde op langzaam en iedere keer nog langzamer. Maar nee, daar hield hij zich niet aan. Ik leerde met hem om te gaan door elke avond zijn wijzers een halfuur terug te draaien.

En nu, voor het laatst, hield ik hem in mijn hand, niet wetend wat met hem te doen. Ik kon hem niet bij het vuilnis gooien. Opeens viel mij het idee in hem te begraven. Ik wil de tijd begraven, dacht ik, de tijd die verbonden is met dit huis, met onze levens toen wij jong waren en overmoedig het verval te lijf gingen, de tijd van onze ontdekkingsreis in de domeinen van de bergen, bomen, spinnen, de adelaar, van alles wat de natuur ons openbaarde.

Ik groef een gat in de grond, maar Alexander betrapte me en zei: 'Dat moet je niet doen. Dat ding gaat roesten en dan vervuil je de grond.' Dus ging mijn wekker toch in de vuilniszak.

Tot slot bleef ons de opgave de deur van de Renard af te sluiten. Zoals gewoonlijk beheerde ik de sleutelbos. Ik voelde het koude metaal tegen mijn vingers, ik keek in het zwarte gat waar de sleutel in moest. Plotseling verkrampte mijn hand, ik staarde naar het sleutelgat. De laatste keer... De bloemen, de bomen, de relmuizen, de getijden, de roep van de uil, de sterrenhemel, de zomerdriehoek... Hulpeloos keek ik om me heen.

Onze zoon kwam naderbij, nam de sleutelbos uit mijn hand, ik hoorde het knarsen van de sleutel in het oude slot.